全国教育科学“十一五”规划教育部重点课题
“新课程改革中转变学生学习方式的研究”课题（DHA090190）研究成果

浙江省教育科学“十一五”规划重点课题
“中小学生语文课程学习指导研究”课题（SB5）研究成果

21世纪语文课程学习指导丛书

丛书主编：王光龙

WENXUE ZUOPIN XUEXI LUN

文学作品学习论

雷桂萍 著

语文出版社
·北京·

图书在版编目（CIP）数据

文学作品学习论 / 雷桂萍著. -- 北京 : 语文出版社, 2012.6
21世纪语文课程学习指导丛书/王光龙主编
ISBN 978-7-80241-194-4

Ⅰ. ①文… Ⅱ. ①雷… Ⅲ. ①阅读教学－教学研究－中学 Ⅳ. ①G633.332

中国版本图书馆CIP数据核字(2012)第087426号

责任编辑　张夏放
封面设计　刘姗姗
出　　版　语文出版社
地　　址　北京市东城区朝阳门内南小街51号　100010
电子信箱　ywcbsywp@163.com
排　　版　语文出版社照排室
印刷装订　河北新华第一印刷有限责任公司
发　　行　语文出版社　新华书店经销
规　　格　787mm × 1092mm
开　　本　1 / 16
印　　张　18.5
字　　数　321千字
版　　次　2013年4月第1版
印　　次　2013年4月第1次印刷
印　　数　1-4,000
定　　价　37.00元

010-65253954（咨询）010-65251033（购书）010-65250075（印装质量）

“21 世纪语文课程学习指导丛书” 序

本世纪初，我国启动了新一轮的基础教育课程改革。这次基础教育课程改革是在世界各国加速教育改革的大背景下展开的。随着知识经济社会的到来，世界各国都把发展教育和培养新型人才作为推动经济和社会发展的重要支撑点。课程改革是教育改革的重要内容和载体，课程改革集中体现国家的教育理念和教育目标。当前各国基础课程改革的一个核心目标，就是大力培养受教育者的主体意识，关注学生的学习兴趣，尊重学生的自主选择，积极推进学生自主活动，为学生的终身学习和勇于创新奠定基础。

我国新一轮的基础教育课程改革，体现了当今世界教育的先进理念，确定了符合我国基础教育实际的课程改革目标。教育部制定的《基础教育课程改革纲要（试行）》中指出，要“改变课程过于注重知识传授的影响，强调形成积极主动的学习态度，使获得基础知识和基本技能的过程成为学会学习和形成正确价值观的过程”，要“改变课程实施过于强调接受学习、死记硬背、机械训练的现状，倡导学生主动参与、乐于探究、勤于动手，培养学生搜集和处理信息的能力、获取新知识的能力、分析和解决问题的能力以及交流与合作的能力”。培养学生的实践能力、探究能力和合作能力，使学生主动学习和学会学习，是这次课程改革的主要目标之一。

语文课程设置的目的在于全面培养和提高学生的语文素养。语文素养是学生学好其他课程的基础，也是学生全面发展和终身发展的基础。语文课程学习是母语学习。母语学习，不仅要使学生学会正确理解和运用祖国的语言文字，熟练掌握听说读写技能，具有适应实际需要的语文能力，而且要让学生认识中华民族文化的丰厚博大，吸收中华民族的文化智慧，认同中华民族的文化价值，成为热爱祖国和热爱中华民族的人，进而成为尊重多样文化和吸取人类优秀文化的人。语文课程的多重功能和奠基作用，决定了它在基础教育阶段的重要地位。

语文课程改革以来，人们的语文课程理念逐步得到更新，关注和研究学生的语文课程学习成为新的聚焦点。站在语文课程改革第一线的中小学语文教师，正在努力探索语文课程学习指导的方式和方法。但由于各种条件的局限，不少语文教师缺乏全面系统的语文课程学习理论基础，对学生语文课程学习的指导往往事倍功半，收效不大。这已经成为当前继续推进语文课程改革的一个瓶颈难题。正是在这样的背景下，杭州师范大学学习科学研究所王光龙教授带领他的学术团队开展了浙江省教育科学“十一五”规划重点课题“中小学生语文课程学习指导”的研究，并在课题研究成果的基础上，由他策划和主编了这套“21 世纪语文课程学习指导丛书”。

与已经出版的语文学习研究类书籍相比，我以为这套丛书在整体开发设计和分册内容呈现上，具有以下四个方面的特点：

一、探索构建了语文课程学习指导理论体系的基本框架

中华民族的语文学习史几乎与中华民族的发展史同样悠久。在数千年的封建社会里，语文学习没有学科和课程的概念。语文学科和语文课程是近代教育发展的产物。从 1904 年清政府“癸卯学制”颁布，语文学科独立设科算起，我国语文课程的设置也有 100 多年了。由于学习科学与教育科学发展的不同步，对语文学习理论的研究明显落后于对语文教学理论的研究。就语文课程来说，人们往往习惯于从课程、教材、教学和教师角度进行研究，而从学生学习角度进行研究并形成系统理论成果的不多。跨入新世纪之后，我国启动了新一轮基础教育课程改革，这为语文课程学习理论的全面、系统研究提供了历史契机。语文课程学习问题的系统理论研究，既是一个新的研究领域，也是一项系统工程，需要从构建基本理论体系框架着眼，合理规划专题，进行全面、系统而深入的研究。

按照系统论的观点，语文课程学习理论体系也是一个大系统。这套“21 世纪语文课程学习指导丛书”，将语文课程学习指导理论系统划分为若干个子系统，一个子系统为一个研究专题，一个专题的研究成果分编为一个独立分册。本丛书包括《语文课程学习论》《识字写字学习论》《阅读学习论》《文学作品学习论》《阅读方法指导论》《写作学习论》《写作方法指导论》《口语交际学习论》《语文综合性学习论》《语文学习心理论》《语文学习指导论》《语文学习评价论》等十多个分册。这些系列研究成果，既包括了语文课程学习内容的基本理论，也包括了语文课程学习指导的基本理论。依据这一开放的理论体系，除上述研究专题外，语文学习的方式、模式、方法、习惯、素质、管理等，也都有专题研究的价值。本丛书设计比较合理，体系比较科学，内容比较全面，初步构建了我国当代语文课程学习理论体系的基本框架。它的问世，对探索和构建我国当代语文课程学习理论体系具有现实意义。

二、展示了当代语文学习研究的新成果

两千多年前，我国就有研究学习和教学的典籍——《礼记·学记》问世。“以学为本，因学论教”，“学先于教，教辅以学”，是我国古代重要的“学本论”思想。但以人类学习现象及其规律为研究对象并具有现代学科意义的学习科学，直到20世纪80年代中期才在我国诞生。学习科学的诞生和发展，为语文学习研究提供了深厚的科学理论基础，有力地推动了我国当代语文学习理论的发展。据不完全统计，近20年来，国内出版的语文学习理论著作就有十多部，呈现出我国当代语文学习理论研究的繁荣局面。

这套“21世纪语文课程学习指导丛书”，吸收、借鉴和运用当代语文学习理论研究的最新成果，对语文课程学习的各个方面进行了深入的研究。例如《识字写字学习论》分册，既继承了我国古代识字写字学习的优良传统和成熟经验，又吸收了当代识字写字学习理论研究的最新成果，对识字写字学习的地位、价值和特点、历史发展、目标和内容、理念和原则、过程和方式方法、心理调控、指导和评价等，进行了全方位的系统研究。这是目前识字写字研究领域一本比较全面、系统的理论著作。它对于继承和发展我国的识字写字学习理论具有重要意义，对于指导中小学生的识字写字学习具有较高的实践价值。

本丛书的作者大都来自高等师范院校，具有教授、副教授职称，半数以上担任硕士研究生导师。他们同为全国语文学习科学专业委员会的会员，在语文学习研究领域都有独到的学术建树和理论成果，有的已经出版了多部理论著作。由这批高校教师组成的研究团队，具有扎实的理论基础和较强的科研能力，对语文学习理论研究的前沿信息和最新成果，能够及时把握、吸收和消化，并合理运用到本课题的专题研究中。因而，本丛书在一定程度上集中展示了当代语文学习研究的新成果。

三、为语文教师的专业发展提供了研修教材

语文课程是母语教育课程，语文教师的专业发展对于提高我国母语教育的质量具有十分重要的作用。在推行语文课程改革中，语文教师的专业发展，一方面需要依托各级教育行政部门组织的教师培训活动，从整体上推进语文教师的专业发展。另一方面，语文教师需要有计划地学习研读语文课程改革的理论著作，拓宽专业理论基础，吸收最新研究成果。这套“21 世纪语文课程学习指导丛书”是以语文教师为主要对象而编写的系列理论著作，因而作为语文教师专业研修的教材是比较适宜的。

首先，这套丛书力图在落实语文课程目标中为语文教师的专业发展提供丰富的学习内容。例如，《义务教育语文课程标准（2011 年版）》课程目标的第 3 条目标是“培育热爱祖国语言文字的情感，增强学习语文的自信心，养成良好的语文学习习惯，初步掌握学习语文的基本方法”。《普通高中语文课程标准（实验）》在“积累 · 整合”目标中规定：“了解学习方法的多样性，掌握学习语文的基本方法，能根据需要，采用适当的方法解决阅读、交流中的问题。”两个课标对掌握和运用基本的语文学习方法提出了具体要求。本丛书的《阅读方法指导论》对朗读、默读、精读、略读、速读等五种基本阅读学习方法，《写作方法指导论》对命题作文、模仿作文、话题作文、条件作文和自由作文等基本作文学习方法，从理论认识到实践操作作了具体论述。语文教师系统学习这两本书，对于如何落实“掌握学习方法”这个课程目标，提高对语文学习方法的理性认识和指导能力，促进自己的专业发展，具有切实的指导价值。

其次，这套丛书力图从语文课程理论与实践的结合上为语文教师的专业发展提供新的研究成果。例如，《普通高中语文课程标准（实验）》在课程目标中要求，“学习鉴赏中外文学作品，具有积极的鉴赏态度，注重审美体验，陶冶性情，涵养心灵。能感受形象，品味语言，领悟作品的丰富内涵，体会其艺术表现力，有自己的情感体验和思考。努力探索作品中蕴涵的民族心理和时代精神，了解人类丰富的社会生活和情感世界”。目前高中语文教科书中 60% 以上的课文为文学作品。如何落实课程目标的规定要求，指导学生学好文学作品，是语文教师需要从理论到实践解决的重要问题。作为专题研究成果之一的《文学作品学习论》分册，对文学作品学习的基本认识、历史发展、理论基础、基本内容、心理机制、学习方法、分类学习、课外学习和学习评价等问题，作了全面、系统的论述。学习研读这本

著作，能够使语文教师既获得文学作品学习的理论知识，又获得指导文学作品学习的基本方法，在理论指导实践和实践发展理论中推动自己的专业发展。

四、为语文课程学习的指导提供了系列用书

本丛书是一套以语文课程学习与指导为指归的理论丛书，突出学习指导是它的本质特点和基本要求。中小学生是语文课程学习的主体，但中小学生的语文课程学习离不开语文教师的指导。一个研究内容范围较大的课题，凡语文课程学习的主要内容和学生学习语文课程的基本问题，都作为独立的研究专题进行研究，并将研究成果编成系列理论著作，从而为语文教师的语文课程学习指导提供了特定的系列指导用书。例如作为专题研究成果之一的《语文学习指导论》分册，吸收了近年来语文课程学习指导的相关研究成果，对语文课程学习指导的意义、内容和门径，语文课程学习目标、过程、规律的指导，识字写字学习、阅读学习、写作学习、口语交际学习、综合性学习的指导等问题，都设立专章予以论述。在论述中，既有系统的理论探讨，又有具体的操作指导；既有历史经验的解说，又有现实方法的描述。语文教师学习研读这本著作，掌握它的理论要点和实践要领，就可能对学生的语文课程学习进行科学有效的指导。

对学生的课程学习进行科学有效的指导，是教师的基本职责，也是衡量教师教学素质的重要指标之一。这套丛书对于帮助语文教师系统掌握语文课程学习指导的基本理论，灵活掌握语文课程学习指导的有效方法，成为语文课程学习指导实践的行家里手，成为受学生欢迎的语文教师，具有实际价值和意义。

目前，我国新一轮的基础教育课程改革正在逐步推向深入，课程改革成功的关键是实施课程的广大教师。更新教师的课程理念，培养教师的教学素质，加快教师的专业发展，成为摆在我们面前的重要课题。这套语文课程学习理论丛书从指导学生的语文课程学习入手，为语文课程的研究、开发和实施开辟了一条新路。我愿意向广大语文教师和语文教育工作者推荐这套新丛书，希望它能够成为大家喜欢阅读和感到有用的案头必备书。

是为序。

田慧生

2010年仲夏于中央教育科学研究所

（作者为中央教育科学研究所副所长、研究员、博士生导师，全国教育科学规划教育理论学科组成员，北京大学、西南大学兼职教授。）

“21 世纪语文课程学习指导丛书” 前言

学习，作为人类联系客观世界和主观世界的重要活动，从孔子“学而时习之，不亦说乎”那个时代起，就成为人们研究的一个母题。但由于学科分化过程中的诸多原因，一直以来学习只是作为心理学、教育学领域研究的一个方面，没能形成一个独立的学科。20 世纪中期，国际社会提出了“教会学习”“学会学习”的口号，联合国教科文组织（UNESCO）《学会生存：教育世界的今天和明天》《教育：财富蕴藏其中》等报告又提出了“终身学习”“学会学习”“学习化社会”等理念，学习得到前所未有的重视，对学习问题的研究也日渐增多。随着知识经济时代、信息化社会的到来，人们开始从不同的学科视角对人的学习进行深入研究。20 世纪 80 年代，随着我国人才学的创立和发展，人在成才过程中的学习问题成为人们研究的热点。一批有识之士把“学习”从其他学科中独立出来，进行全方位、系统、综合的研究，并在构建学科理论体系上做出了切实的努力，学习作为一门新兴的独立学科——学习科学，终于在中国大地上应运而生了。它的诞生，为语文学习问题研究提供了强大的理论支持，也为广大教师的语文学习指导提供了丰厚的实践指南。

对于语文学习问题的研究，自 1904 年语文独立设科以来间有专论发表，如天民的《自习主义读法预习法》（1917）、杨贤江的《初中学生学习国文的旨趣》（1923）、萧楚女的《中学国文修学指导》（1923）、陈东原的《国文学习法》（1923）、陶行知的《读书与用书》（1934）、叶苍岑的《对中学新生谈国文学习》（1942）、叶圣陶的《略谈学习国文》（1942）、叶圣陶的《中学国文学习法》（1948）、宋云彬的《语文学习三阶段》（1950）、周祖谟的《怎样自学语文》

(1954)、冰心的《漫谈语文的教与学》(1959)、叶圣陶的《认真学习语文》(1962)、张志公的《从儿童学字的角度看书写工具》(1962)、苏步青的《略谈学好语文》(1979)、魏书生的《培养学生的自学能力》(1981)、张隆华和周庆元的《阅读是学习之母——阅读心理测试小结》(1981)、顾黄初的《“多读多写”辨析》(1982)、韩雪屏的《有效地进行精读训练》(1986)、陈日亮的《得法养习历练通文》(1996)、许建中的《语文学习基本规律探讨》(2002)、王光龙的《语文学习方法的理论探讨》(2003)、朱绍禹的《以问题为纽带的阅读学习新理念》(2004)、王光龙的《语文学习素质及其培养》(2005)、曾祥芹的《阅读的主体间对话和陌生感体验》(2006)、王光龙的《语文学习方式的选择和运用》(2008)等。这些专论虽然是对语文学习具体问题的零散的研究，但反映了人们长期以来对语文学习问题的持续关注，展示了对语文学习问题研究的思想认识成果。

新时期以来，对语文学习问题的研究更加深入，出版了10多部语文学习研究论著，如曾祥芹和韩雪屏的《阅读学原理》(1989)、佟士凡的《语文学习论》(1993)、王光龙的《语文学习方法学》(1993)、董国华的《初中语文学习方法指导》(1995)、林化君、陈黎明和张幼冬的《追问与发现——语文学习心理论》(1998)、曾祥芹的《阅读学新论》(1998)、毓明笠的《中学语文学习心理与学习方法研究》(1999)、王光龙的《语文学习方法的理论与实践》(2002)、王光龙的《语文学习概论》(2003)、许建中等的《语文高效学习艺术》(2005)、陈玉秋的《中学生作文学习与人的发展》(2005)、乔桂英的《阅读学习方法指导学》(2007)等。这批论著的内容涉及语文的阅读学习、作文学习、学习方法、学习艺术、学习心理、学习素质等方面，使我国语文学习研究的内容得到进一步深化和拓展。这一时期，在部分高校教材如《语文学科教育学》《语文教学论》《语文课程与教学论》的内容框架中，语文学习也列为独立的一章了。而将一般的语文学习研究与当前的语文课程学习研究联系起来，从语文课程学习指导角度来研究中小学生的语文学习问题，则是21世纪基础教育语文课程改革中提出的新课题。

21世纪之初在全国范围推行的基础教育语文课程改革，为语文学习研究提供了新的契机和动力。新的课程标准突出了学生的学习主体地位。如《义务教育语文课程标准（2011年版）》在课程理念中指出：“学生是学习的主体。语文课程必须根据学生身心发展和语文学习的特点，爱护儿童的好奇心、求知欲，鼓励自主阅读、自由表达，充分激发他们的问题意识和进取精神，关注个体差异和不同的学习需求，积极倡导自主、合作、探究的学习方式。教学内容的确定，教学方法的选择，评价方式的设计，都应有助于这种学习方式的形成。”在教学建议中指出：“学生是语文学习的主人，教师是学习活动的组织者和引导者。语文教学应在师生平等对话的过程中进行。语文教学应激发学生的学习兴趣，注重培养学生自主学习的意识和习惯，引导学生掌握语文学习的方法，为学生创设有利于自主、合作、探究学习的环境。应尊重学生的个体差异，鼓励学生选择适合自己的学习方式。”

新的课程标准对学生的语文学习提出了明确具体的学习目标。如《义务教育语文课程标准（2011 年版）》在课程目标中指出：“培育热爱祖国语言文字的情感，增强学习语文的自信心，养成良好的语文学习习惯，初步掌握学习语文的基本方法。”“能主动进行探究性学习，激发想象力和创造潜能，在实践中学习和运用语文。”《普通高中语文课程标准（实验）》在课程目标“积累·整合”中规定：“能围绕所选择的目标加强语文积累，在积累的过程中，注重梳理。根据自己的特点，扬长补短，逐步形成富有个性的语文学习方式。了解学习方法的多样性，掌握学习语文的基本方法，能根据需要，采用适当的方法解决阅读、交流中的问题。通过对语文知识、能力、学习方法和情感、态度、价值观等方面要素的融汇整合，切实提高语文素养。”

如何落实语文课程的理念和目标，承担和加强对中小学生语文课程学习的指导，是广大语文教师教学实践中面临的新问题，也是语文教育理论工作者需要研究的新课题。依据语文课程改革的需要，全面开展语文课程学习指导的研究，是新世纪基础教育课程改革赋予我们的重要历史责任。

依据系统论的原理，语文课程学习指导的内容也是一个大系统。这个大系统应该由两个子系统构成，一个是语文课程学习内容系统，一个是语文学习心理行为系统。语文课程学习内容系统包括：一、义务教育阶段语文课程学习内容：识字写字、阅读、写作、口语交际、综合性学习；二、普通高中阶段语文课程学习内容：1．必修课程内容：阅读与鉴赏、表达交流；2．选修课程内容：诗歌与散文、小说与戏剧、新闻与传记、语言文字应用、文化论著选读。语文学习心理、行为内容系统，包括语文学习心理、语文学习方法、语文学习习惯、语文学习方式、语文学习模式、语文学习管理、语文学习素质等。语文课程指导内容系统图示如下：

- 语文课程学习指导系统
  - 语文课程学习内容
    - 义务教育语文课程学习内容
      - 识字与写字
      - 阅读
      - 写作
      - 口语交际
      - 综合性学习
    - 普通高中语文课程学习内容
      - 必修
        - 阅读与鉴赏
        - 表达与交流
      - 选修
        - 诗歌与散文
        - 小说与戏剧
        - 新闻与传记
        - 语言文字应用
        - 文化论著选读
  - 语文学习心理行为
    - 语文学习心理
    - 语文学习方法
    - 语文学习习惯
    - 语文学习方式
    - 语文学习模式
    - 语文学习管理
    - 语文学习素质

全面开展对语文课程学习指导的研究，不仅要清楚指导的内容结构系统，而且要综合和融汇指导的内容，从有利于学生学习和教师指导出发设计出一个指导的框架体系。综合和融汇的主要对象是语文课程学习内容这一子系统。义务教育阶段和高中阶段的语文课程学习内容，虽然有其分明的阶段性和不同的学习目标，但高中语文课程学习的内容是在义务教育阶段基础上的延伸、拓展和深入，呈螺旋上升、综合发展形态。如，高中阶段必修课程内容的“阅读与鉴赏”能力的培养、“表达与交流”能力的培养，都是在义务教育阶段听说读写基本能力基础上向更高层次的发展性培养。高中选修课程内容的“诗歌与散文”“小说与戏剧”“新闻与传记”“语言文字应用”“文化论著选读”等五个系列，也都是在义务教育阶段的阅读、理解、审美、探究和语言运用等能力基础上分文体、分专题的综合语文能力的提高性培养。因而，两个阶段课程学习内容的指导，有必要融汇、综合于一体，以义务教育阶段的语文课程学习内容为框架，延伸到高中阶段的语文课程学习内容。至于语文学习心理和行为指导的内容，我们看到，两个阶段的指导内容呈纵向推进、全面发展形态。虽然义务教育阶段和高中阶段学生的心理行为存在年龄上的差别，但高中生的语文学习心理和行为是在义务教育阶段基础上的进一步发展，表现在学习心理上是由义务教育阶段的他觉、接受、自觉到高中阶段的更为自觉、成熟和稳定，表现在学习行为上则是由义务教育阶段的练习、熟习和习惯到高中阶段的更为自主、有效和灵活。

依据上述对语文课程学习指导内容系统的认识，我们将语文课程学习指导的内容设计为识字写字学习指导、阅读学习指导、文学作品学习指导、写作学习指导、口语交际学习指导、综合性学习指导、语文学习评价指导等若干个模块。将语文学习心理行为指导内容设计为语文学习心理指导、语文学习方法指导、语文学习习惯指导、语文学习方式指导、语文学习模式指导、语文学习管理指导和语文学习素质培养等若干个模块。两个系列的每个模块都可以成为一个独立专题进行研究。每个模块依据需要还可以分为更小层级的模块。如语文学习方法模块，就可以分为识字写字学习方法、阅读学习方法、写作学习方法、口语交际学习方法四个更小的模块，进行更为具体的研究。

从培养学生学会学习和终身学习的角度看，语文学习心理行为系统内容的指导则更为重要。按照心理学对知识的一般分类，学科知识内容属于陈述性知识。陈述性知识也叫描述性知识或记忆性知识，它主要用来回答事物是什么、为什么或怎么样的问题，具有静态的性质。学习心理行为内容则属于程序性知识。程序性知识也叫操作性知识或步骤性知识，其实质是一套对外办事的操作步骤和过程，也包括对内调控的策略知识，主要用来解决做什么和怎样做的问题，具有动态的性质。对于语文学科来讲，陈述性知识的学习指导是基础的、必要的。掌握语文学科基础的陈述性知识，有助于全面提高人的语文素养与文化修养。通过陈述性知识的学习能将部分知识转化为语文心智技能，形成适应工作和生活需要的语言理解与表达能力。而语文学习心理和行为，则是在学习语文学科的陈述性知识的过程中，掌握语文学习方法，养成语文学习习惯，形成有个性的语文学习方式，养成语文学习的基本能力，从而具备现代社会公民的基本学习素质，成为学习化社会中学会学习的人。这理应成为语文课程学习指导的首要目标。这一认识符合教育部《基础教育课程改革纲要（试行）》中规定的课程改革的第一条具体目标："改变课程过于注重知识传授的倾向，强调形成积极主动的学习态度，使获得基础知识与基本技能的过程同时成为学会学习和形成正确价值观的过程。”

全套丛书分为十多个分册，虽然每个分册都列为一个独立专题进行研究，但课题组对每个专题的研究和分册的撰写，都在以下四个方面提出了共同的要求，做出了切实的努力：

一、全面落实语文课程的理念和目标

今天的语文课程学习是在21世纪之初启动的我国第八次基础教育课程改革背景下的语文课程学习，《义务教育语文课程标准（2011年版）》和《普通高中语文课程标准（实验）》两个文件是学生语文课程学习和教师指导语文课程学习的基本纲领和具体标准。全面落实语文课程的理念和目标是本丛书编写的基本任务和理想追求。语文课程的理念和目标是语文新课程学习指导的指针和内容。在每一专题的研究和分册内容的编写中，都安排独立的章节阐述“学习理念”和“学习目标”。例如在《识字写字学习论》《阅读学习论》《写作学习论》《口语交际学习论》等分册中都有两个章节分别论述“学习的理念”和“学习的目标”等内容。通过对学习理念、学习目标的专门论述，通过在各章节中渗透学习理念和学习目标，保障语文课程理念和目标的具体落实。对于读者来说，这不仅可以加深对课程理念、目标的理解，提高自己对课程理念和课程目标的认识，而且还可以从实践操作层面落实课程理念和目标。

二、追求专题理论的系统性和先进性

语文课程学习指导每个专题的研究都努力追求建构一个独立的理论系统。理论的系统性体现在每个分册的章节排列顺序及其内在联系上。在每个理论系统中，既有我国古代传统学习理论的深厚基础，又有现代先进学习理论的借鉴运用。如《文学作品学习论》分册的理论体系由十一章构成：文学作品学习概述、中学文学作品学习的变革与发展、文学作品学习的理论基础、文学作品学习的基本内容、文学作品学习的心理机制（上、下）、文学作品学习方法（上、下）、不同体裁文学作品学习、文学作品学习评价、文学作品的课外学习。这样一个理论体系，虽然还不能说已经十分全面和完善，但它毕竟创建了一个比较合理的理论系统，为后人的继续研究提供了初步理论框架和基本内容设置，给读者提供了一门系统的理论知识和一片开放的理论视野。各专题理论的先进性体现在综合运用当代课程论、教学论、学习论、心理学、语言学、文学等学科新的研究成果，形成专题的理论系统。各专题理论的系统性和先进性使它能够在语文课程改革的实践中有效指导中小学生的语文课程学习。

三、注重学习指导的实用性和操作性

语文课程是一门实践性很强的课程，语文学习是一种语言心智技能学习，因此，语文课程学习指导追求理论的实用性和实践的操作性。本丛书虽然各册论述的内容不同，但在阐述其专题学习理论时，都十分重视理论的实用性和指导的操作性。如《阅读方法指导论》分册，先设第一、二、三章对阅读学习方法的地位、内容、目标和历史发展等进行全面论述；中间在第四章“朗读的方法”、第五章“默读的方法”、第六章“精读的方法”、第七章“略读的方法”、第八章“速读的方法”里都设指导与运用一节，专门论述阅读方法的实践指导和操作运用问题；第九章“阅读学习方法的指导”，对阅读学习方法指导的意义、原则、模式和方法做了系统论述；最后第十章论述“阅读学习方法的检测和评价”。这样一个内容框架安排，充分体现了阅读学习方法指导理论的实用性和实践指导的可操作性。语文教师能够从中既获得系统的学习指导理论，又可以掌握阅读学习方法指导的具体操作要领，从而提高阅读学习方法指导的科学性和有效性。

四、提供语文教师专业培训的实用教材

教育部《关于大力加强中小学教师培训工作的意见》中明确指出：“教育大计，教师为本。有好的教师，才有好的教育。教师培训是加强教师队伍建设的重要环节，是推进素质教育，促进教育公平，提高教育质量的重要保证。”加强语文教师培训，也是深入推进当前语文课程改革的重要举措和保障。教师培训的模式、方式虽然多种多样，但都需要设计合理和方便使用的培训教材。本丛书以两个语文课程标准为依据，以新的语文课程理念为指导，着眼于学生学会学习和教师有效学习指导，分专题对语文课程学习内容及其指导进行了全面的论述，使语文课程学习理论与学习指导得到有机结合，努力满足中小学教师对语文课程学习指导实践的需要，成为语文教师专业培训的实用教材。同时，本丛书还可以作为语文教师在职专业进修的自修教材。

经过编委会同仁数年的艰苦创作，丛书即将出版。站在学生学习的立场，从指导学生的课程学习着眼，编写一套语文课程学习指导丛书，的确是一种前人没有过的创举。在丛书出版之际，我要真诚感谢编委会全体同仁的工作和友情。为了推动新一轮的语文课程改革，为了促进中小学生的语文课程学习，为了创建我国的语文学习科学大厦，大家认真写作，锲而不舍，相互勉励，友好合作，以共同事业为纽带结成了一个有实力、讲智慧、重情义的学术团队。靠着这样一支学术团队，完成了这套三百万字的中型学术丛书！

丛书学术顾问朱绍禹先生生前十分关心和支持本丛书的编写工作。他曾多次解答作者的咨询，并对几位作者的部分书稿亲笔批示修改意见。那时朱先生因腰部受损已经不能长时间伏案工作了，有时他就垫块软垫跪伏在地板上写批阅意见。当我知道这一情况后，心底十分感动以至震撼！每当丛书编写和出版遇到困难时，脑际就会浮现出朱先生跪伏写批语的情景，这激励我决心克服一切困难完成丛书的编写工作，以告慰朱先生的在天之灵。丛书学术顾问陶本一先生在住院期间仍询问丛书的进展情况，他的关心和激励是我坚持奋进的莫大动力。对两位先生的关心、指导和鼓励，我们表示深深的谢意！

中央教育科学研究所副所长田慧生教授在百忙中为丛书赐序，对丛书编写的现实意义做了充分肯定，对丛书的内容特点做了高度概括，对丛书的使用价值做了积极评价。杭州师范大学前校长、浙江省重点学科“课程与教学论”负责人林正范教授和人文学院的领导对丛书的编写一直给予关心和支持。语文出版社王旭明社长对丛书选题给予了肯定，对出版给予了支持；各位责任编辑先生为丛书出版付出了辛劳。在此一并表示我们由衷的谢意！

王光龙

2011 年立冬时节于杭州三塘

目　　录

第一章　文学作品学习概述

文学作品学习是指以文学作品为对象的学习活动。中学生学习者要学好文学作品，首先要对文学的性质特点及其价值有所认识和了解，明确文学作品的类型、体裁及其文本层次，从而把握文学作品学习的意义、内涵和途径。这也是进一步论述文学作品学习的前提和基础。

第一节　文学之认识：何为文学

文学是什么？这并不是一句简单的话就能回答清楚的。到目前为止，文学还没有为大家都认可的定义，因而只能从文学的起源、发展和文学观念的演变谈起，逐步了解文学的性质、特点、功能和价值，进而把握文学的真正含义。

一、文学的产生与发展

当我们追溯文学的原始发生的时候，常常觉得它的源头是一片云天浩茫。因为我们今天能见到的早期文学作品都是书面文学，书面文学并不能代表文学的原始发生形态。在文字产生之前已经有原始的神话传说和歌谣在人们口头代代流传，经过漫长的时间，才用文字记录一些片段，而我们今天也只能看到片言只语。那么，远古传说时期的文学是怎样产生的，我们只能做出想象和推论，理论家们提出了巫术仪式发生说、宗教发生说、游戏发生说以及圣人创立说、心灵表现说等，但对文学产生的根本原因，能达成共识的还是人类最基本的活动——劳动。文学艺术起源于劳动的观点是被普遍认可和接受的。

（一）文学起源于生产劳动

人类在从猿到人漫长的进化过程中，通过劳动锻炼了自己的脑，拥有了灵巧的双手，同时也创造了表情达意的语言。恩格斯说，劳动“是整个人类生活的第一个基本条件，而且达到这样的程度，以致我们在某种意义上不得不说：劳动创造了人本身。”① 脑的锻炼和语言的创造为文学的产生提供了前提条件。

原始人在集体劳动的过程中，要互相配合和协调行动，要互相交流信息和感情，就会发出有节奏变化的呼声，这种简单的节奏就是音乐、舞蹈的节拍和诗歌韵律的起源。《淮南子·道应训》说：“今夫举大木者，前呼‘邪许’，后亦应之，此举重劝力之歌也。”所谓“举重劝力之歌”，就是人们集体劳动时调整动作、相互呼应、凝聚力量的呼声，也是语言和文学产生时的雏形。鲁迅先生也对此作过很通俗的解释，他说：“人类在未有文字之前，就有了创作的，可惜没有人记下，也没有法子记下。我们的祖先的原始人，原是连话也不会说的，为了共同劳作，必需发表意见，才渐渐的练出复杂的声音来。假如那时大家抬木头，都觉得吃力了，却想不到发表。其中有一个叫道‘杭育杭育’，那么这就是创作。……倘若用什么记号留存了下来，这就是文学；他当然就是作家，也就是文学家，是‘杭育杭育’派。”② 这一表述形象地说明了是劳动中的需要促成了文学的产生。

但这些有声无义的韵律究竟还不是诗歌，当原始人的思维和语言得到发展，如果在呼声的间歇中随意添上一些语言，如《候人歌》那样：“候人兮猗!”（《吕氏春秋·音初篇》）只是在“兮”、“猗”的呼声上添了两个词，便具体地表达出等待盼望的意思。

劳动促成了文学的产生，同时也成为远古文学描写的主要内容。如《击壤歌》中写道：“日出而作，日落而息。凿井而饮，耕田而食。帝力于我何有哉?”写出了早期农耕时代人们作息饮食顺应自然，随遇而安，平静自适的劳动生活。《吴越春秋》所载的《弹歌》：“断竹，续竹，飞土，逐肉。”这是一首比较原始的猎歌，写出了狩猎的全过程，反映了渔猎时代的人们的劳动生活。当然，这些记述和我们今天所说的文学作品还有很大很大的距离。原始人在刚刚学会说话的时候，他们总是在劳动中或劳动之余，和舞蹈、音乐融合在一起来完成最朴素的

① 恩格斯：《劳动在从猿到人转变过程中的作用》，《马克思恩格斯选集》第3卷，人民出版社，1972年，第508页。

② 鲁迅：《门外文谈》，《鲁迅全集》第6卷，人民文学出版社，1959年，第75页。

文学创作的。《吕氏春秋·古乐篇》有一段记载："昔葛天氏之乐，三人操牛尾，投足以歌八阕：一曰'载民'，二曰'糸鸟'，三曰'遂草木'，四曰'奋五谷'，五曰'敬天常'，六曰'达帝功'，七曰'依地德'，八曰'总禽兽之极'。"《河图玉版》也有一段记载："古越俗祭防风神，奏防风古乐。截竹长三尺，吹之如嗥，三人被发而舞。"三个人手拿牛尾，投足而歌，和三个人吹着竹筒，被发而舞，正是文学与乐舞相融合的最好说明。也正是这浑然而又清晰的诗的或者说文学的萌芽发展为今日文学的勃勃生机。

（二）影响文学发展的因素

文学伴随着生产劳动而产生，并随着生产劳动的发展而发展。生产劳动是文学发展的根本动力，但有时并不直接地影响文学的发展。文学的发展最终受到生产活动等经济因素的制衡，而其他一些因素更直接地对文学发展发生作用。

1. 影响文学发展的外部因素

影响文学发展的外部因素主要是指社会经济、政治、文化、民族矛盾、地理环境以及文学制度、政策、设施等。这些因素常常直接促进或阻碍着文学的发展。例如，春秋战国时期社会经济政治的大变革带来文化上的百家争鸣，与之相适应，文学也出现了繁荣的局面。秦始皇统一六国后，实行"焚书坑儒"的文化政策，使秦国文学成为一片沙漠。汉代大一统的政治局面，以及汉武帝"罢黜百家，独尊儒术"的政策，对汉赋的出现和汉代散文的特点有直接的影响。宋代理学的兴起及印刷术的发展，对宋代文学产生了重要的影响。元代士人地位的低下，使他们走向市井，直接推动了元杂剧的发展。十四到十六世纪欧洲文艺复兴作为新兴资产阶级反对封建阶级的思想文化运动，使欧洲文学发展出现了第二次高峰。凡此种种，都证明了一些外部因素往往直接影响着文学的兴衰。更为复杂的，是文学的发展受其内部因素的制约和影响。

2. 影响文学发展的内部因素

影响文学发展的内部因素主要是指文体发展的不平衡、文学因素的矛盾运动和相反相成及文体的相互渗透与融合。首先，是文体发展的不平衡。例如，在中国，诗歌和散文早在商周时代就形成了，小说到唐代中期才趋于成熟，宋金时期元杂剧和金院本的出现才标志着中国戏曲的形成。各个朝代文学的总体成就也不同，有的相对平庸，有的相对繁荣，而且各个朝代有其相对发达的文体。我们通常说汉赋、唐诗、宋词、元曲、明清小说，是说这些文体在这些朝代取得相对高的成就。其次，是一些文学因素的互动作用。例如，俗与雅之间的相互影响、转变和推动。《诗经》中的“国风”本是民歌，经过孔子整理，特别是被儒家奉为经典后，就变雅了。文与道的离合也推进文学的发展，无论是文学适合儒家思想还是部分地离开儒家思想都出现过许多优秀的作家作品。再次，是文体之间的相互渗透与融合。例如，当苏轼以诗为词，词的境界为之阔大，词的发展进入了新的历程。当宋人以文为诗，宋诗就开拓出了新的局面。

总之，文学的发展是在诸多因素的“合力”中进行的，我们很难说出一个单纯而又清晰的原因来解释文学的发展和变化，但可以明确的是，在诸多因素中起着终极作用的因素是经济。

（三）文学观念的演变①

文学从它产生之日起到如今，可以说历经漫长而辽远的时空，人们对文学的认识也在变化着。当我们讨论文学的时候，应该理清文学观念变化的线索，并为我们所指的文学确定一个相对稳定的含义。

1. 广义文学观念

“文学”一词，始见《论语》。《学而》曰“行有余力，则以学文”；《雍也》曰“博学于文”；《先进》提及孔门四科，有“文学：子游，子夏”之语。根据经学家注解，孔子所述“文学”与“文”略同，都泛指古代典籍文化。这种将文学与政治、历史、哲学、伦理学、宗教等文化产品等同的观点被称为广义文学观。在西方十八世纪之前，文学也往往是在广义上使用的，属于一般文化。这种广义的和文化的文学观念，没有把文学从历史、哲学、演讲术等一般文化中分离出来，独立发展，也没有被明确地赋予特殊的审美性质。虽然，这种观念有助于阐明文学的文化含义，但毕竟含义宽泛，不利于把握文学的本质特征。

2. 狭义的文学观念

虽然在起初文学是被作为一般文化形态看待的，但文学的特殊性质也已得到重视。最典型的例子就是《诗经》，虽多被作为政治和道德教化的教材，但孔子也提出“诗可以兴，可以观，可以群，可以怨”，注意到了诗的抒情性和特殊的形象感染力。随着汉代辞赋的兴盛，“文学”的“文”的含义得到了强调。《说文解字》云：“文，错画也，象交文。”《周易·系辞下》曰：“物相杂，故曰文。”《释名·释言语》曰：“文者，会集众彩以成锦绣，会集众字以成辞义，如文绣然

① 参见童庆炳主编《文学理论教程》（修订版），高等教育出版社，1998年，第49–75页。

也。”可见，文章之“文”，主要指辞采的修饰与润色。到了魏晋时期，“文学”与“文章”和“文”逐渐成为同义词，文学的特殊的审美性质凸现出来。狭义文学从广义文学中分离出来，即指包含情感、虚构和想象等综合因素的语言艺术行为和作品，如诗、小说、散文等。正如鲁迅先生所说，进入了一个“文学的自觉时代”。狭义的文学也就是我们今日所指的文学。

3. 折中义的文学观念

当我们面对丰富多彩的作品时，往往会发现有些作品是很难归类的，如诸子散文、史传文学、现代杂文、纪实文学、风格化的政论文等，既可被归入广义文学类，也可被归入狭义文学类，只能按某种惯例加以模糊的或相对的界说，这样就有了折中义的文学观或惯例的文学观。这种文学观念虽然缺少科学的严密性，但在认识和判断文学作品的实践中，起着重要的作用。

总之，在我们判断什么是文学，什么是非文学时，作为文学，有三点是必不可少的，即文学总是要呈现具有想象、虚构和情感等特性的形象的世界；文学要传达的是一个完整的意义；文学总是蕴含着特殊而无限的意味。上升到理论，文学就是以狭义的文学为中心，综合广义的文学观念及折中义的文学观念，这似乎为我们走出文学的迷径指明了一条出路。

二、文学的性质与特点

文学是单纯的，也是复杂的。我们无数次地感受文学的魅力，但这种美感犹如五彩斑斓的云朵，消失在我们的理性话语里。要学习文学作品，必须认识文学，把握文学，也就是要把握文学的性质与特点。

（一）文学的性质

1. 文学是一般的意识形态

意识形态是与经济基础相对的一种上层建筑形式，指上层建筑内部区别于政治、法律制度的话语活动，如哲学、伦理学、宗教、文学及其他艺术等。也就是说，文学首先是和哲学、伦理学、宗教、及其他艺术一样，是一种反映现实生活的社会性话语活动。文学是一般的意识形态，其中包含有三层意思：一是文学是一种意识形态话语。文学作为话语至少包括说话人（文本的叙述者抒情角色和作者）、受话人（文本接受者和读者）、文本、沟通、语境五个要素。二是文学是一种社会性话语活动。所谓社会性，是指文学不是单纯的个人话语行为，是人与人之间话语沟通活动，或隐或显代表着超越个人的一定阶层、阶级、民族或人民的利益。三是文学是对现实反映的产物。社会生活是文学的唯一源泉，文学能动地、集中地、深刻地反映社会生活，包括作家的精神世界。

文学是一般的意识形态性质，并不能反映文学的特质，要进一步揭示文学的独特性，必须明确它的特殊性质。

2. 文学是审美的意识形态

把文学与哲学、伦理学、宗教及艺术等意识形态领域区别的唯一标志就是文学是审美的意识形态，这是它的特殊性质。审美是人类把握世界的一种特殊方式，指人与世界（社会和自然）形成无功利的、形象的和情感的关系状态。[①] 也就是说文学是审美地把握世界，从这个层面上看，文学是以形象的方式达到情感愉悦为目的的，不寻求实际利益的满足。认识到文学的特殊性质，我们在文学作品学习中，就应抓住它的本质特点，根据它的性质，去探寻文学的奥妙，领悟文学的真谛。

（二）文学的特点

文学是审美的意识形态，意味着它必然是审美与意识形态的复杂组合形式。审美的性质要求文学是无功利的、形象的和情感的；意识形态的性质又要求它是功利的、理性的和认识的。这就决定了文学同时具有双重特点。

1. 文学既是无功利的也是功利的

文学是无功利的，主要指文学是审美的，在文学的创作和欣赏中，无论作者还是读者都不企求得到直接的现实利益。刘勰在谈到文学创作时，他说："是以陶钧文思，贵在虚静，疏瀹五藏，澡雪精神"[②]，特别强调以淡泊、宁静之心对待文学创作。读者也要保持无功利目的才能进入文学的审美世界。鲁迅先生说："中国人看小说，不能用赏鉴的态度去欣赏它，却自己钻入书中，硬去充一个其中的角色。所以青年看《红楼梦》，便以宝玉、黛玉自居；而老年人看去，又多占据了贾政管束宝玉的身分，满心是利害的打算，别的什么也看不见了。"[③] 读者抱着功利的目的，就无法欣赏小说的美。丹麦批评家勃兰兑斯举过一个例子，形象地说明了文学的无功利性，他说："我们观察一切事物，有三种方式——实际的、理论的和审美的。一个人若从实际的观点来看一座森林，他就要问这森林是否有益于这地区的健康，或是森林主人怎样计算薪材的价值；一个植物学者从理论的观点来看，便要进行有

① 童庆炳主编《文学理论教程》（修订版），高等教育出版社，1998 年，第 65 页。

② 周振甫译注《文心雕龙选译》，中华书局，1980 年，第 131 页。

③ 鲁迅：《中国小说的历史的变迁》，《鲁迅全集》第 9 卷，人民文学出版社，1959 年，第 350 页。

关植物生命的科学研究；一个人除了森林外观没有别的思想，从审美的或艺术的观点来看，就要问它作为风景的一部分其效果如何。”① 显然，商人和科学家对于森林的态度是功利的，文学家则是获得无功利的审美体验。

但如果深入地思考文学的功利性，实际上作家的文学创作和读者的文学学习都间接地或内在地存在某种功利目的，只不过文学的功利与商人对财富的占有欲和科学家对事物的探究欲不同，主要在于通过文学审美地把握世界，在文学中认识社会人生，领悟事理，深化思想，陶冶情操。鲁迅先生说：文学“给人的愉快和休息是休养，是劳作和战斗之前的准备”，这种“休养”和“准备”就是一种功利，也是文学的真正价值。

2. 文学是形象的也是理性的

文学是审美的，意味着文学是形象的，文学以形象或称审美形象的形态存在，读者以审美直觉和审美想象领悟和把握审美形象。如戴望舒的《雨巷》，通篇展现的是那个撑着油纸伞的诗人，那条“寂寞而又悠长的雨巷”，那位“丁香一样”忧愁的姑娘所组合成的梦幻般的世界，迷茫情绪弥漫全篇而又十分隐匿。读者只能凭借形象，尽情想象和联想，才能捕捉一缕情思意绪。

文学是形象的，但并不排斥理性。文学创作的过程，离不开作家的理性思考，作家对时代精神的把握，对素材、主题、情节、人物等的分析都伴随有理性思考的成分。读者阅读学习过程中对主题、人物思想性格的认识和把握同样要有理性的参与。再者，文学艺术形象本身就蕴含着理性。当然，承认理性的存在并不等于可以代替形象。文学直接地是形象的，但在深层又是理性的。

3. 文学既是情感的也是认识的

文学是审美的，同时也就意味着是情感的，这种审美情感凝聚在审美形象中，代表着作家或读者的主体态度，又超越了个人利害得失而具有人类普遍性。但在情感的背后，也有清醒的理性认识，文学在表达情感的同时，也表达客观理性认识。只不过文学对理性认识的表现不是直接的，或者说是直白的，它寓含在形象中，渗透在情感里。如鲁迅先生的小说《阿Q正传》，既有对阿Q的“哀其不幸，怒其不争”的同情，也有对其愚昧麻木的批判，以形象的手法揭示了国民的劣根性。

---

① 勃兰兑斯：《十九世纪文学主流》第1卷，人民文学出版社，1958年，第161页。

4. 文学是一种话语蕴藉

清代姚鼐说过："文章之精妙不出字句声色之间，舍此便无可窥寻矣"。[1] 文学的显现形式最终离不开特定的话语系统，这种特定性用"蕴藉"一词来表达。"蕴藉"用于文学艺术领域，往往被用来指文学作品那种意义含蓄有余、蓄积深厚的状况。"话语蕴藉是对文学活动的特殊的语言与意义状况的概括，指文学作为社会性话语活动蕴含着丰富的意义生成的可能性。"[2] 文学的话语蕴藉的特点要求我们在学习文学作品时，不能拘泥于话语的表层意义，也不能拘泥于僵化单一的读解，而要充分地感悟和发现它的丰富性和意义生成的可能性。

三、文学的功能与价值

文学是一种社会性话语活动，也是一个神奇的精神领域和独特的审美境地。文学和物质世界相比，似乎是虚幻的，没有什么具体功用，但正是这种物质世界的无用使它在精神世界里发挥着巨大的功能和价值。

（一）文学的人生审美价值

文学以超越世俗功利的方式表现人生，其美学意义在于对于人生本质的揭示，以美引导人类理解美、懂得美、追求美。人在文学中发现了自己，认识了自己，从而沿着美的指引提升自己。文学以艺术人生、审美人生的方式表现人类的自我意识，其中一个最主要的功能就是帮助人认识自我，并通过认识自我来认识人生。如在郭沫若的《女神》里，读到了个性的张扬、人格的独立和对自我力量的歌颂。在拜伦的《哈洛德游记》里，读到了人的自由意志和自主力量。文学在使人认识自己的同时，也直接作用于人的心灵世界和情感世界，让人能够在文学的世界中产生情感的共鸣，得到情操的陶冶和人格的升华。这是文学人生审美功能的又一表现。如阅读陆游的《沈园》（二首）和《钗头凤》，这是一段感人至深的凄美爱情，尽管读者与陆游相隔近千年，生活境遇截然不同，但同样会被深深感染，心中升起悲伤哀怨之情。这是一种人类共有情感的召唤，这种纯洁而高尚的感情震撼着人的心灵，净化着人的心灵，丰富着人的心灵。文学为人生创造着美，同时也在促进人类向往着美，追求着美，实现着美。

---

① 姚鼐：《与石甫侄孙莹》，《惜抱先生尺牍》卷八。

② 童庆炳主编：《文学理论教程》（修订版），高等教育出版社，1998 年，第 73 页。

（二）文学的社会功利价值

在特定的历史条件下，文学往往表现出强烈的现世情怀，文学作为直接反映社会现实的工具和启蒙思想的手段发挥着它的社会功利价值。唐代诗人白居易鲜明地提出了“文章合为事而作，诗歌合为时而作”的创作主张，并身体力行创作了大量的讽喻诗，诗歌成为他参与社会，变革现实的工具。梁启超在1902年发表的《论小说与群治之关系》中说：“欲新一国之民，不可不先新一国之小说。故欲新道德，必先新小说；欲新宗教，必新小说；欲新政治，必新小说；欲新风俗，必新小说；欲新学艺，必新小说；乃至欲新人心，欲新人格，必新小说。”① 基于一种特殊的社会背景，强调了小说的“群治”手段功能。鲁迅先生在说到他“弃医从文”的原因时，他说：“我便觉得医学并非一件紧要事，凡是愚弱的国民，即使体格如何健全，如何茁壮，也只能做毫无意义的示众的材料和看客，病死多少是不必以为不幸的。所以我们的第一要著，是在改变他们的精神，而善于改变精神的是，我那时以为当然要推文艺，于是提倡文艺运动了。”② 鲁迅先生由此一发不可收，他的小说作品不仅体现了新文学运动的实绩，而且通过对辛亥革命前后社会现实的描绘和深刻的思考，发挥了重要的思想启蒙作用。

（三）文学的教育价值

文学的教育价值，一方面表现在它的育人价值。将文学归结为人学范畴，就不能忽视文学的育人价值。育人就是教会人在善与恶的面前能够做出判断和选择，引领人弃恶扬善，向上求真。“真诚”、“善”是一个人内在品格与外在行为统一的表现，又是文学追求美的内在动力和源泉。中国儒家的美学思想历来就强调“善”是美的本质，孔子提出“里仁为美”，讲的就是以善为美。亚里斯多德说：“美是一种善，其所以引起快感正因为它是善。”在这个意义上，文学对“真诚”、“善”的渴望与追求，与文学寻求人的精神自由解放，促进人的全面发展目标是一致的，与人追求以“真诚”和“善”为核心的主体精神和人格力量也是相一致的，因此，不言而喻，育人是文学的重要功能之一。如小说《牛虻》《红岩》《钢铁是怎样炼成的》《约翰·克利斯朵夫》等，所展现的道德境界无一不是一种以意志力量为核心的英雄主义精神：牛虻义无反顾，江姐、许云峰大义凛然，保尔不畏艰险，约翰·克里斯朵夫奋斗不息，都表现出为崇高的理想而努力奋斗的伟大精神。一代又一代的读

---

① 梁启超：《论小说与群治之关系》，《新小说》1902年第1期。

② 鲁迅：《呐喊·自序》，《鲁迅全集》第1卷，人民文学出版社，1981年，第417页。

者从他们身上汲取精神力量，在道德情感和精神境界上不断升华。

另一方面，文学的教育价值表现在它的育智价值。汉代史学家刘向说："书犹药也，善读之可以医愚。"这里的"书"虽非专指文学书，但一定包含了文学作品。文学书籍能够丰富人们的知识并教会认知，特别是写实的文学，包含了许多自然的、社会的知识，善读之就会增长多方面的知识。读《诗经》可以"多识鸟兽草木之名"（孔子语），可以了解西周到春秋时期的社会生活和当时人们的情感世界。杜甫的诗是唐代"安史之乱"前后社会动荡的形象画卷。《红楼梦》可以为后人研究清代的建筑、服饰、饮食、医药等提供丰富的史料，堪称清代社会的百科全书。而文学对社会生活的形象反映，是作家想象力和创造力的结晶，因而，它在培养人的观察力、想象力、创造力等思维能力方面具有独特的作用。北大教授孔庆东说："语文所训练的是人对一切文明符号的理解力和创新力。语文学好了，干什么都摧枯拉朽，势如破竹。语文学不好，干什么都愚昧弱智。"① 语文虽不等于文学，但语文中一定包含有文学。

当然，除此之外，文学还有很重要的休闲娱乐价值等。

第二节　文学之本体：文学作品②

文学作品是文学创造的物化成果，是作者和读者之间得以沟通的媒介，也是我们学习文学的客观对象。要学好文学作品，必须对其有所了解。

一、文学作品的类型

文学作品的类型，是指文学作品反映现实的方式。童庆炳先生主编的《文学理论教程》根据文学创造的主客体关系和文学作为意识形态对现实的不同反映形式，把文学作品分为现实型、理想型和象征型三种类型。分别介绍如下：

① 孔庆东：《四十不坏》，华文出版社，2005 年，第 131 页。

② 参见童庆炳主编《文学理论教程》（修订版），高等教育出版社，1998 年，第159-176 页。

（一）现实型文学作品

现实型文学作品是一种侧重以写实的方式再现客观现实的文学形态。这类文学作品一是强调尊重生活原貌，对生活中的人和事进行客观真实的反映，不允许有脱离现实的虚构，突出再现性。如《诗经》作为现实主义诗歌的源头，形象地反映了春秋时期丰富的社会生活和生产状况。杜甫的诗被誉为“诗史”，在于他以诗歌的形式再现唐朝安史之乱前后的社会情况和诗人“穷年忧黎元”的耿耿诚心。二是强调作者的主观倾向隐藏在作品的背后，让读者通过作品的具体描写亲自去体验。福楼拜说：“艺术家不应在他的作品里露面，就像上帝不该在生活里露面一样。”① 三是强调对事物的感性状貌、细节的逼真描绘，以给人身临其境之感。伟大的现实主义长篇杰作《红楼梦》堪称是精细逼真地描绘生活的典型范例。

（二）理想型文学作品

理想型文学作品是一种侧重以直接抒情的方式表现主观理想的文学形态。这类文学作品一是强调超越现实，创造出一个理想的世界，表达作者的主观愿望，突出表现性。如陶渊明的《桃花源记》就创造了一个“不知有汉，无论魏晋”、自给自足、人人平等的理想社会。二是强调以直抒胸臆的方式表达情感，突出抒情表现功能。如李白的诸多诗篇，其情如黄河之水天上来，倾泻出诗人心中的喜怒哀乐。三是强调运用夸张、变形、虚构的艺术手法，追求情感的真实。如《牡丹亭》虚构杜丽娘和柳梦梅由梦生情、因情而死、死而复生、终得团圆的曲折爱情故事，就是为了歌颂主人公为之生，为之死，出生入死，起死回生的天下之“至情”。

（三）象征性文学作品

象征性文学作品是一种侧重以暗示的方式寄寓审美意蕴的文学形态。这类文学作品一是强调寄寓某种意蕴，突出文学形象意义的超越性。如庄子的寓言与神话，皆以幻想形象暗示某种难以捉摸的人生哲理、哲学精神，带有突出的象征意味，作品蕴含的意义超越了形象本身。二是强调作者的观念必须依赖各种象征，曲折地、独特地表现，突出暗示性。如海子的诗《抱着白虎走过海洋》反复在写倾向于宏伟的母亲、倾向于故乡的母亲、倾向于太阳的母亲、倾向于死亡的母亲抱着白虎走过海洋，母亲已成为一种生命和意志的象征，抱着白虎走过海洋暗示的那种宏伟的、义无反顾的、战胜死亡的伟力。表现主义的代表人物奥地利小说

---

① 福楼拜：《乔治桑和福楼拜的文学记事书信》，《文艺理论译丛》1958 年第 3 期，第 18 页。

家卡夫卡的《变形记》，描写推销员格里高尔一朝醒来，发现自己变成了一个大甲虫，暗示出作者对冷漠的深切感受。三是强调塑造变形化、拟人化的假定性意象，突出虚拟性。如贝克特的荒诞派戏剧《等待戈多》，写两个流浪汉在乡间小道的一棵枯树下焦急地等待戈多。他们不知道戈多是谁，也说不清为什么要等待，莫名其妙地等着，一天又一天。这种完全虚构的情节意在象征现代文明中一些人精神上的等待与失望、苦闷和迷惘。

这三种类型的文学有时并不能截然分开，在我们所见的文学作品中，有的现实型作品中有理想的或者象征的成分，如现实主义长诗《孔雀东南飞》连理鸳鸯的浪漫主义结尾，《窦娥冤》中的六月飞雪的超现实想象。但丁的《神曲》兼具三种类型特征，其构思与描写是理想性、虚幻性的，它的寓意充满了象征精神，而它的指向又是朝着现实的。

二、文学作品的体裁

文学作品的体裁是指文学作品话语系统的结构形态。根据文学作品话语系统的不同特点，将文学作品分为诗歌、散文、小说、戏剧、影视文学等。在文学作品学习中，通常根据体裁的不同进行分类学习。

（一）诗歌

诗歌是人类社会最早出现的文学形式，最初是和音乐、舞蹈融为一体的。随着社会和艺术的发展，诗歌逐渐从乐、舞中分化独立出来，成为一种以富有节奏和韵律感的语言，高度集中地反映生活和表达思想感情的文学体裁。根据不同的标准可以将诗歌分为不同种类。根据题材内容的不同，可以分为抒情诗和叙事诗。抒情诗以揭示诗人的内心世界、表现诗人的主观感受为主。叙事诗通过比较完整的故事和人物形象表达诗人对社会生活的认识，但其中也浸透着诗人的感情色彩。根据表达形式的不同，可以分为格律诗和自由诗。格律诗在字、句、行、顿、韵等方面都有一定的规定，如我国古代的律诗、绝句、词、曲及欧洲十四行诗等。自由诗则没有固定的格式，以自然的音节自由成章。我国古代诗歌以唐代为界限，唐以前的诗歌称为“古体诗”，唐代人在南朝沈约提出的“四声八病”的基础上形成的新体诗，称为“近体诗”，也叫格律诗。“五四”以后发展起来的白话诗，也有自由体、民歌体和现代格律体之分。

要准确全面地概括诗歌的特点是困难的，但最基本的应具备凝练性、跳跃性和音乐性三个特征。

1. 凝练性

诗歌的凝练性主要包括两方面的内容，一是指诗歌通过高度概括的艺术形象来反映生活和抒发感情。诗歌总是选取和提炼生活中最令人激动的事件和素材，用极概括的艺术形象对现实进行审美反映。如柳宗元塑造了寒江独钓的渔翁来表现他被贬谪之后孤傲高洁的复杂情绪和人生态度；舒婷塑造橡树和木棉树的形象来表现一种独立、深沉、高尚而美好的现代爱情。二是指诗歌通过高度概括的语言来反映生活和抒发感情。诗歌相对于其他文体篇幅最短，就是因为诗歌的语言不铺张，而要追求高度的概括性和表现力。杜甫一直在为"语不惊人死不休"而努力；贾岛感叹"吟安一个字，拈断数根须"，"两句三年得，一吟双泪流"。诗歌高度凝练的语言也是最为精粹的语言。如《人间词话》云："'红杏枝头春意闹'，著一'闹'字而境界全出。"一个字展现出一片盎然春景，正值游春喧闹之际，红杏枝头亦有春意闹，天心人事，相糅为一，正是风光无限。再如，同样是写李杨爱情，白居易的《长恨歌》已属诗中长者，但也不过120句，840个字，远比洪升的《长生殿》和元代戏曲家白朴的《梧桐雨》要短得多，但传播之久远及艺术感染力又在后者之上。所以诗歌的凝练，绝不是单纯的短小，而在于它高超的艺术概括力和表现力。

2. 跳跃性

诗歌的跳跃性主要是指内容上的不连续性，表现在语言、结构上的跳跃性。诗人遵循情感的逻辑真实，而不是客观现实的真实。因而，随着诗人情感的起伏变化，腾挪跌宕，诗句往往突破时空限制，上下四方，古今中外，开拓出无限丰富的想象世界，也给读者留下了广阔的欣赏空间。如李白的《秋登宣城谢朓北楼》顷刻之间就从"乱我心者今日之日多烦忧"的愁闷变化为"对此可以酣高楼"和"俱怀逸兴壮思飞"的豪情，既而又跌入"抽刀断水水更流，举杯消愁愁更愁"的痛苦，最后又转向"人生在世不称意，明朝散发弄扁舟"的逃避现实。这种情感的极端变化，结构上的跳跃不定恰恰深刻地表现了李白壮志难酬的愤懑和不平，极具情感的真实性。再如，余光中的《乡愁》，从小时候到成年，从大陆到台湾，从妻子到母亲，时空的跨度很大，结构的跳跃性很强，但正是这种跳跃才足以抒发浓重隽永的乡愁。所以，跳跃使诗歌尺幅千里而意脉相连，跳跃使诗歌语短情长而超越现实。

3. 音乐性

诗歌从其诞生之日起就是和音乐联系在一起的，随着诗歌艺术的发展演变，虽然不再用于演唱，但讲究节奏和韵律特征始终没有变化，仍然是诗被称其为诗的基本标志。诗歌的节奏主要是指诗句语调的长短、强弱、停连等有规律的变化和语音高低、升降、曲直的和谐搭配。诗歌的韵律主要是指诗句尾韵有规律地重复出现而形成和谐整齐的音韵效果。诗歌的音乐性在我国古代格律诗中表现得最为典型。在自由体新诗中虽然没有格律诗那样严格，但同样讲究音乐的美，如徐志摩的《再别康桥》"轻轻地/我/走了　正如我/轻轻地/来　我/轻轻地/招手作别/西天的/云彩"，一句三顿，读来极富音乐美感。

（二）小说

小说是一种侧重刻画人物形象、叙述故事情节的文学样式。根据不同的标准可以将小说分为不同的类型。如，根据篇幅长短，可以分为长篇小说、中篇小说、短篇小说和微型小说。根据语言不同可以分为文言小说和白话小说。根据内容不同，可以分为历史小说、英雄传奇小说、社会问题小说、市民小说、神魔小说、武侠小说、侦探小说、言情小说等多种。根据体式不同，分为章回体小说和非章回体小说。根据国别不同，可以分为外国小说和中国小说。根据流派不同，可以分为现实主义小说、浪漫主义小说、现代主义小说等。随着网络的兴起，又出现了网络小说。小说虽然有不同种类，但表现出共同的特征，即深入细致的人物刻画、完整复杂的情节叙述、具体充分的环境描写。

1. 深入细致的人物刻画

描写人物，是小说的要素之一。诗和散文可以写人物也可以不写人物，而小说则必须写人物。诗和散文写人物不必追求人物的完整和典型，小说则必须深入细致地刻画人物，塑造典型人物形象。随着小说艺术的发展，一是小说刻画人物的手段和方法越来越多样，除了传统的肖像、行动、语言刻画外，小说还注重对人物心理的刻画。如奥地利作家茨威格的中篇小说《一个陌生女人的来信》等。二是对人物的刻画突破平面化而趋于立体化，写出了人物的丰富性和复杂性。如鲁迅笔下的阿 Q 等。三是一些小说运用现代主义表现手段，虚构人物形象，寓含了更深刻的文化、哲学内涵，使人物形象更具有象征意义。如卡夫卡笔下的格里高尔等。

2. 完整复杂的情节叙述

情节是与人物密切相关的小说的又一要素。叙事类作品都有情节，但叙事诗和叙事散文的情节比较简单，甚至只是片段，而小说的情节则更为完整和复杂。戏剧的情节也是完整的，但在丰富性和复杂性上不及小说，因为戏剧更多受到舞台时空的局限，而小说则尽可以挥洒文字去展现复杂情节。情节与故事不同，它是按照因果逻辑组织起来的一系列事件。小说的情节，一是要体现一系列事件之间的因果关系，这种因果关系的判断又体现着作者的思想感情倾向，因而，小说情节安排和发展是否合理，对表现人物和主题具有重要意义。如俄国作家契诃夫的短篇小说《变色龙》就是一篇典型的以情节安排取胜的小说，小说围绕一条狗的归属在一系列对话中展开，奥楚蔑洛夫趋炎附势的本性随着情节的起伏跃然纸上。二是小说情节要充分体现人物行为的矛盾冲突，有了矛盾冲突，才能使情节丰富复杂，波浪起伏，引人入胜；才能在矛盾中展现和刻画人物的思想性格。如《水浒传》中《林教头风雪山神庙》一节，正是在林冲与高逑的大冲突以及和其他人的各种冲突中完成了林冲被逼上梁山的命运转折和他从隐忍走向反抗的思想性格的转变。三是要利用小说写作优势，运用小说创作技巧，使小说情节能够既出人意料，又在情理之中，增强小说的艺术魅力。如美国作家欧·亨利的《警察与赞美诗》，法国作家莫泊桑的《项链》都是这方面的典范。

3. 具体充分的环境描写

环境是人物活动和情节展开的背景和舞台，是与人物、情节相联系的小说的又一要素。小说的环境既包括时代的、社会的政治人文环境，也包括自然环境。人物性格的形成发展和情节的变化走向都会受到环境的制约，因而小说中的环境是人物活动和情节发展的现实依据。小说中的环境描写，一是由于它不受篇幅和时空的限制，可以对社会环境做全面介绍，对生活场景和自然环境做细致描绘。这些介绍和描绘，并非闲笔，而是把人物和事件置于一个广阔和深远的背景之下，传达更丰富深刻的信息。特别是长篇小说，无一不是在宏阔的社会历史背景中展开的。二是环境毕竟只是人物活动和情节展开的背景，叙述的详略和快慢要服从于主题的需要。如鲁迅先生的小说《药》中对“茶馆”的描写十分详细，构成小说的高潮。“茶馆”是当时社会的缩影，它不仅仅是人物活动的场景，更重要的是通过茶馆揭示和展现革命者夏瑜所处的社会环境、思想环境。鲁迅先生不惜笔墨来描绘这一环境，极大地增强了小说的厚重度和震撼力。

（三）戏剧

戏剧文学体裁主要是指剧本。剧本是一种侧重以人物台词为手段、集中反映矛盾冲突的文学体裁，是戏剧表演的脚本。根据不同的分类标准，可以将剧本分为不同类型。如，根据性质不同，可以分为悲剧、喜剧和正剧；根据场次不同，可以分为独幕剧和多幕剧；根据表演的不同，可以分为戏曲、话剧和影视剧。但作为戏剧剧本，都共同体现了集中性、冲突性、对话性的基本特征。

1. 集中性

剧本是为舞台表演而写的，在篇幅、选材、场景、情节、语言等诸多方面都会受到舞台时空的局限。在局限中寻找出路，剧本选择了对现实生活进行集中反映。一是事件集中，选取生活中最具戏剧性的典型事件，将丰富复杂的生活浓缩在一起事件中；二是人物集中，戏剧中正面出场的人物不宜过多，突出主要人物；三是场景集中，由于戏剧表演场景转换的不便，只须有简单的场景变化。清代戏剧家和剧论家李渔在《闲情偶记》中突出地强调了结构单一化、“立主脑”、“减头绪”、戏为一人一事而设的主张。西方提出“三一律”，要求动作、情节、时间空间的整一。这都是对戏剧浓缩性、集中性的强调。如曹禺先生的《雷雨》只在一天当中写了周朴园、鲁侍萍三十年的恩怨和周、鲁两家多人之间复杂的情感纠缠，表现了复杂深刻的社会和人性的主题。

2. 冲突性

没有矛盾冲突就没有故事。小说中的矛盾冲突完全有足够的篇幅和语言来交代和展现，而戏剧中的矛盾冲突却只能在短短的两三个小时之内，有限的舞台空间和有限的事件中交代和展示，而且必须要吸引观众，引起情感共鸣。这种有限的条件和极高的要求决定了戏剧矛盾冲突必须激烈，甚至尖锐对立。只有这样才能刻画鲜明的人物个性，揭示人物内在的丰富和深刻。如元代戏剧家王实甫的《西厢记》，一开始就将故事安排在一个冲突的环境中，时间是崔氏一家扶灵归葬的几个月，地点是佛寺。在这应是六根清净、修心养性的佛地，崔张开始了偷期密约，爱情之花春意盎然。这本身是多么强烈的一对矛盾，而正是这种冲突更加显示了爱情的力量和对封建礼教的无情嘲弄。

3. 对话性

在高度集中的事件和场景，强烈冲突的戏剧矛盾中要塑造刻画人物形象，最主要的手段就是通过人物的言语（台词）来完成。高尔基指出：“剧本（悲剧和喜剧）是最难运用的一种形式。其所以难，是因为剧本要求每个剧中人物用自己的语言和行动来表现自己的特征，而不用作者提示。”① 也就是说戏剧对人物语言提出了很高的要求，通过人物对话既要交代情节，又要表现人物特征，这就要求

① 高尔基：《论剧本》，《论文学》，人民文学出版社，1978 年，第 57 页。

人物语言一是要有动作性；二是要个性化；三是要促进事件、冲突发展。如《窦娥冤》中的张驴儿，俗不可耐，面目可憎，连言语也令人作呕，他对蔡婆婆说："你教窦娥随顺了我，叫我三声嫡嫡亲亲的丈夫，我便饶了他。"虽三言两语，却活现出馋嘴猫式的欲望和一副恶棍无赖的口吻。

（四）散文

散文有广义和狭义之分。广义散文是指诗歌以外的一切文章。狭义散文是指文学意义上的散文，是与诗歌、小说、剧本等并列的文学样式，它侧重于抒写真情实感。根据表达方式的不同，可以分为抒情散文、叙事散文、杂文、游记等。文学作品中所指的散文就是狭义的散文。具有题材广泛多样、结构自由灵活、抒写真实感受的基本特征。

1. 题材广泛多样

散文被称作是文学的"轻骑兵"，其理由之一就是它无所不写，无不可写，而且是篇幅短小，方便快捷。写人、叙事、绘景、状物，怀旧、望新，民情风俗、人生世态、历史文化、时政评论；大到国际风云，小到花鸟虫鱼，天上地下，古往今来，包罗万象。余秋雨先生从古物遗迹的沉思中写出一篇篇含蕴厚重的文化大散文；周国平先生从人生世态的感悟中写出一篇篇哲味隽永的哲理散文；杨绛先生把她的人生写成艺术化的散文；沈从文先生把他湘西故乡诗化为散文……列举总是有限的，总之，无论是存在于尘世，还是存在于心灵，每一片洁光片羽都可以在作家的笔下熠熠生辉，显现其独特的审美。

2. 结构自由灵活

散文是文学作品中最接近天然的一种体裁，散文的写作没有规范的程式，没有严格的限制和固定的模式，意到笔随，浑然天成就是一篇好的散文。中国现代著名作家李广田指出："诗必须圆，小说必须严，而散文则比较散。若用比喻来说，那就是：诗必须像一颗珍珠那么圆满，那么完整，……小说就像一座建筑，无论大小，它必须结构严密，配合紧凑，……至于散文，我以为它很像一条河流，它顺了壑谷，避了丘陵，凡可以流处它都流到，而流来流去却还是归入大海，就像一个人随意散步一样，散步完了，于是回到家里去。这就是散文和诗与小说在体制上的不同之点，也就足以见出散文之为'散'的特色来了"。[①] 当然，

① 李广田：《谈散文》，《中国现代散文理论》，广西人民出版社，1983 年，第 148 页。

结构的自由灵活，语言的挥洒自如，并不是说乱写一气，和诗一样它遵循的是情感的逻辑，万变不离其宗的是它的主旨。

3. 抒写真实感受

散文是真实的，在于它不必像小说那样要虚构情节，也不必在语言上受到许多的限制，它只要我手写我心，抒发作者的真实感受。这似乎是简单的、容易的，但这也正是散文的最难之处。著名作家王安忆说："它（散文）不必担当起故事的重任；既要想象，又要对真实负责，确是一桩自圆其说的苦差。散文则不必，它是有什么说什么的。它是你的真实所感与真实所想，你只有一个表达的责任。那么，我们真实所感和真实所想的质量，便直接决定了散文的质量。……散文，真可称得上是情感的试金石，情感的虚实多寡，都瞒不过散文。"① 所以说，散文的真谛在于不仅要有真情实感，更要善于表达真情实感，惟其如此，散文才有艺术的感染力。

三、文学作品的文本层次

文本，指有待阅读的单个文学作品本身。文学文本是有内在的审美结构层次的，我国古代文论中用"言、意、象"来说明文学文本由表及里的三个层次。学习文学作品，必须认识和理解文学作品文本的审美层次结构，否则就难以进入文学的审美境界。

（一）文学语言层面

文学是语言的艺术，文学作品正是以其蕴藉无限的艺术语言为媒介在深层次上作用于读者的心灵。读者阅读文学作品时，首先要进入文学的语言层面，而文学语言与日常交际语言有很大不同，它自有独特的言语结构。

1. 文学语言的内指性

童庆炳先生指出："普通话语是外指性的，即指向语言符号以外的现实世界，必须符合现实生活的逻辑，经得起客观生活的检验，并必须遵守各种形式逻辑的原则。而文学话语则是内指性的，是指向本文中的艺术世界。有时它不必符合现实生活的逻辑，只要与整个艺术世界氛围相统一就可以了。"② 文学语言的"内指性"特征使它有时超越了甚至违背了客观现实生活，而指向艺术真实。如诗人顾城创作过这样的诗句："在早晨的篱笆上/有一枚甜甜的/红太阳""红太阳"用

① 王安忆：《情感的生命——我看散文》，《名作欣赏》2006 年第 3 期。

② 童庆炳主编《文学理论教程》（修订版），高等教育出版社，1998 年，第 178 页。

“甜甜的”来形容，而且说是一“枚”，很显然，这是不符合客观真实的。但诗人这样写是基于他一次生动的美感体验。他说：“众多的体验在骚动的刹那就创造了最佳的通感组合。有一次，我看到太阳，一下就掠过新鲜、圆、红、早晨等直觉和观念，想到了草莓，甜而熟的草莓，于是就产生了这句话：‘太阳是甜的’。”这样的诗句符合艺术世界的诗意逻辑，写出了清晨的欢愉和朝气，因而是优美的。

2. 文学语言的多义性

由于文学语言中蕴含了作家丰富的知觉、情感、想象等审美体验，因而文学语言所包含的意义往往超越了它的字面意义而具有多义性的特点。文学语言的多义性，是指除了它的字面意义以外，还具有情韵义、象征义、深层义、言外义等。如鲁迅先生的散文《秋夜》开头的一句：“在我的后园，可以看到墙外有两株树，一株是枣树，还有一株也是枣树。”这句看似啰唆，实际极有文学色彩的语言并不是为了告诉读者“在我的后园可以看到墙外有两株枣树”的信息，而是在静静表达一种让人腻烦的单调和寂寞，带有浓重的情感意义。再如，“白日”除了指太阳以外，还有一种光芒万丈的气象，给人以灿烂辉煌的联想。“拾翠”除了拾取翡翠鸟的羽毛外，还让人和年轻美貌的女子联系在一起，和水边绮丽的风景联系在一起，和美好的回忆联系在一起，令人产生美好、怀念和向往之情。

3. 文学语言的变形

文学语言传达的是审美信息，为了情感表达的需要，它以各种方法使普通语言“变形”，以获得丰富的表现力，也叫文学语言的“陌生化”。如温庭筠《商山早行》中的名句：“鸡声茅店月，人迹板桥霜。”只是平列几个名词或名词性词组，分别代表六种景物，很不符合汉语语法规则，但就是这种不合规则，却以巧妙的艺术思维和最简洁的形式绘出了一幅清晨景色的立体图画，曲折地透露出早行旅人的孤独和艰辛。文学语言的创造，就是通过“形”的改造和变化，形成更丰富的形式意味或更大的心理张力，以唤起读者的审美注意力。

（二）文学形象层面

文学语言层面是文学作品审美结构中的表层。读者在文学语言的感染下，经过想象和联想，便可在头脑中唤起一系列相应的具体可感的生活图景，这种图景就是文学形象。寻言以观象，经由文学语言的审美进入文学形象层面，是文学作品读解的深入。

1. 文学形象是主观与客观的统一

社会生活是文学的唯一源泉，文学是对社会生活的能动反映，文学通过塑造形象来反映社会生活，因而也就不难理解文学形象既是客观的，又是主观的。文学形象是客观的，一是它或者直接来源于客观世界，或者是对客观物象的曲折反映；二是文学形象虽然多具有一定的虚构性，但它尊重艺术的真实，在本质上并不违背客观规律，而是用一种艺术的方式和手段揭示客观规律。但同时文学形象又是主观的，因为文学形象由作家塑造出来，必然渗透着作家的主观思想和情感，寄寓着作家对社会生活的审美理想和情感评价，而且在创作过程中经过了高度概括和集中，成为作家笔下的“这一个”。所以说，文学形象是主观和客观的统一。如王昌龄的《闺怨》：“闺中少妇不知愁，春日凝妆上翠楼。忽见陌头杨柳色，悔教夫婿觅封侯。”“闺中少妇”可能是少妇张氏或李氏，也可能只是作者虚拟的一位女子，在诗中并不确指谁，她已是诗中的一个艺术形象，借这个形象写出了少妇对游子的无尽思念和因思念而生的黯然神伤和无限懊悔。“杨柳”是客观景物，但在诗中已不是无关人事的树木，而成为一种带有离愁别恨色彩的文学形象。

2. 文学形象是确定性与不确定性的统一

文学是语言的艺术，运用语言塑造文学形象不是直观的而是想象的，不是直接的而是间接的，因而它具有确定性和不确定性统一的特征。这一特征正是文学形象最具艺术魅力之处。确定性给读者审美想象和联想提供了依据，不确定性又给读者审美想象和联想留下广阔空间。一卷在握，每个读者心中自有一道至美的风景。如《诗经·蒹葭》中的那位宛在水中央的“伊人”，她似近在眼前，而又远在天边；她是心中爱慕已久的恋人，或是孜孜追求的理想。她在水一方召唤着每一位读者，而又是如此地飘忽不定。她是确定的，是所有美好事物的化身，同时又是不确定的，是每个读者心中的所爱所求。

3. 文学形象的高级形态

随着文学艺术的日臻完美，文学形象能更充分地表现人类的审美理想时，便具有了它的高级形态，即：文学典型、文学意境和文学意象。文学典型是文学作品中具有艺术魅力的特征化性格，在叙事性作品中，又称典型人物或典型性格。意境是抒情性作品中作者的主观情意与客观物境互相交融而形成的艺术境界。具有情景交融、虚实相生、韵味无穷的特征。意象是融入了主观情意的客观物象，或者是借助客观物象表现出来的主观情意，它使主观情意最完美地通过感性形象表现了出来。对文学形象的理解和把握最重要的就是对典型、意境、或意象的理解和把握。如阅读小说《堂吉诃德》就要理解和把握“堂吉诃德”这一典型人物形象，作家塞万提斯在这一典型人物身上寄托了深厚的情感和伟大的人文主义理想，堂吉诃德的魅力就是小说的魅力。再如，陆游的《临安春雨初霁》："小楼一夜听春雨，深巷明朝卖杏花。"这两句诗包含有四个意象：小楼、深巷、春雨、杏花。"小楼"、"深巷"，有静谧幽邃之感，衬托诗人客居临安的寂寞。"春雨"、"杏花"，带着江南的早春气息，预示一个万紫千红的春天即将到来。两句诗构成一种意境，其中有春天到来的喜悦，也有流光易逝的感喟。

（三）文学意蕴层面

文学意蕴是文学作品审美结构的纵深层次，要达到对文学艺术深层把握，必须上升到文学作品文本的意蕴层面。

1. 审美意蕴层

文学是审美的，审美意蕴是文学的本质内涵，主要表现为文学的吟咏情性。《毛诗序》说，诗是"情动于中而形于言"；陆机的《文赋》说："诗缘情而绮靡"；严羽的《沧浪诗话》说："诗者，吟咏情性也。"文学不仅表现人的情感，而且也表现人的气质和才情，这是文学作品最具审美特征的蕴含。屈原把自己的整个生命融入到他的诗里，使他的诗具有"独立不迁""上下求索""九死未悔"的人格美。杜甫的诗总是流淌着"穷年忧黎元，叹息肠内热"的忧时伤国的热情和"落日心犹壮"的理想抱负。

2. 哲理意味层

在文学产生和发展的初期，文学是和哲学、伦理学等意识形态领域的其他学科融合在一起的，古人的思想认识中，人世间的一切文化精神价值，包括文学艺术，都是天地之道在人身上的显现。就文学来说，"道"成为文学的核心，文学义不容辞地担负着人生精神价值的建构的责任。"道"的含义从儒家之道而泛化为涵盖宇宙的天地万物之根本法则，对宇宙万物社会人生的思考成为文学的深层蕴含。文学是以形象来反映现实的，与哲学对宇宙人生的抽象的思考和概括不同，它是在具体的形象中蕴含了哲理的意味，这种意味是需要领悟的。如王维的《鹿柴》："空山不见人，但闻人语响。返景入深林，复照青苔上。"人语衬托着空寂，落日返照着青苔，山林一片冷清！这是一幅清幽的自然之景，但诗中所体现的清静虚空的心境，更是禅宗所提倡的境界，充满了哲理意味。

3. 历史文化层

文学是时代的画卷，或者说是时代的缩影，自然在深层次上包含历史文化的意蕴。不同时代，不同民族，都在一定程度上形成了自己的文学特色，除了文学发展的自身因素，与其所处的历史文化背景密切相关。《三国演义》是汉末社会波澜壮阔的历史画卷。巴尔扎克的《人间喜剧》被誉为“十九世纪法国社会的风俗画”。李白诗歌代表着盛唐文化。《红楼梦》是清代社会的缩影。

总之，文学作品的文本就是如此的丰富复杂，从语言到形象再到深层意蕴，每一层都是美的所在，具有广阔的审美空间和无穷的艺术魅力。

第三节　文学之传承：　文学作品学习

文学传承和发展离不开文学作品学习，中学生的文学作品学习对其学业成功和个体的发展更具有重要的意义，所以有必要了解文学作品学习的意义，掌握文学作品学习的具体内涵及其途径。

一、文学作品学习的意义

（一）有利于学生个体人格的成长

文学作品是人写的，是直接或间接地写人的，并且是为了人的需要而写的。在我们讨论文学作品学习的意义时，首要的就是文学对人的精神世界的影响。文学总是以其感性的形式把读者引向对人类情感的体悟，对人类心灵的探寻，对人生意义的思考，而就在这体悟、探寻、思考的过程中，总是伴随着读者对自我的观照和反省，因此，这个过程也是读者自我人格不断改造和升华的过程。如美国作家海明威的《老人与海》，写一个老渔夫驾着一叶小舟，孤零零地到茫茫大海去捕鱼，八十四天过去了，历尽千辛万苦，一无所获。后来，好容易捕到一条，却被鲨鱼吃掉，他失败而归。小说的故事并不曲折，然而，读者却被吸引了，甚至于迷醉了。因为，老渔夫的经历使人想到了超凡的毅力和坚韧的决心，想到了真诚、友爱和乐观，也想到了孤独、寂寞和哀伤，但那一句“一个人并不是生来要给打败的，你尽可以把他消灭掉，可就是打不败他”，言犹在耳，掷地有声。读者从小说中找到了一种力量，领悟了成功的真正含义，这种永不言败的信念也成为读者精神世界的一部分。特别是对于正在成长中的学生来说，他们正处于人生观价值观的形成时期，具有极强的可塑性。在这个阶段，如果大量接触学习健康向上的文学作品，无疑会对他们的人格建构和成长有不可低估的帮助。

（二）有利于学生审美能力的培养

文学是审美的，文学作品学习应该是一种美的沉醉。哲学家荷尔德林说过：“人诗意地栖居在大地上。”“诗意地栖居”就是要有诗化的人生，审美的人生，就是要用文学的汁液来浸泡，来滋养。和苏轼一起享受清风明月，和余光中一起思念家乡，和史铁生一起感悟生命，和舒婷一起高歌爱情。然而，我们不得不承认，如今这样一个功利的社会，多数学生是为了考试学习文学作品。他们也许手不释卷，但并不热爱文学，心灵钝化，激情远去，不喜欢李白杜甫，不喜欢鲁迅巴金，不喜欢莎士比亚托尔斯泰，在生活中缺少感动，缺少同情。因此，通过文学作品学习来丰富学生的人生，唤醒学生沉睡在心灵中的真、善、美，培养他们的审美情趣和审美能力，是学习文学作品的又一要义。

（三）有利于学生文化底蕴的积淀

文学也是文化，每一篇文学作品本身，每一位文学家的诞生，他们既是文学的也是文化的。学生学习文学作品的过程就是一种文化的领悟和滋养的过程。如学习《论语》，学习《孟子》、《庄子》，这些作品本身就是中国古代思想文化之源，学生就会自觉或不自觉地接受儒家的、道家的思想中积极合理的文化成分。当然，文学作品有古与今、中与外的区别，其中的文化意蕴也是不尽相同，学习中必须有比较和鉴别。学生作为中华民族的传人，首先是要学习继承中华文化，以学习中国文学，传承中华文化为己任。与此同时，通过文学作品学习吸收和借鉴外来文化，在继承借鉴中发展创新。

（四）有利于学生思维智慧的开启

阅读一本好书，就是在和智者对话。不仅仅能学习和了解关于天文地理、人情世态、草木鸟兽、科技发展、社会变迁等等多方面的知识，更能开启人的思维智慧。文学作品中包含着思想方法和思维奥秘。俄国文豪列夫·托尔斯泰说：“理想的书籍是智慧的钥匙。”学习文学作品可以培养学生的观察力、想象力、概括力、创造力，发展学生的形象思维、抽象思维和创造思维。如学习散文、小说等文学作品可以让学生学会如何细致入微地观察自然和社会生活，学习诗歌、童话、寓言和科幻作品可以丰富学生的想象力，凭借想象和联想进入理想的审美境界。文学作品中蕴含的理性思维可以让学生学会如何推理、概括。文学作品本身就是作者创造性思维的成果，作者在创作中的灵感、直觉、顿悟都是创造力勃发的表现，它可以让学生学会如何才能创造、创新。

二、文学作品学习的内涵

（一）关于学习的理解

古往今来，人们都十分重视学习，尤其是在科技与人文都相当进步与发达的今天，学习已成为每个人终生相伴的行为。学习是非常重要的，这已自不待言。但什么是学习？学习是怎样发生的？影响学习的因素是什么？怎样的学习才是最有效的学习？在理论界还没有完全一致的认识。

行为主义理论把学习看成行为或反应速度、发生频率或形式的改变，这种改变主要是各种环境因素作用的结果。他们将学习的结果看作是行为上的变化，将学习定义为：由练习或经验引起的行为的相对持久的变化。

认知理论着重研究知识和技能的习得、心理结构的形成、信息加工及信念等。根据认知理论，学习是一种内部心理现象，可以从人们说出的话和做过的事情中推断出来。认知心理学家设计了一系列的实验，证明学习的本质并非行为上的变化，而是大脑中的认知结构发生了变化。在很多情况下，尽管个体的外在行为表现相同，但他们内部的思想态度却差异很大。认知理论也承认环境对学习有促进作用，但更主要的是学习者加工信息的方式决定了他们学什么，什么时候学，怎样学，以及如何应用等等。因此，将学习定义为：学习是人的倾向或能力的变化，这种变化要能保持一定的时期，且不能单纯归因于生长过程。

尽管不同理论派别对学习的认识和表述不同，但我们还是可以总结出学习的三个基本要点：第一，学习必须是行为或行为能力的改变。学习包含了发展新行为或者改变已有行为的意思，还包括以某种方式表现出某种行为能力的改变。第二，学习是行为或行为能力的持久改变。排除了由药物、酒精和疲劳等因素引起的行为的短暂改变。第三，学习产生于实践或其他经历（如对别人的观察）。排除了由遗传引起的行为变化等。

综合以上分析，将学习的定义总结为“个体在特定情境下由练习或经验引起的能力或倾向的相对持久变化”。①

（二）文学作品学习

1. 文学作品学习的内涵

① 皮连生主编《教学设计——心理学的理论与技术》，高等教育出版社，2000年，第26页。

文学作品学习是以文学作品为学习对象，在特定的情境下由练习或经验引起的文学知识认知、文学阅读鉴赏能力、文学的基本素养和个体精神世界相对持久的变化。文学作品的学习是分阶段的连续的过程，学习所引起的知识、能力和素质的变化是非线性的，循环往复式前进的过程，尤其是文学素养，更是与学习者个体年龄、经验、阅历和性格气质有很大关系。如安徒生的童话《海的女儿》，童年时读它，会深深地感动于小美人鱼的美丽和善良；青年时读它，会深深地感动于美人鱼对爱情的深情与坚贞；中年时读它，会深深地感动于美人鱼高尚的献身精神。所以，文学作品学习不能搞突击训练，而要将博览、思考和人生的经验结合起来，甚至要有耐心等待成长。对一篇文学作品的学习是不可能一次完成的，也不是一劳永逸的，只有认识到这些，才能正确把握文学作品学习的内涵和规律，也才能感受文学作品常学常新的魅力。

2. 文学作品知识的分类及学习过程

认知心理学从广义知识角度将知识分为陈述性知识、程序性知识和策略性知识，将学习过程分为意义习得阶段、知识巩固与转化阶段及提取与应用阶段。文学作品学习同样包括了这三类知识及其学习过程。文学作品学习所涉及的作者介绍、背景介绍、文学史常识和一些文学的基本概念等都属于陈述性知识的范围，以命题或图式的形式构成认知结构存在于学习者的头脑中。这一类知识的学习，主要依赖于认知结构中原有的适当观念，通过新旧知识的相互作用，获得新的意义。如，当我们阅读了很多李白的诗歌后，就在头脑中对李白豪迈飘逸的诗风留下深刻印象。每一首诗都是一个图式，这些图式的相互作用，就会出现一个关于李白诗风的新的图式，新图式的产生就意味着新知识的获得。文学作品阅读鉴赏所涉及的文学的基本理论和鉴赏的基本方法等都属于程序性知识的范围，以产生式或产生式系统的形式存在于学习者的头脑中。如，我们通过具体的散文鉴赏练习，逐步掌握了散文鉴赏的方法。每一次的鉴赏都是一个产生式系统，它们相互联结，构成一个大的产生式系统，也就是关于鉴赏的规则和方法。同时，在文学作品学习过程中，也存在着学习者对学习活动的管理和调控，这就属于策略性知识的范围，它是一种重要的学习能力。如在文学作品学习中，如何增强记忆，如何进行创造性思维，如何安排学习的时间进度，如何对学习结果进行评价和反思等都是策略性知识。

3. 文学作品学习的特殊性

文学创造不只是以艺术概括为手段创造艺术真实，同时还是审美活动。审美活动属情感评价活动，因而文学创造是对社会生活的情感把握。文学作品学习与其他知识学习不同的是，文学作品学习由于学习对象融入了作者的思想感情，学习者就不能把它当作纯客观的知识去理解和记忆，依靠重复练习或训练得到强化。文学作品学习必须有学习者情感的参与，充分调动学习者的情感。只有披文入情，才能和作品及作者有对话、有交流、有共鸣，才能有独特的体验和领悟，学习才能受到良好的效果。如学习朱自清的《背影》，如果漠然于父子亲情而作冷眼旁观的话，无论如何学习收效是甚微的，甚至于是乏味的。

三、文学作品学习的途径

（一）文学作品学习途径的多样性

文学是一门古老而又永远年轻的艺术，说它古老，是因它和人类一起诞生，说它年轻，是因它伴随着人类的发展而发展，并在不断创新。人类永远不能离开文学，因为文学是精神的家。从这个意义上说，文学作品的学习无处不在，也须臾不离。那么，人们学习文学作品的途径也就多种多样，具体来说，有以下几种途径：

1. 通过自由阅读学习。学习者凭着个人兴趣选择自己喜欢的文学作品进行阅读，这种学习基本不带有功利色彩，也无所谓达到什么目的，是因审美的需要而学习。如，课外阅读或业余阅读大多属于自由阅读，兴之所至，可以捧读《红楼梦》，也可以悟对《安娜·卡列尼娜》；可以阅读鲁迅，也可以欣赏余华；可以手不释卷于散文，可以高吟低唱于诗歌。这种顺乎性情的阅读学习，看似没有目的，实则在潜移默化中已可能是硕果累累。

2. 通过接受文学教育学习。主要是指学生在校期间通过语文教材中文学作品的学习，接受必要的文学教育，达到提高文学素养，陶冶情操，提高精神境界的目的。教育者从学生成长的需要出发，提出对学生进行文学教育的目标要求。学生根据要求重点学习语文教材中的文学作品，虽然未必都感兴趣，但这是不能跨越的文学作品学习的必要途径。这种学习将为学生的精神成长打底。

3. 通过文学研究学习。主要是文学研究人员和文学爱好者，他们学习文学作品不是停留在一般的兴趣阅读，而是以研究者的姿态运用文学理论深入到文学作品文本的纵深层次，进行文学鉴赏或批评，以达到创新发现的目的。研究本身也是一种学习，不过它要达到的是更高层次的目的。学生也可以借鉴开展研究性的学习，一方面促进学习的融会贯通，另一方面也培养科学研究的能力。如，在中学阶段会接触苏轼的许多诗文，他的诗文放射着人文的光华，不妨对苏轼进行一次整体的研究，就会对他的思想人格、诗词艺术及影响流布有一个深刻的把握。

4. 日常工作和生活中的学习。文学可以说是无处不在，渗透到每个人的工作和生活中。我们在赠送礼物时，总是会选择赠送一束鲜花，而不是送一篮青菜，虽然这不是文学作品，但有文学的心性在其中。在日常工作和生活中，也许接触的不是完整的文学作品，或者并不纯粹的文学作品，但在实际中多加运用，或多一些文学的趣味去观察领会生活中的事物，对于文学作品学习不无裨益。

5. 借助于各种传媒学习。在各种传媒中，通常都会有文学作品或文学的因素穿插其中，如报纸的副刊，杂志中的文学类作品，电视中的文学节目，网络文学，甚至于广告作品等。文学作品学习不能囿于课堂和教材的狭小天地，也不能只选择书本学习，在现代传媒相当发达的今天，有效地利用不同媒体学习文学作品更有利于开辟文学作品学习新天地，拓展学习新视野。

总之，文学作品学习的途径多种多样，或是单纯的、或是专门的、或是混合的、或是有目的的、或是休闲的都会是有益的学习。当然，通过语文课学习文学作品仍是中学生学习的主渠道，与此同时，将其他学习途径结合起来，万川归海，取得文学作品学习的巨大收效。

（二）教育情境下的文学作品学习

文学作品学习的途径虽然很多，但我们在本书中着重探讨的是教育情境下的文学作品学习，也就是学生在学校如何以课程的形式学习文学作品，它是语文学习的重要组成部分。和其他途径的文学作品学习所不同的是：

1. 它是有目的的学习。要求学习者通过学习达到语文课程标准规定的知识和能力目标，同时在这一过程中完成精神世界的不断建构和完善。学生不仅仅是学习文学作品本身，更有接受教育的义务。教育情境下的文学作品学习必须与学校教育的总体目标相一致，舍此别无选择。

2. 它是学校环境中，以课堂教学的形式，在老师指导下进行的学习。在特定的课堂教学情境下，围绕文学作品解读进行师生间的对话和交流，在认知、方法、情感态度价值观方面得到老师的指导和帮助。

3. 它有语文课程标准提供的基本学习篇目和语文教材作为凭借。文学作品浩如烟海，但在学校阶段学习文学作品，其篇目是根据教育目的和学生不同年龄阶段身心特点来选择，而且将作品的经典性和时代感结合起来，适合学生学习。当然，作品篇目的选择会受到编者兴趣爱好的影响，选择的具体篇目会有差异，但总体上不脱离国家课程标准要求。

4. 它要接受评价和考核。学生在学校的文学作品学习是否达到标准和要求，学校和老师要负责做出评价。目前最主要的方式是通过笔试，用不同的题型，从不同角度考察学生的文学素养和能力水平。因此，教育情境下的文学作品学习，不能只满足于学习过程和行为，还必须保证学习的质量和效果。

（三）文学作品学习与语文学习

1. 文学作品学习是语文学习的重要组成部分

自1904年语文独立设科以来，除了20世纪50年代有短暂的专门文学课外，学生文学作品学习都是包含在语文学习中的。在历次编写的语文教材中，文学作品的数量都占一定比例，但由于不同时期语文教育观念的变化，文学作品学习浮沉起伏，忽隐忽显，时而被重视，时而被忽略。当经过了一番曲折的探索之后，文学作品学习终于得到了应有的重视，在义务教育和高中语文新课程标准中，对文学作品学习的目标要求、过程方法、具体内容、考核评价等都做了明确规定，把文学作品学习作为语文学习的重要组成部分，突出了文学作品学习的地位和价值。

2. 文学作品学习要从文学本身出发

文学作品学习要从文学本身出发，这原本不应该是一个问题，但事实上又确实存在着将文学作品作为灌输道德观念或学习语言的材料的现象，忽视了文学作品本身的文学价值。当我们对文学作品有了更清楚的认识，对文学作品学习有了更准确的思考和定位之后，就应回归文学本身学习文学作品。一是要品味语言，感悟形象；二是要对文学作品进行审美观照，抛弃过强的功利色彩；三是要与文学作品文本展开对话，在对话中获得独特体验；四是要重视文学作品对学习者精神建构的积极作用，等等。只有这样，文学作品学习才能真正体现它的价值与功能，否则，文学的知识掌握再多，对于学生文学修养的提高、思想和精神的成长来说，仍可能是作用微弱。

第二章　中学文学作品学习的变革与发展

中学文学作品学习是语文学习的重要内容，语文没有单独设科之前，它是渗透并融合在整体学习中的。语文单独设科以来，它经过了复杂而曲折的发展过程。随着语文新课程标准的颁布，文学作品学习受到前所未有的重视。分析中学文学作品学习的现状，把握中学文学作品学习的发展方向，是搞好文学作品学习的关键。

第一节　中学文学作品学习的变革历程

一、古代文学作品学习

我国古代教育是一种综合性教育，语文没有单独设科，是纳入教育的整体格局中的，因此，文学作品学习也是融合在整体学习中的。虽然对于文学作品学习的目的、内容和方法并没有明确的规定，但在整个学习过程中，文学对学子们的滋养仍是深厚而广泛的。古代教育从远古至19世纪末，历时两千多年，必然经历了发展、变化的曲折历程，但总体保持了古代教育和学习的共同特点。文学作品学习又是经历了怎样一个过程？要进行清晰的分期是困难的，因而只能对古代文学作品学习的情况作出总体的概括和分析。

（一）学习目的

1. 为“诗教”而学习

诗歌是我国最早走向成熟的文学体裁，《诗经》是被传诵学习最悠久的一部诗歌总集。虽然它是一部优美的纯文学作品，但在古代并不是当作纯文学来学习的，而是以它为材料或手段，来完成以诗教化的使命。春秋时期孔子讲学，《诗经》就是重点内容，学习的目的主要是两个方面，一是作为贵族社会交往的话语系统。如，孔子说："诵《诗》三百，授之以政，不达；使于四方，不能专对；虽多，亦奚以为?"又说："不学《诗》无以言。"可见，学习《诗经》是为了掌握贵族气息的外交言辞。二是作为儒家修身养性，培养道德人格的手段。如，孔子说："诗三百，一言以蔽之，曰，思无邪。""兴于诗，立于礼，成于乐。""《诗》可以兴，可以观，可以群，可以怨。"自孔子之后，"诗教"的传统一直没有中断过，历代经学家，根据统治阶级意图和自己的价值取向对《诗经》重新阐释，涂上了厚厚的道德伦理色彩。学习诗的目的脱离了诗本身，而成为接受教化，进行道德完善的手段。

2. 为写作而学习

古人读书，除了修身养性外，直接的目的是为了写好文章，学习文学作品也是为了学习文章做法。特别是唐宋时期，科举考试偏重诗赋，举子们把精力用在诗赋的学习上，推动了诗赋的学习和传播。学习诗赋是为了学写诗赋文章，不过这种诗的格律体裁均有固定格式，语句用词又必须庄重典雅，堂皇富丽。在以后的科举考试里慢慢形成禁锢思想的八股文。这种学习目的和真正的文学创作是不同的。

3. 为提高文学修养而学习

古人崇尚诗书传家，因而他们十分重视家庭教育，其中一个重要的学习内容就是文学作品。当然其直接的目的仍是修身养性，将来求取功名，但在学习目的中也包含了提高文学修养的因素。因为作为诗书之家的子弟，一者文学修养是他们的精神需求，吟诗作赋、诗词酬唱是他们生活的一部分；二者良好的文学修养为他们将来走向社会或走向仕途打下很好基础；三者文学修养也是他们追求自我完善的重要内容。因此，提高文学修养成为古代学子学习文学作品的目的之一。我国古代有成就的人物大多都是从小饱读诗书，具有良好的文学修养的文人雅士更是自不待言。

（二）学习内容

在不同的学龄阶段，文学作品学习的内容是不同的，主要表现在所使用的教材上。有的教材本身就是很好的文学作品，有的教材虽然不是文学作品，但包含丰富的文学因素，可以对青少年进行文学启蒙。下面分三种类型择要介绍。

1. 蒙养教材

《易经》云："蒙以养正，圣功也。"据此，古人把对儿童进行的初始教育称为"蒙养"或"发蒙"，所用的教材就是蒙养教材。这种儿童启蒙教育一般都在民间私学里进行。历代蒙养教材各有不同，编写目的有的是主要侧重于识字，有的是主要侧重于训诫，有的是主要侧重于启发智慧，有的是主要侧重于综合知识，有的是主要侧重于陶冶性情等。由于这些教材为儿童启蒙所用，根据儿童特点编写，大多采用容易被学童接受的语言形式，句式短小，用韵巧妙，朗朗上口，其中也有不乏言辞警世，文采灿然者，甚至于教材选文本身就是文学作品。这些教材在对学童识字启蒙的同时，不同程度地给予了良好的文学熏陶。《千字文》《千家诗》《神童诗》《二十四孝》《笠翁对韵》《声律启蒙》《唐诗三百首》等就是一些诗文故事，可看作是古代儿童很好的文学作品学习内容，特别是《千家诗》和《唐诗三百首》更是流传至今，千古不废。

《千家诗》为宋代刘克庄所编，选入唐宋七律和七绝140余首。后来明清通行的是王相注本，王相又补选五律和五绝80余首，全书扩编为220余首。所选诗歌大都浅显易懂，朗朗上口，便于诵读记忆，很受儿童喜爱，与"三、百、千"齐名，出现了"三、百、千、千"的提法，后一个"千"即指《千家诗》。

《唐诗三百首》为清代乾隆年间无锡人孙洙和他的夫人徐玉兰编选。其《题辞》云："世俗儿童就学，即授《千家诗》，取其易于成诵，故流传不废。但其诗随手掇拾，工拙莫辨，且止五七律绝二体，而唐宋人又杂出其间，殊乖体制。因专就唐诗中脍炙人口之作，择其尤要者，每体得数十首，共三百余首，录成一编，为家塾课本。俾童子而习之，白首亦莫能废，较《千家诗》不远胜耶？谚云：'熟读唐诗三百首，不会吟诗也会吟。'请以是验之。"既道出了和《千家诗》的区别，也清楚地阐明了编写目的就是为了提高学童读诗写诗的文学素养，并求得白首不废，受益终身。

2. 经学教材

经学教材是中国古代教育的主要教材。因通晓经书是步入仕途的主要条件，所以是莘莘学子十年寒窗的基本读物。其内容历代略有不同，但主要是指南宋后经朱熹整理后的"四书"、"五经"。"四书"即：《大学》《中庸》《论语》《孟子》；"五经"即：《诗》《书》《礼》《易》《春秋》。这类教材既是重要的文化典籍，又是科考取士的主要内容，尽管学子们的学习主要是围绕考试死记硬背，围绕政治教化和伦理道德剖析义理，但客观上也受到文学的教育。特别是《诗经》

蕴含的丰厚的人文精神，生动的文学形象和精美的文学语言，会潜移默化地感染和熏陶他们。《论语》中孔子的志向与风度及潇洒闲适的生活方式，“莫春者，春服既成，冠者五六人，童子六七人，浴乎沂，风乎舞雩，咏而归。”（《论语·先进》）“子之燕居，申申如也，夭夭如也。”（《论语·述而》）其散文式的优美语言，审美的人生方式，都构成了丰富的文学元素。《孟子》的滔滔雄辩，《春秋》的精彩叙事等又怎能不是美的文学呢？所以，尽管古人把文学作品当作经学教材，但文学的魅力是不会泯灭的，客观上又成为文学作品学习的主要内容。

3. 文选教材

既然考试要考文章做法，就必须学习典范文章，因而除了前面两类教材外，还有一类是文选教材。较著名的文选教材主要有《昭明文选》和《古文观止》。

《昭明文选》简称《文选》，由南朝梁武帝的长子萧统（死后谥“昭明”）主持编选，共收入自周代至南北朝梁百余位作家的七百余篇作品，是我国现存最早的一部文章诗赋总集。《文选·序》云：“余监抚馀闲，居多暇日。历观文囿，泛览辞林。未尝不心游目想，移晷忘倦。自姬汉以来，眇焉悠邈。时更七代，数逾千祀。词人才子，则名溢于缥囊；飞文染翰，则卷盈乎缃帙。自非略其芜秽，集其清英，盖欲兼功，太半难矣。”① 可见，其所选文章都是文采斐然的纯文学作品，而且是“略其芜秽，集其清英”的历代精品，所以它无疑成为古代文学作品学习的绝好教材。

《古文观止》是由清代吴楚才、吴调侯编选，共12卷，上起先秦，下至明代，选文222篇，以散文为主，兼收大量骈文，多为千古传诵的精品，按时代先后编排，体裁风格多样，每篇附有简要评注。书名曰“观止”，原意是春秋时吴国的季札在鲁国观看各种乐舞，看到舜时的乐舞，十分赞美，说看到这里就够了，再有别的乐舞也不必看了，即观止矣。后即指看到的事物好到了极点。编者追求精品的意识可见一斑，或者说该书的选文可谓精品矣。尤其是每篇文章后附有评注，给学习者理解欣赏作品，提供了很大帮助。这本教材，虽为文章写作而编，但因其选文的精当，且多为文学作品，因而很受欢迎，流传甚广，直到今天仍然享有盛誉。

（三）学习方法

由于古代学子学习多为科举，因而即使是文学作品也是当作经书来学习的，

① 萧统选编《文选·序》，中华书局，1977年，第2页。

所以他们的学习方法和其他非文学作品的经书一样，主要运用以下方法：

1. 涵咏诵读法

古人从学童启蒙学习就十分注重对作品的涵咏诵读，读书就是要有琅琅书声。鲁迅先生的《从百草园到三味书屋》对私塾里学习情景的描写就给我们提供了一个形象的明证，当先生一声“读书”令下，文中写道：

“于是大家放开喉咙读一阵书，真是人声鼎沸。有念‘仁远乎哉我欲仁斯仁至矣’的，有念‘笑人齿缺曰狗窦大开’的，……。先生自己也念书。后来，我们的声音便低下去，静下去了，只有他还大声朗读着：‘铁如意，指挥倜傥，一座皆惊呢～～；金叵罗，颠倒淋漓噫，千杯未醉嗬～～……。’我疑心这是极好的文章，因为读到这里，他总是微笑起来，而且将头仰起，摇着，向后拗过去，拗过去。”

这一段文字告诉我们古代儿童学习的主要任务之一就是读书，即使对文意不甚明白，先要求熟读记诵，而且是高声朗读。清代政治家、文学家曾国藩在他的《家书》中也谈到读书之法，他说：“读者，如‘四书’‘诗’‘书’‘易经’‘左传’诸经、‘昭明文选’、李杜韩苏之诗、韩欧曾王之文，非高声朗诵则不能得其雄伟之概，非密咏恬吟则不能探其深远之韵。”① 突出强调涵咏诵读的学习之法。

2. 读书穷理法

读书穷理主要是指阅读阐释，古代经学家认为读书学习就是要剖析义理，理解文中的圣人之意，包括学习文学作品。因为包括《诗经》《论语》《孟子》等在内的“四书”“五经”都被经学家作注，给予了义理方面的固定意义。学习这些经书，要根据老师的讲解传授去解释和背诵，而不能随意发挥，提出独立见解。宋代理学家朱熹曰：“读书须是虚心平气，优游玩味。观圣贤立言本意，所向如何，然后随其远近浅深轻重缓急而为之说。大抵读书须是虚心，方得圣贤说一字是一字，自家只平着心秤他，都使不得一毫杜撰。”② 从这个意义上说，学习文学作品也背离了文学本义，文学只成为无意而为之的学习。

3. 读书作文法

古代文学作品浩如烟海，作为学习教材的文选多为文学作品，但对文学作品的学习又最重于学习作文法，无论是《昭明文选》，还是《古文观止》都是立意于文章做法而编，当然仍是受科举考试侧重于文章写作的原因，因而，在学习这

① 曾国藩：《曾国藩家书》（上），中国华侨出版社，1994 年，第 339 页。

② 朱熹：《朱子读书法》，王光龙编《中国语文教育发展史》（内部资料）。

些文学作品时，也就侧重于研究揣摩写作方法。如《古文观止》中对欧阳修《秋声赋》总批："秋声，无形者也。却写得形色宛然，变态百出。末归于人之忧劳，自少至老，犹物之受变，自春而秋，凛乎悲秋之意，溢于言表。结尾虫声唧唧，亦是从声上发挥，绝妙点缀。"① 文学作品学习突出了写作方法学习。

古代语文教育虽然没有提出明确的文学教育，但文学作品学习一直是不曾中断的，像一条暗河汩汩流淌，滋育着一代代学人。尽管学习的目的多不在文学本体意义之内，但即使是以文学作品为材料的学习也是有许多宝贵的学习经验值得后人总结的。一是远古时期的"礼""乐""舞""诗"融为一体的学习，使文学艺术的元素积淀为一种修养，起到了很好的涵养心性作用。二是自孔子开始的"诗教"传统，将文学的学习和政治、伦理、哲学、道德等结合起来，才得以保持了文学作品学习的连续性。不仅促进了文学作品的学习和文学对人的感化陶冶，更通过文学促进了中华文化的传承与发展。三是将各种识字、蒙学课本以富有文采的语言编写和将文学作品择优编选为教材，不仅是一个文学启蒙的过程，对文学素养的提高和文学作品学习无疑也是一个巨大的促进。四是古代学子的学习方法在一定程度上给予今人学习文学作品以很好的借鉴。以文学作品为作文典范，一定程度上促进了文学创作，将文学作品学习推向更高层次。所以，尽管古代学子学习的直接目的是参加科举考试，但这样的学习内容和学习方法同时也使他们成为文学的行家里手，诞生了如白居易、韩愈、柳宗元、苏轼等许多进士出身的文学大家，是他们使古代文学的百花园万紫千红，光华灿然。

二、现当代文学作品学习

历史的车轮驶入 20 世纪，一切的平静皆被列强的枪炮打破，包括教育。中学语文教育也在这沧桑巨变中改变着自己，寻找着自己，与之相伴的文学教育也是跌宕起伏。中学文学作品学习的状况和国家对文学教育的重视与提倡密切相关，大致可分为四个阶段。

（一）20 世纪初期文学作品学习游走在读经和诵诗之间

光绪二十九年十一月（1904 年 1 月），清政府颁布《奏定学堂章程》，全面引进了西方的学科教学体系，从此，中国现代语文教育迈出了艰难的第一步。1904

① 吴楚材、吴调侯选编《古文观止》（下），中华书局，1963 年版，第 449 页。

年颁布的《学务纲要》第9条规定："中小学堂，宜注重读经，以存圣教。"还指出："中国之经书，即是中国之宗教。若学堂不读经书，则是尧舜禹汤文武周公孔子之道，所谓三纲五常者，尽行废绝，中国必不能立国矣。学失其本则无学，政失其本则无政。其本既失，则爱国爱政之心亦随之改易矣，安有富强之望乎？故无论学生将来所执何业，在学堂时，经书必宜诵读讲解。"经书的内容包括《孝经》《论语》《孟子》《易》《书》《诗》《左传》，以及《礼记》《周礼》《仪礼》的节选本，学习的要求是能够"通大意"，学习的方法是背诵讲解，通过对经书的背诵和讲解而做到能通大意，进而达到继承圣贤之道的目的。同时，该文件第11条还规定："学堂不得废弃中国文辞，以便读古来经籍。"在读经之外又设立"国文"课，初小为中国文字，高小、中学为中国文学。在中国文学科中规定："今拟除大学堂设有文学专科，听好此者研究外，至各学堂中国文学一科，则明定日课时刻，并不妨碍他项科学，兼令诵读有益德性风化之古诗歌，以代外国学堂之唱歌音乐，各省学堂均不得抛荒此事。"特别强调对古诗歌的诵读。在《奏定学堂章程》中，特设"中小学堂读古诗歌法"，要求"遇闲暇放学时即令其吟诵，以养其性情，且舒其肺气"。又云："小学中学所读之诗歌，可相学生之齿龄，选取通行之《古诗源》《古谣谚》二书，并郭茂倩《乐府诗集》中之雅正铿锵者（其轻佻不庄者勿读），及李白、孟郊、白居易、张籍、杨维桢、李东阳、尤侗诸人之乐府，暨其他名家集中之乐府有益风化者读之。又如唐宋人之七言绝句词义兼美者，皆协律可歌，亦可授读，皆有合古人诗言志、律合声之旨，即可通于外国学堂唱歌作乐、和性忘劳之作。"具体地规定了古诗学习的内容和方法。由此看来，20世纪初期，文学作品学习包括读经和诵读古诗两部分，读经的目的、内容和方法改变不大。虽然强调诵读古诗，但定在课外学习，还未纳入正规的课堂学习，还没有形成中学文学作品学习的整体观念，在学习内容方法上更难有突破。

（二）20世纪20年代至40年代末期文学作品学习的高涨时期

20世纪20年代，许多教育家和语文教育工作者，怀着改造国民、塑造新人的思想，非常强调文学教育。中学语文也打破了文言一统的局面，白话作品进入了语文教材，给语文教育带来了文学的清新空气，文学作品学习面貌焕然一新，进入了一个相对高涨的时期，其转折的标志就是1923年颁布的语文"新学制课程标准纲要"。

1923年颁布的《初级中学国语课程纲要》的语文教学目的中有了"引起学生研究中国文学的兴趣"的规定，并将"能欣赏浅近文学作品"列入"毕业最低限度的标准”之中。教学内容规定的精读部分，除了记叙文、议论文外，有小说、诗歌和杂文三种文学体裁；略读书目有 13 种小说和戏剧、散文若干。高中“公共必修科国语科学程纲要”规定：国语每周授课四小时，两年授完。第一学年欣赏当代中外文学作品，分散文、小说、剧本、新诗四类；第二学年以欣赏古代诗歌为主，重点学习古诗之优点、诗之进化、韵文之美质。高中“必修科本科特设国文科学程纲要”（供高三使用）规定：该科每周授课四小时，一年授完。分为文字学和文学概论两个科目。后者的教学内容包括文学概说、中国历代文学之变迁、近代世界文学之趋势。

在这一课程纲要的规定下，普遍选用通行的文选型教材作为课内精讲精读之用，选文中古代文学作品更加强调其文学性，一批五四作家如鲁迅、朱自清、叶圣陶、冰心等的作品和一些外国文学作品开始出现在教材中，另外，圈定一批著作（文学名著为主）略读。这一时期的语文教材，有的是文白分编，有的是文白混编。前者代表作是 1923 年至 1926 年由中华书局出版的一套读本，各 3 册，称《初级国语读本》和《初级古文读本》，高中称《高级国语读本》和《高级古文读本》。后者代表作是 1923 年商务印书馆出版的初中《国语教科书》，1935 年开明书店出版的《国文百八课》等。例如，当时东南大学附中（今南京师范大学附中前身），初中用的精读课本是《国语教科书》和《初级古文读本》，略读书目包括《曾文正公家书》《老残游记》《三国演义》《孟子》《呐喊》《儒林外史》等 9 种。高中课内精读内容，第一年是唐宋元明清近代古文 30 篇、《论语》和唐宋诗 30 首。第二年是史记菁华录、左传菁华录、汉书选录 10 篇、楚辞选录 5 篇；略读书目包括《水浒传》《大学》《中庸》和《诗经》节本、《战国策》节本、《国语》节本、《礼记》节本等 10 种。第三年开设国学概论和文学概论。

各地教学纲要和选用教材虽有区别，但一个共同点就是这一时期学生文学作品学习十分系统全面，虽然文言作品比例从初中到高中逐步增加，但完全区别于读经时代的目的、要求和内容，中学阶段的文学作品包括了古今中外、文言白话、各种体裁，而且涉及文学理论和文化著作，有相当的深度和广度。中学生文学作品学习在现代教育理念的观照之下，达到一个高峰。

（三）建国初期至“文革”时期文学作品学习的跌宕时期

这一时期，由于受国内政治的影响，文学教育有兴有衰。新中国成立之初，为巩固新生政权，语文教育的时代政治色彩浓，教材中文学作品数量较少，不重视文学作品学习。1956 年，学习苏联，中学语文实行汉语、文学分科教学，初中有汉语课和文学课，高中只有文学课。文学课不仅有课本，而且有大纲，其宗旨是将文学课当作“培养学生成为社会主义社会的新人”的一种手段。为了实现这样的教育目的，强调学生“文学教养”的形成。“文学教养”和“文学素养”虽然只有一字之差，但明显地体现了突出思想教育，文学教化色彩较浓。而要提高学生的文学教养，就必须大量地学习文学作品和文学理论。根据大纲编写了文学教材，初中文学课本中包括了我国民间口头文学、古典文学、现代文学和以苏联文学为主的外国文学作品，体裁多种多样。高中的任务比初中更为深难繁多，更注重中国文学史的内容，更注重理论性。文学课建构了广泛宏大的文学作品学习目标和庞大的学习内容体系，甚至可以说已超出了中学生的认知水平。文学作品的学习虽说与上个时期比在目标和内容上有所不同，但学生通过文学作品和文学理论的学习，文学阅读和鉴赏能力达到了一个高度。

由于种种原因，仅仅运行了一年半左右的分科教学夭折了，文学教育成为一个禁区，文学作品几乎退出了语文教材，文学作品学习进入了低潮期，甚至是荒芜期。许多的文学作品被列为禁书，视为毒草，文学学习同样也遭受浩劫。1963年的语文教学大纲明确写明“不要把语文课上成文学课”，从而使语文课变成了“政治课”或“革命文艺课”。

（四）20世纪末文学作品学习的恢复期

十年浩劫之后，政治化的祸患暴露无遗，实用化的弊端也渐渐显现，语文教育理论上陷入贫困，实践中走向绝境。探寻是必然的，语文教育必须回归语文本身，文学教育必须回归到语文教育中来。在近20年的探索、反思、呼唤中，文学又回到语文的阵地上来，文学作品学习成为语文学习不可或缺的重要内容。表现在历次大纲的修订中，对文学作品教学和学习的规定越来越具体深入，对其重要性强调越来越突出。

1978年和1980年的教学大纲规定，初中“能够阅读通俗的政治、科技读物和文艺读物，正确领会词句的含义，理解文章的内容”；高中“能够比较熟练地阅读一般的政治、科技读物”。

1986年的教学大纲在教学目的中提出“培养健康高尚的审美观”。初中“能阅读一般政治、科技读物和文艺读物，正确领会词句的含义，理清文章的脉络、层次，把握文章的中心思想和写作特点”；高中“能比较熟练地阅读一般政治、科技读物和文艺读物，具有初步鉴赏文学作品的能力”。

1988年初中教学大纲中提出了“培养健康高尚的审美情趣”的教学目的。

1990年教学大纲中提出了“培养健康高尚的审美观”的教学目的，要求初三学生“能对程度适宜的政治、科技读物和文艺读物作一点评析”；高中“初步具有鉴别文学作品的能力”，并规定高一、高二读两本以上文学名著。

1992年的教学大纲规定，初中“培养健康高尚的审美情趣”“初步具有欣赏文学作品的能力”“欣赏课文中优美、精辟的语句”“初步欣赏文学作品中的形象和描写”，同时，加入了对文学知识和重要作家作品了解。

1996年的教学大纲规定高中“培养健康高尚的审美情趣和一定的审美能力”，使学生“具有初步的文学鉴赏能力”，能“初步鉴赏文学作品的语言、形象和技巧”，“课外自读文学名著和一般的政治、经济、科普论著，每学年不少于50万字”，在基础知识里，还要求掌握文学鉴赏常识、文学发展常识及传统戏曲和影视文学常识。

2000年的教学大纲规定，初中“提高文化品位和审美情趣”“学习欣赏文学作品，感受作品中的形象，欣赏优美、精彩的语言”，要求学校配备充足的文学名著，并列出推荐书目。高中“培养高尚的审美情趣和一定的审美能力”，“感受文学形象，品味文学作品的语言和艺术技巧的表现力，初步鉴赏文学作品”，“了解课文涉及的重要作家知识，了解中国文学发展简况”，课外自读文学名著10部以上，并在附录中列入必须背诵的内容——20篇古文、50首古诗，列出《红楼梦》《呐喊》《普希金诗选》等文学名著推荐书目20部。

新时期20年的改革和探索，使中学文学教育逐渐地从抛荒门外又纳入了语文教育的体系当中，而且占有越来越重要的地位，为21世纪语文课程的重大改革奠定了坚实基础，积累了丰富的经验。

纵观20世纪语文教育中文学作品学习的曲折历程，既有经验，也有教训。经验是：①确立了学习和鉴赏文学作品是语文学习的重要内容的基本观念，使文学作品学习从经学学习中独立出来，并摆脱了政治的强大主宰，获得了应有的地位。②对文学作品学习的目标内容体系进行了有益的探索，基本确立了以提高学生对文学作品的理解和鉴赏能力为核心，实现陶冶情操，发展个性，培养高尚审美情趣和一定审美能力，促进人的全面发展的学习目标。在内容的选择上突出了作品的文学价值；在体系上根据学生认知和思想发展的规律，建立了循序渐进，层级发展的程序；在课程和教材建设上取得了重大突破，精读与泛读结合，选修与必修结合，课内与课外结合，且在量上提出了具体的要求。③学习方法上除了继承传统的诵读学习外，开始注重学生独特的体验和感悟，从教师或教参的一元解读走向对作品个性化的多元解读，注重学习中的合作交流。教训是：①文学作品的学习一度脱离了文学作品本体的特点和价值诉求，一味地强调其教化的功能，甚至上升为政治的工具，严重削弱或窄化了文学作品学习的价值。②文学作品学习在目标定位、内容选择和学习进程的安排方面有时不够科学，初、高中学习的不同点的区分和衔接还需要进一步探索。③文学作品学习虽然摆脱了浓重的政治色彩，但受工具价值理性和应试教育的影响，出现了重工具实用，轻人文熏染；重知识学习，轻文本阅读；重考试训练，轻素养积累等等把文学作品作为实用文体或考试材料学习的现象。

第二节　中学文学作品学习的经验与问题

一、中学文学作品学习的经验

（一）实现了文学作品学习和语文学习目的的统一

义务教育语文课程标准明确了语文课工具性和人文性统一的性质，指出："语文课程应培育学生热爱祖国语文的思想感情，指导学生正确地理解和运用祖国语文，丰富语言的积累，培养语感，发展思维，使他们具有适应实际需要的识字写字能力、阅读能力、写作能力、口语交际能力。语文课程还应重视提高学生的品德修养和审美情趣，使他们逐步形成良好的个性和健全的人格，促进德、智、体、美的和谐发展。"语文课要完成它的使命，达到课标规定的目的，就不能忽略文学作品的学习。上个世纪后半期，语文工具论占主导地位，文学作品在教材中所占比例下降，且文学作品只作为语文读写听说训练的材料，出现了语文学习效率的严重滑坡，语文教学的"少、慢、差、费"让许多有识之士深感痛心。90 年代关于语文性质的大讨论正是在这样的背景下展开的，人们在忧思中认识到文学的重要性。文学作为人学，不能沦为单纯的工具，而应全面发挥它的功能和价值，应该成为语文课的重要组成部分。新世纪的语文课程目标根据知识和能力、过程和方法、情感态度和价值观三个维度设计，正是对文学功能的全面肯定。文学作品在新教材中占有很大比重，文学作品的学习既发挥了它在语言积累、语感培养、思维发展和读写听说方面的巨大效能，也使学生的品德修养和审美情趣得到了很大提高。文学作品作为语文课的重要载体，文学作品学习作为语文学习的重要内容，它是为实现语文学习的目的服务的，二者的目的是统一的。这是许多语文教育工作者长期摸索出的一条经验，它已经有了实践的回应并获得了收获的喜悦。

（二）实现了继承古代优良学习传统和引进新的学术成果的结合

我国古代语文学习历经两千多年，总结出独特的学习经验，形成优良的学习传统，那就是注重诵读，从经书到文学作品都要求诵读到朗朗上口、背书如流，以至“书读百遍，其义自见”。这一条宝贵的学习经验曾一度在科学主义、实用主义的旗帜下，被遗忘，被否定。课堂上听不到琅琅书声，感受不到文学的纯美隽永，文学作品的学习只收获到一些“小说几要素”、“情节几环节”、中心思想、段落大意，等等。文学作品的学习对同步的学术成果的引进几乎为零。新课标的颁行，自上而下地推进了文学作品学习，一是从课标里我们醒目地看到了久未提及的“诵读”要求，这是对古代学习经验的很好的继承和发扬。同时新课标引进现代阅读理论，指出“阅读教学是学生、教师、文本之间对话的过程”，“提倡多角度的、有创意的阅读，利用阅读期待、阅读反思和批判等环节，拓展思维空间，提高阅读质量”等，这是一种全新的表述，是对新的学术成果的引入和借鉴。古代诵读学习传统和现代阅读对话理念的有机结合，为文学作品学习打开了一片新天地，注入了新的生命活力。

（三）实现了老师指导下的学生自主学习

新课标的对话理念给文学作品学习带来的又一变化就是学生学习的自主性增强了。学生是学习的主人，学生是对话者，意味着老师不再是课堂上唯一的权威，拥有知识和思想并传输知识和思想，学生不再是知识和思想的接受器，而是一个有思想有感情的活泼泼的成长着的生命。他应该而且能够和教师、文本展开对话，对话就是回响交流、就是学习提高，只是对话的过程需要老师的指导。在这一理念下，老师不再统治课堂，而是帮助学生广泛地查阅文学作品相关的背景资料或提供学习方法的指导。学生在掌握和阅读丰富资料的情况下，进行文本细读，与文本对话，对出了自己的感悟，对出了自己的见解，然后带着它与老师和同伴进行交流。在这一学习过程中，学生的学习是自主的，内心的感悟是丰富的，对话交流是积极的建设性的。老师指导下的自主学习，虽然从形式上看有些散，从目标上看有些成分难以确定，但学习的收获正是在过程中，而且是事半功倍的。

（四）实现了语文学习方式由理性向感性的转变

文学作品学习和数理化等科学知识的学习具有很大的不同，后者是系列化的精确化的，更适合于理性的学习方式；而文学作品所涉及的人文知识是隐喻的和不确定的，更适合于感性的学习方式。新课标针对文学作品人文知识的这一特征，提出要在品味语言、感悟形象中领会和思考作品的意义，注重作品的熏陶感染作用；要珍视学生独特体验，强调学生的情感参与和个性解读，提倡多角度地阅读文本，在阅读中建构文本意义。这些感性化的学习方式可以说找到了文学作品学习的真谛。正如一个小学生的回答：雪溶化了会变成春天。这是文学的情性，是审美的心灵，是诗意的语言，完全出自对自然感悟，这样的回答蕴涵着蓬勃的生命和无限的希望。感性化的学习回到文学的课堂，这已不是梦想，而已变为现实。学习辛弃疾的《永遇乐·京口北固亭怀古》，不再为一堆典故的解释而绞尽脑汁，而从字里行间品味出的是他报国无门的一腔愤激。学习莫泊桑的《项链》，不需要死记玛蒂尔德的小资产阶级的虚荣心，而完全可以有自己的理解和看法。学生在学习中渐渐地找回了文学的感觉。

二、中学文学作品学习的问题及原因

（一）存在的主要问题

1. 学生的学习主体性地位向两个极端偏离

语文课改倡导的对话理念和自主、合作、探究的学习方式正在使学生成为学习的主人，学生学习的主体地位正在一步步得到尊重。但考察学习现状，学生课堂学习的主体地位并没有完全实现。一是仍固守着旧的学习方式，没有学生和文学作品的对话，专心听讲就是认真学习。结果是老师苦口婆心地讲，学生恹恹欲睡地听，优美的作品让老师条分缕析得只剩下了筋骨，学生的学习乐趣荡然无存，主体地位失落在课堂之外。无怪乎学生学了多年的文学作品，提起杜甫就摇头，提起李清照就不屑，对文言则是望而却步。二是不能很好地把握新的学习方式，老师把学习的权利全权交给学生，使学习处于放任状态。表现在课堂讨论成为自由沙龙，学生你一言我一语自说自话，老师你好我好大家都好给予评价。符合文体的理解是什么，富有创意的理解是什么，生成的新意是什么，脱离文本的理解是什么，错误的理解又是什么，老师都不予评判。看似尊重了学生的主体地位，但是完全消解了教育的意义，学习效果仍微乎其微，甚至于带来负面影响。如学生学习朱自清的《背影》只读出了父亲违反交通规则，学习《武松打虎》只想到了屠杀野生动物，这些脱离文本的理解，只有得到老师的指导，才能回到文学的解读。

2. 学生实际的文学鉴赏能力还不高，给文学作品学习带来困难

文学作品学习以提高学生的文学鉴赏能力为核心。文学鉴赏能力简言之就是学生对文学形象和语言的感受能力、理解能力、想象能力、情感共鸣能力和评价能力。但事实上，学生的文学鉴赏水平并不理想，一是表现在对文学作品的语言的理解只停留在表层意义上，对深层意蕴缺少品味；二是阅读文学作品通常只关注一些具体知识，诸如作者姓名字号、写作年代、体裁、描写手法等；三是对一些文学经典难以卒读，主要是看不懂或觉得没有意思；四是对欣赏的体验不能够用流畅优美的语言表达出来，不会写欣赏或评论类短文；五是课内文学鉴赏学习不能很好地迁移内化为学生自身的鉴赏能力，等等。例如，安徽邓彤老师做过一个关于高中生《红楼梦》阅读情况的调查，其中有24.59%的学生阅读《红楼梦》只是“随便翻翻”，28.37%的学生是“找兴趣的片段”读读。换言之，有52.96%的学生实际上根本不是在阅读《红楼梦》，充其量不过是慕名前来做了一回走马观花的“观光客”而已。只有21.62%的学生能够“细细阅读每一个章节”，8.11%的学生能够在阅读时“做些读书笔记”。但是他们的阅读效果也并不乐观。①

3. 学生学习文学作品的目标取向于实用，影响了学习效果

学习语文，学习文学作品，无论从哪个角度看，对于学生都是分内之事。文学是诉诸精神的，学习文学作品是一个人精神生活的一部分。但现实中，学生的文学作品学习却更多地是为了一些实用的目标而采取一些实用的走捷径的办法。考试要考背诵和鉴赏，那么，学习古诗文只要背诵精彩句段或名句；学习长篇作品，只要找来《名著快读》一类书籍看一看介绍；学习鉴赏只要找一些现成的赏析文抄一抄，背一背，似乎也可应对。高中教师感叹，现在的学生阅读基础太差、阅读量太小，为考一个好高中，初中阶段几乎没有读过什么书。高中学生抱怨，上高中是为了考好大学，什么爱好都必须让道，老师推荐的必读书能浏览一下简写本就不错了。所以，在实用的目标下，文学作品学习难以进入深层的品味鉴赏，阅读量也难以达到规定标准，文学作品的真实学习大打折扣，文学对人的熏陶感染成为一句口头空言。

---

① 邓彤：《高中生古典文学阅读状况调查》，《语文建设》2004年第5期。

4. 学生文学作品学习趋向娱乐化，缺少厚重感

中学生应该学习什么样的文学作品，这似乎是不言而喻的问题。但一个不容回避的事实是：课标列出的阅读篇目，老师开出的书单，津津乐道的经典名著，却总是被学生漠然置之，而在他们的课桌里多见另类畅销文学作品。有的学生直言不讳地说：我不是不喜欢读书，只是我喜欢轻松的阅读，读老师布置的小说，太累；书籍要有时代感，都是些老掉牙的东西，跟我们生活不沾边，谁愿去看；我喜欢漫画，形象、生动、简单。这种观点在中学生中不能说没有一定代表性。随之而来的是，学生对经典作品艺术境界和艺术韵味的疏离与隔膜，对作品中体现的崇高的人格精神和价值观念的排斥，语言贫乏，情感枯竭。例如，一位老师抄录了学生对刘兰芝不愿嫁给府君公子，却投水自尽的看法：

生1：刘兰芝天生丽质，具有进入上流社会的资本。她这么做，简直是资源浪费。

生2：她虽然精妙世无双，却是智力低下者，又不是让她做二奶，凭什么不愿意？

生3：为情所困，难道生活就只有一个"情"字？何况焦仲卿只是一个小职员，又这么软弱。

这样的例子在如今的课堂上已不鲜见，看后总让人心痛。要为青少年打好精神的底子，使他们具有一定的文化品位和审美情趣，这种情况确需引起教育者关注，并为之努力探索。

（二）问题原因分析

1. 文学课堂缺少文学的感染力

中学生文学作品的学习以课堂为主渠道，学生学习文学作品的兴趣、方法、收获与课堂教学有密切联系。学生学习文学作品出现的问题与不足，首先应从课堂教学分析原因。审视文学作品的课堂教学，种种非理想的文学作品教学依然存在。一是老师一讲到底，灌输式的或变相灌输式的教学依然如故，不调动学生感情，不触发学生思考，把文质兼美的文学作品讲得味同嚼蜡；二是老师只注重对作品的理性分析，有的像是历史课，有的像是哲学课，有的像是思想教育课，学生缺少对作品语言的品味，对形象的感悟，对文学意蕴的体验，被老师强渗得兴味索然；三是老师的教学语言贫乏枯燥，文学的课堂缺少诗意语言的渲染，也就谈不上以情唤情，以情染情了。总之，文学作品应该用审美的、感性的、诗意的方式进行教学，如果不能意识到这一点，从教学方法、教学内容、教学语言等方

面加以改进，学生学习文学作品的兴趣就难以激发起来，学习中缺少主动性，难以和作品进行深层交流，甚至会对文学作品学习产生抵触情绪。

2. 中、高考强有力的现实导向

考试是学生学习强有力的指挥棒，尤其是中、高考。因为中、高考的甄别、选拔功能会无情地将分数线以下的学生拒之中学、大学门外，所以作为中学课程内容的文学作品学习与考试会紧密地联系在一起。虽然近年来考试改革不断深化，就语文来说，越来越接近语文学科的特点，对文学作品学习的考题增加主观题的分值，但对于全面考察学生的学习水平还不够科学，有许多内容无法在考卷上体现。考试对学生学习文学作品的负面影响主要表现在三个方面，一是学习文学作品仍用大量做题训练，进行强化的方式，所提倡的对话——感悟式学习方式置之脑后，而把文学作品当作阅读材料，根据问题看原文，一目十行找要点；二是文学作品的学习重点在考试易选的一些体裁，如散文、古诗等，其他则无暇顾及；三是以背诵名句、掌握写作特点、把握感情基调为主，创意理解，情操陶冶，审美情趣等深层的学习与考试几无关涉。同时，由于考试对学生的重要意义，许多学生把更多的时间和精力用于学习其他课程，留给语文的并不多，留给文学作品阅读学习的就更少。考试强有力的现实导向是学生文学鉴赏水平不高的又一个重要原因。

3. 语文老师难辞其咎

老师是学生学习的指路人，所谓“名师出高徒”正是这个意思。学生文学作品学习水平的高下，还需要从老师身上分析原因。新课标对语文老师提出了很高的要求，而事实上，不少语文老师的素质并没有得到同步的提高。教材选入的一些新课文如果没有教参，多数老师就会感到茫然，总想知道这是在什么背景下写的，表达了什么感情。看过资料才能发言，说明老师独立阅读的能力欠缺。语文老师读书的整体状况令人堪忧，尽管有这样那样的原因和理由，但终究没有书香熏染的老师是缺少底蕴的。还有的语文老师阅读观念陈旧，思想僵化，对文学作品的阅读难以有创意的理解，人云亦云，在课堂上要让学生多角度思考，有独特感悟和体验，建构文本意义，实现个性化阅读就会落空。总之，语文老师文学素养离教学的要求尚有差距，常有学不能为人师的尴尬，对学生学习文学作品不能很好地予以引导点拨。第二方面，多数语文老师只注重完成课内的教学任务，对课外阅读的指导不力，或者不作要求，或者偶尔指导，不能持之以恒。有的只布置，不检查；有的方法单一，不能利用多种形式和手段促进学生学习。许多学生的课外阅读难以为继与老师忽视指导督促有很大关系。

4. 社会对青少年的影响不容忽视

当代社会是商品经济迅猛发展，大众传媒急剧膨胀的消费社会，这对于青少年的文化价值观、审美观无疑有极大的影响。价值观念功利化、实用化，审美娱乐化，使他们对文学作品的评判也取功利化、实用化、娱乐化的标准。一是在阅读选择上，喜欢通俗、直观、简单、便捷的“快餐化”“傻瓜化”的作品和形式，出版商也努力迎合他们的阅读口味，此类图书层出不穷，学生阅读乐此不疲。二是阅读情感态度表现出明显偏差，排斥崇高，看重实用，甚至于颠覆经典的审美价值。例如，有的学生认为杜十娘是痴情傻女子，何不用那么多钱办个工厂，或者说也办个妓院；有的学生认为玛蒂尔德太老实了，丢了项链拖延一段时间，也许就不会吃那么多亏了。三是只关注与自己现实生存相关的内容。80 后小说风行校园，郭敬明、韩寒成为偶像。对千古流传的中外经典缺乏兴趣，认为与自己无关。四是阅读图像化，有人说我们现在进入了读图时代，图像固然有它直观形象的优点，但不可否认削弱了学生对文字的感受力。再者是电视取代了书本，有许多学生对名著的了解不是来自文本阅读，而是看电视剧。每一个人都无法脱离自己所处的时代，但作为教育者应努力使成长中的学生通过文学作品的阅读学习超越自己，抵制负面影响，这才是正确的选择。

第三节　21 世纪初期中学文学作品学习的目标与方向

2001 年 6 月，《国务院关于基础教育改革与发展的决定》明确提出了“加快构建符合素质教育要求的基础教育课程体系”，基础教育展开了面向 21 世纪的一次重大课程改革行动。2001 年 7 月，国家教育部颁行了《全日制义务教育语文课程标准》（实验稿），并于 2011 年 12 月修订再版明确了语文课程的性质：“语文是最重要的交际工具，是人类文化的重要组成部分。工具性与人文性的统一，是语文课程的基本特点。”“人文性”的肯定将中学文学作品学习提高到前所未有的地位。2003 年 3 月，教育部颁行了《普通高中语文课程标准》（实验稿），对高中语文课程的设置作出了前所未有的改革，无论是必修还是选修课程都突出了文学作品的学习与鉴赏能力的培养。因此说，21 世纪中学文学作品学习进入了一个新的里程。

一、语文课程标准确定的文学作品学习目标

(一)《义务教育语文课程标准》(2011 年版)[①] 对文学作品学习目标的规定

义务教育语文课程总目标中指出:"在语文学习过程中,培养爱国主义感情、社会主义道德品质,逐步形成积极的人生态度和正确的价值观,提高文化品位和审美情趣","能初步理解、鉴赏文学作品,受到高尚情操与趣味的熏陶,发展个性,丰富自己的精神世界"。

阶段目标:

一至二年级:"阅读浅近的童话、寓言、故事,向往美好的情境,关心自然和生命,对感兴趣的人物和事件有自己的感受和想法";"诵读儿歌、童谣和浅近的古诗,展开想象,获得初步的情感体验,感受语言的优美";"背诵优秀诗文 50 篇(段)"。

三至四年级:"初步感受作品中生动的形象和优美的语言,关心作品中人物的命运和喜怒哀乐";"诵读优秀诗文,注意在诵读过程中体验情感,领悟内容。背诵优秀诗文 50 篇(段)"。

五至六年级:"阅读叙事性作品,了解事件梗概,简单描述自己印象最深的场景、人物、细节,说出自己的喜欢、憎恶、崇敬、向往、同情等感受。阅读诗歌,大体把握诗意,想象诗歌描述的情境,体会诗人的情感。受到优秀作品的感染和激励,向往和追求美好的理想";"诵读优秀诗文,注意通过诗文的声调、节奏等体味作品的内容和情感。背诵优秀诗文 60 篇(段)"。

七至九年级:"能够区分写实作品与虚构作品,了解诗歌、散文、小说、戏剧等文学样式";"欣赏文学作品,能有自己的情感体验,初步领悟作品的内涵,从中获得对自然、社会、人生的有益启示。对作品的思想感情倾向,能联系文化背景作出自己的评价;对作品中感人的情境和形象,能说出自己的体验;品味作品中富于表现力的语言";"诵读古代诗词,有意识地在积累、感悟和运用中,提高自己的欣赏品位和审美情趣";"背诵优秀诗文 80 篇";"了解课文涉及的重要作家作品知识和文化常识"。

一至六年级课外阅读总量不少于 140 万字,七至九年级课外阅读总量不少于 260 万字,每学年阅读两三部名著,并开列优秀诗文推荐背诵篇目和课外阅读书

① 中华人民共和国教育部制定《义务教育语文课程标准》(2011 年版),北京师范大学出版社。后文引用的《义务教育课程标准》内容均为此版本内容。

目，基本以文学作品为主。

（二）普通高中语文课程标准确定的文学作品学习目标

总体目标：

——“阅读优秀作品，品味语言，感受其思想、艺术魅力，发展想象力和审美力。具有良好的现代汉语语感，努力提高对古诗文语言的感受力。在阅读中，体味大自然和人生的多姿多彩，激发珍爱自然、热爱生活的感情；感受艺术和科学中的美，提升审美境界。通过阅读和鉴赏，深化热爱祖国语文的感情，体会中华文化的博大精深、源远流长，陶冶性情，追求高尚情趣，提高道德修养。”

——“根据自己的学习目标，选读经典名著和其他优秀读物，与文本展开对话。通过阅读和思考，领悟其丰富内涵，探讨人生价值和时代精神，以利于逐步形成自己的思想、行为准则，树立积极向上的人生理想，增强为民族振兴而努力的使命感和社会责任感。”

——“学习多角度多层次地阅读，对优秀作品能够常读常新，获得新的体验和发现。学习用历史的眼光和现代观念审视古代作品的内容和思想倾向，提出自己的看法。”

必修课程目标：

——“在阅读与鉴赏活动中，不断充实精神生活，完善自我人格，提升人生境界，逐步加深对个人与国家、个人与社会、个人与自然关系的思考和认识。”

——“学习鉴赏中外文学作品，具有积极的鉴赏态度，注重审美体验，陶冶性情，涵养心灵。能够感受形象，品味语言，领悟作品的丰富内涵，体会其艺术表现力，有自己的情感体验和思考。努力探索作品中蕴涵的民族心理和时代精神，了解人类丰富的社会生活和情感世界。”

——“在阅读鉴赏中，了解诗歌、散文、小说、戏剧等文学体裁的基本特征及主要表现手法。了解作品所涉及的有关背景材料，用于分析和理解作品。”

——“学习中国古代优秀作品，体会其中蕴涵的中华民族精神，为形成一定的传统文化底蕴奠定基础。学习从历史发展的角度理解古代作品的内容价值，从中汲取民族智慧；用现代观念审视作品，评价其积极意义与历史局限。”

——“诵读古代诗词和文言文，背诵一定数量的名篇。（附录一有诵读篇目的建议）”

——“课外自读文学名著（五部以上）及其他读物，总量不少于150万字。（附录一有课外读物书目的建议）”；“乐于和他人交流自己的阅读鉴赏心得，展示自己的读书成果”。

选修课程诗歌与散文目标：

1. 培养鉴赏诗歌和散文作品的浓厚兴趣，丰富自己的情感世界，养成健康高尚的审美情趣，提高文学修养。

2. 阅读古今中外优秀的诗歌、散文作品，理解作品的思想内涵，探索作品的丰富意蕴，领悟作品的艺术魅力。用历史的眼光和现代观念审视古代诗文的思想内容，并给予恰当的评价。

3. 借助工具书和有关资料，读懂不太艰深的古代诗文（与附录一所建议的古诗文程度相当），背诵一定数量的古代诗文名篇。学习古代诗词格律基础知识，了解相关的中国古代文化常识，丰富传统文化积累。

4. 学习鉴赏诗歌、散文的基本方法，初步把握中外诗歌、散文各自有艺术特性，注意从不同角度和层面发现作品意蕴，不断获得新的阅读体验。

5. 尝试诗歌、散文的创作，组织文学社团，展示成果，交流体会。

小说与戏剧目标：

1. 培养阅读古今中外各类小说、戏剧作品（包括影视剧本）的兴趣，从优秀的小说、戏剧作品中汲取思想、感情和艺术的营养，丰富、深化对历史、社会和人生的认识，提高文学修养。

2. 形成良好的文化心态，学会尊重、理解作品所体现的不同时代、不同民族、不同流派风格的文化，理解作品所表现出来的价值判断和审美取向，作出恰当的评价。

3. 学习鉴赏小说、戏剧的基本方法，初步把握中外小说、戏剧各自的艺术特性，注意从不同的角度和层面解读小说、戏剧作品，提高阅读能力和鉴赏水平。学写小说、戏剧评论，力求表达出自己的独特感受和新颖见解。

4. 朗读小说或表演剧本的精彩片段，品味语言，深入领会作品内涵，体验人物的命运遭遇和内心世界，把握人物的性格特征。

5. 尝试对感兴趣的古今中外小说、戏剧进行比较研究或专题研究。

6. 留心观察社会生活，丰富人生体验，有意识地积累创作素材，尝试创作小说、剧本，相互交流。

（三）两个课标关于文学作品学习目标定位的比较分析

新世纪伊始制订的两个新课标和以往比，文学作品学习地位都有很大提高，在学习终极目标的定位上体现了一致的精神，即都以提高学生的文化品位、审美情趣、道德修养，培养热爱祖国语文、热爱中华文化、热爱祖国的感情，逐步形成积极的人生态度和正确的价值观为旨归。但在具体要求上又分阶段、分层级，由低到高、由浅入深，遵循学生心理发展的特点和文学鉴赏的规律确定不同的目标要求，基本上体现了整体连贯，循序渐进的目标定位观。在优秀古诗文诵读、文学作品鉴赏能力、文学知识和课外学习等方面做到了合理衔接。

1. 优秀古诗文诵读数量上由少到多，内容上由易到难，要求上由浅到深

小学阶段（六年）诵读优秀诗文，背诵160篇（段），以短小、浅近的古体诗和绝句为主，只要求能够初步体味其中的情感，领悟内容；初中阶段（三年）诵读古代诗词，背诵80篇（段），内容扩大到律诗和浅易的唐宋词，要求能够有所感悟并有意识地运用，以提高欣赏品位和审美情趣；高中阶段（三年）诵读古代诗词和文言文，背诵一定数量名篇，包括《劝学》《逍遥游》等先秦散文；《师说》《阿房宫赋》《赤壁赋》等唐宋散文；《氓》等《诗经》作品；《离骚》等楚辞；《蜀道难》《登高》《琵琶行》《锦瑟》等唐诗；《虞美人》（春花秋月何时了）《念奴娇》（大江东去）《永遇乐》（千古江山）等唐宋词及白话诗文，给学生留有较广阔的选择余地，要求能够体会其中蕴涵的中华民族精神。从初中到高中，篇幅加长，文化内涵逐渐厚重，审美意蕴逐渐丰富，要求从强调积累，获得初步的感悟和情感体验过渡到领会民族精神。

2. 鉴赏能力目标层级递进

初、高中阶段文学作品学习目标都以培养文学鉴赏能力为核心，在文学鉴赏的情感态度和价值观、过程与方法等具体目标上，除了强调积极的情感价值形成和品味、感受、体验、领悟等共同的过程方法外，在程度上加以层级区分。初中侧重于从语言层面到情感和形象层面的感受和体验，只要求对作品的内涵能够“初步”领悟和联系文化背景评价；高中则进一步深入到情感、思想、文化等意蕴层面进行鉴赏，情感体验和理性思考相结合，对文学作品进行深广的立体化的思考把握，挖掘文学作品的深层蕴含，这种研究性鉴赏，是鉴赏能力的最高层级。高中新课标在必修课的基础上还规定了选修课，其中“诗歌与散文”“小说与戏剧”两个系列更对四大体裁文学作品的学习目标做出了具体而又进一步的规定，体现了高中生文学作品学习目标的基础性和发展性。

3. 文学知识的掌握逐渐加深

初中要求对写实性和虚构性文学作品进行区分，并了解诗歌、散文、小说、戏剧等文学样式；高中则进一步提出了文学知识的具体内容，包括文学体裁的基本特征及主要表现手法、作品的背景材料，而且指出这些知识的作用在于帮助分

析和理解作品，不仅要知道，更主要的是运用，为鉴赏服务。

4. 课外阅读更强调价值导向

高中课外阅读体现了与义务教育同样的精神，但根据推荐书目看，高中阶段课外阅读突出文化经典名著、长篇文学名著、作家系列作品、语言文学理论著作和当代文学作品，范围扩大，经典性更强，文学的、文化的意义更丰富，而且要求学生能“正确、自主地选择”，对课外阅读书籍的判别选择有自己的标准，懂得读书的目的在于充实丰富自己的精神世界，提高文化品位。

二、语文课程标准对文学作品学习的建议

（一）义务教育语文新课程标准对文学作品学习的建议

义务教育语文课程标准在“教学建议”中提出：

——应该把“培养学生高尚的道德情操和健康的审美情趣，帮助学生形成正确的价值观和积极的人生态度”，当作“语文教学的重要内容”，“不应把它们当作外在的附加任务”。

——“应该注重熏陶感染，潜移默化。”

——“阅读是学生的个性化行为，应该引导学生钻研文本，在主动积极的思维和情感活动中，加深理解和体验，有所感悟和思考，受到情感熏陶，获得思想启迪，享受审美乐趣。要珍视学生独特的感受、体验和理解。不应以教师的分析来代替学生的阅读实践，也要防止用集体讨论代替个人阅读，或远离文本进行过度发挥。”

——“逐步培养学生探究性阅读和创造性阅读的能力，提倡多角度的、有创意的阅读，利用阅读期待、阅读反思和批判等环节，拓展思维空间，提高阅读质量。”

——“有些诗文应要求学生诵读，以利于积累、体验、培养语感。”

——“多读书，好读书，读好书，读整本的书。”

（二）普通高中语文课程标准对文学作品学习的建议

普通高中语文课程标准关于阅读与鉴赏教学的建议，在义务教育课程标准建议的基础上，进一步指出：

——“阅读文学作品的过程，是发现和建构作品意义的过程。作品的文学价值，是由读者在阅读鉴赏过程中得以实现的。文学作品的阅读鉴赏，往往带有更多的主观性和个人色彩。应引导学生设身处地去感受体验，重视对作品中形象和情感的整体感知与把握，注意作品内涵的多义性和模糊性，鼓励学生积极地、富有创意地建构文本意义。应引导学生在阅读文学作品时努力做到知人论世，通过

查阅有关资料，了解与作品相关的作家经历、时代背景、创作动机以及作品的社会影响等，加深对作家作品的理解。”

——“古代诗文的阅读，应指导学生学会使用有关的工具书，自行解决阅读中的障碍”；“重在提高学生阅读古诗文的能力。”

——“要求学生精读一定数量的优秀古代散文和诗词曲作品。”

——“鼓励学生开展多种活动，如写书评、读后感，举办读书报告会、作品讨论会等。”

（三）两个课标关于文学作品学习建议的比较分析

初中阶段把文学作品鉴赏能力作为阅读能力的组成部分，着重强调学生阅读能力的培养，包括感受、理解、欣赏和评价的能力，没有单独提出对文学作品阅读鉴赏能力培养的具体建议。可见，初中仍以一般的阅读能力培养为重点，文学鉴赏能力只是属于其中的一个层次。课标的建议，虽然是从教师教学和学生阅读能力培养角度提出，但这些表述包含了文学作品学习，因而也是对文学作品学习的建议，一是要重视阅读实践；二是要发挥学生的自主性、积极性；三是要融入情感，体验感悟，熏陶情感，获得启迪；四是要利用阅读期待、阅读反思和批判进行多角度、有创意的探究性和创造性阅读；五是多诵读，多积累；六是加强课外阅读，培养阅读兴趣，善于选择好书，进行书册阅读。

课标引进对话理论和接受美学的一些理论要点更新阅读理念和方法，从阅读的层面强调学生的学习主体地位，对文本的理解和体验，通过古诗文的诵读积累和培养语感。但对于学生阅读中产生的独特感受、体验和理解只提出要“珍视”，对于多角度的、有创意的阅读只提出“提倡”，对于学生的探究性阅读和创造性阅读能力只提出要“逐步”培养，由此看出初中文学作品学习基本是纳入阅读能力培养体系中的，但也显示了文学作品学习的明确导向，为高中学习打下了良好的基础。

进入高中阶段，则把文学作品学习和文学鉴赏能力的培养作为重点，从目标到实施建议都有明确的表述，显然相对于初中更强调文学鉴赏能力的培养，并有理论体系的架构。就文学作品学习来说，一是对于文学作品要注重个性化解读，并积极地、富有创意地建构文本意义；二是学会查阅资料，运用知人论世的阅读方法，加深对作家作品的理解；三是学会自学，能借助工具书解决古诗文学习中遇到的问题；四是通过实践活动，特别是写作实践，拓展引伸文学作品学习。进一步突出了学习过程与方法的建议，比初中更具体，更具有指导性。并在此基础上提出了“诗歌与散文”“小说与戏剧”两个系列的实施建议，一是强调文本研读的阅读欣赏实践；二是强调借助查阅资料自主学习探究，并交流心得体会；三是强调丰富多彩的文学活动，在活动中深化；四是提倡尝试文学创作，向更高层次提升文学素养。

三、中学文学作品学习的方向

（一）切实提高文学鉴赏能力

文学鉴赏能力是学生文学作品学习的目标之一，也是使学习得以深化的基础，因此，中学文学作品学习必须重视提高学生的文学鉴赏能力。文学鉴赏能力的培养和提高要以课堂学习为主渠道，依赖于老师的指导，依赖于学生积极主动的阅读实践，依赖于掌握正确的鉴赏方法。

人们常常把学生比喻为火炬，有了老师的点燃，火炬才能熊熊燃烧。语文老师应努力提高自身素质，更新教育教学理念，适应教学改革的需要，满足学生学习的要求。要提高学生的文学鉴赏能力，老师首先要有较高的文学鉴赏能力，让读书和思考成为老师永恒不变的生活方式。在学生学习之前，老师应先行学习，并对作品能有独特的领悟和认识，而不停留在教参上，或囿于陈旧观念。老师在文学作品学习的课堂上成为学生学习的示范者，方法的指导者，对话中的首席，在与学生平等对话中形成了他在学识、思想、教育方面的权威。没有这样的课堂，没有这样的老师，学生就如同暗夜行走，难以敏锐地发现文学作品耀眼的光芒。

学生积极主动的阅读实践是提高文学鉴赏能力的根本。阅读是一种实践，是学生全身心的参与，文学鉴赏的第一步就是能够与作品展开真正的阅读对话。学生只限于听讲的学习，只限于考试的学习，只限于读作品介绍的学习，都是脱离文本、舍本逐末、事倍功半的学习。把阅读的权利还给学生，让学生在阅读中学会阅读，在阅读中开始思考，在阅读中建构新的意义。只有这些美好的设想变成现实，提高文学鉴赏能力才不会成为一句空话。

感受、品味、领悟、体验、思考，是提高文学鉴赏能力的具体途径。文学作品的阅读鉴赏与一般文章的阅读不同，前者是带有更多的主观性和个人色彩，与鉴赏主体的情感、经验、识见等有密切联系，追求对作品意蕴的发掘和独特体验，因而必须品味语言、感受形象，才能进入审美的境界，获得情感体验，领悟作品的深层内涵，达到与文本间物我的回响交流；后者排拒主观性，要求阅读主体对文章内容进行客观理性的认识与把握，追求的是共同理解，因而只需对语言进行逻辑的知性的分析，以获取准确的信息。多年来，学生学习文学作品往往背离审美鉴赏的规律，重理性分析，重知识接受，严重影响了文学鉴赏能力的提高。

文学鉴赏能力的更高要求，就是“努力探索作品中蕴涵的民族心理和时代精神，了解人类丰富的社会生活和情感世界”。古今中外的优秀文学作品特别是文学经典，往往既是民族的，又是世界的，所表现的情感，既是作家丰富深沉的情感反映，往往又代表了人类共同的情感，折射出时代精神，甚至通向一个民族的民族精神，通向全人类的普遍文化心理。所以，文学鉴赏能力是一个不断发展的过程，也是需要鉴赏者理性参与的过程，因而对于学生来说，或许有一定难度，但这也就是努力的方向。

优秀的文学作品是常读常新的，文学艺术的魅力是无穷无尽的，当学生真正具备了较高的文学鉴赏能力时，就会沉醉在美的文学世界里，尽情地吸纳文学给予人的智慧，享受文学给予人的精神愉悦。

（二）切实提高人文素养

人文性是语文课的特征之一，这一特征更多地包含和显现在文学作品中。提高学生的人文素养是语文课的重要目标，更是文学作品学习的重要目标。然而，这个目标一度迷失在“实用化学习”和“应试化学习”之中，使文学作品学习变得程式化和功利化，缺少人文内涵和生命活力，极大地减弱了文学作品陶冶情操，涵养心灵，提高文化品位的人文教育价值。刘占泉教授说：“语文能力较低较弱，这是现象，其背后的原因则是字认得少，书读得少且浅，文章写得少且差；究其本质，则是人文内涵较浅，文化品位较低。反之，语文能力较高较强，这也是现象，其背后的原因是字认得多，书读得多且深，文章写得多且好；究其本质，则是人文内涵较深，文化品位较高。”① 现实地看，前者占有很大比例，是语文学习或者说是文学作品学习不尽如人意的现状。尽管经过了激烈的争论或讨论，语文课的人文性写入了新课标，但学生文学作品学习离人文素养的提高还有较大差距，语文课还未能充分发挥它的人文教育价值。

高中语文新课标在“感受·鉴赏”目标中指出，要“在阅读中，体味大自然和人生的多姿多彩，激发珍爱自然、热爱生活的感情；感受艺术和科学中的美，提升审美境界。通过阅读和鉴赏，深化热爱祖国语文的感情，体会中华文化的博大精深、源远流长，陶冶性情，追求高尚情趣，提高道德修养”。在必修课程阅

① 刘占泉：《汉语文教材概论》，北京大学出版社，2004 年，第 232-233 页。

读与鉴赏目标中指出，要“在阅读与鉴赏活动中，不断充实精神生活，完善自我人格，提升人生境界，逐步加深对个人与国家、个人与社会、个人与自然关系的思考和认识”。这既是阅读鉴赏目标的说明，更是对学生通过文学作品学习所获得的人文素养和境界的最好的描绘，也是文学作品学习不可背离的根本方向。

文学作品学习和语文学习的追求本身是一致的，不仅仅指向知识与能力、过程与方法层面，更指向人的情感态度和价值观层面。提高人的文化品位，构建人的精神世界，是语文或者说是文学的优势，也是理应承担的责任。

（三）切实实现文学作品学习和考试评价的完美结合

考试对于学生学习来说是无法绕行的现实。尤其是中、高考的选拔性，无形中让学生的学习更多地围着考试转，成了学习的“马首”。文学作品学习作为语文课考试的重要内容，当然要受到考试内容、方法和导向的重大影响。现行语文考试虽然越来越突出能力和素质考核，采取定量评价和定性评价相结合的方式，但仍以定量评价为主，对于文学作品学习效果的全面考核存在着先天不足。新课标从理想的高度提出了文学作品学习的目标、内容、方法，但对于评价实施难有突破，在现实中出现了考试和课标要求不同步的现象，一是课标要求的广度在考试中窄化，二是课标要求的深度在考试中浅化，三是课标要求的丰富性、灵活性在考试中程式化，四是课标提出的三维目标，尤其是情感态度和价值观难以用标准化考试这种方式有效测试，等等。这种种情况，制约了新课标目标的真正实现。因此，积极探索文学作品学习和考试评价的完美结合，是促进学习效率和质量提高的重要举措。

理想的课标应该和理想的考试评价相呼应，在这样的基础上，才能使课标的规定、老师的教学、学生的学习、质量评定成为一体，使文学作品学习回到素质教育的轨道上来，回到人的全面和谐发展和终身发展，培养“整体的人”的根本的教育目标上来。

（四）切实做到饱览诗书，融会贯通

长期以来，老师和学生都坚信“授之以鱼，不如授之以渔”，认为学习最重要的是方法。但任何观点都有它适用的具体对象，不存在绝对真理。对于文学作品学习，目前的问题是阅读知识和阅读方法学得多，而读书少。一些老师和家长整日只要求孩子读教科书和学习辅导书，一些学生只热衷于读作文选，自囿于狭小天地，学养识见难有长进。能自由而惬意地饱览诗书，体验一段又一段“温暖而百感交集的旅程”，是文学作品学习进入理想境界的开始，是获取大智慧的开始。

“厚积薄发”，饱览诗书，建造一座学识修养的宝库，夯实文学鉴赏的根基。鉴赏某篇文学作品，不是就文赏文，只取本篇中的“原料”，更需要调动鉴赏者丰富的“库存”，包括以往读书和阅世的感性材料、理性材料和已形成的语感、眼光、素养等，这些“库存”积累除了实践阅历之外，即来自于大量阅读。没有深厚的阅读功底，文学鉴赏必然会失之孤陋，缺乏底蕴，对美的体验感到单调、枯燥。

“腹有诗书气自华”，沉浸在与作者同行同醉的书海里，享受着精神的盛宴。文学的世界里有文人的骨气与风骚，有诗人的辞采与清韵；有哲人的深沉与睿智，有智者的通达与灵动；有世俗人生的喜怒哀乐，有震撼心灵的千古高情；有社会生活的画卷，有自然美丽的图景。这一切为学生的心灵成长提供了丰富的营养，滋补了他们的精神。

行走在书里书外的世界，思考着已知未知的人生。饱览诗书是一种学习，更是对学习的超越。因为文学已和学生的心灵相连，使学生找到了文化的血脉，找到了人格的灵魂，找到了智慧的源泉，找到了生命存在的美的境界，还有什么比这样的文学作品学习更有意义的呢！

第三章　文学作品学习的理论基础

文学作品学习是在一定的科学理论指导下进行的，它既遵循文学鉴赏的规律，也遵循学习规律。认识文学作品学习的理论基础和基本规律，对于学好文学作品具有重要意义。本章从中国传统的文学鉴赏理论、西方文学接受理论两个方面阐述文学作品的阅读鉴赏理论依据，从建构主义学习理论和内隐学习理论两个方面阐述文学作品的学习理论依据。

第一节　中国文学鉴赏理论与文学作品学习

一、中国传统的文学鉴赏理论概要

中国古代在文学艺术方面取得了令人瞩目的成就，不仅文学作品浩如烟海，文学理论与文学的辉煌相伴随越来越系统和完善，前人从文学创作和文学接受多个方面总结出了丰富而宝贵的经验，成为中华文化的骄傲。我们今天学习文学作品，有必要对古人的理论经验进行历史的钩沉。在我国古代，文学鉴赏总是和文学阅读、文学批评互为一体的，共同表征着古人对文学作品接受的观念、态度和方法，有许多值得后人继承发扬的宝贵经验。这里虽无意做系统梳理，但不妨拈取精华，以期对我们学习文学作品有所裨益。

（一）中国文学鉴赏的几个范畴

1. 情志

中国古代文学一直以诗文为正宗，先后提出了“诗言志”和“诗缘情”的诗学观念。“志”与“情”是古代文学理论中对诗的本质认识的两个核心概念。《毛诗序》曰：“诗者，志之所之也，在心为志，发言为诗。情动于中而形于言，言之不足，故嗟叹之；嗟叹之不足，故永歌之；永歌之不足，不知手之舞之足之蹈之也。”西晋陆机在其《文赋》中指出：“体有万殊，物无一量……诗缘情而绮靡，赋体物而浏亮。”这些都揭示了诗的抒情性质。但有学者认为“志”与“情”既有联系，也有区别。朱自清认为：“言志”多关涉政治教化的内容，“缘情”则主要吟咏个人的感情。李泽厚、刘纲纪认为：《毛诗序》所说“诗言志”实即诗言“道”，虽包含“情”，但“情”只是从属于“道”，即“发乎情，止乎礼义”。陆机“诗缘情”之“情”是和个体人生的志趣、理想的追求感叹相联系的，不同于那种从属于政治伦理道德的感情。① 也有学者认为“志”与“情”是混用的，都是指内心的思想感情而言，无论是穷通出处，还是羁旅愁怨，都可称之为“志”或“情”。在不同的时代、不同的作家作品，由于诗学观念和创作风格的不同，对于“情”或“志”的重视也不同。先秦两汉和宋代诗歌多以“言志”为主，在于表达儒家之“道”，或某一思想哲理，所抒感情多为某种群体式的公共情感。魏晋和唐代诗歌多重于表现诗人的个体感情。任何诗歌都体现言志抒情的本质，因此在学习诗歌作品时，理解其中的所言之“志”，所发之“情”是诗歌学习和鉴赏的基本要求。

2. 气韵

中国古代文学讲究气韵生动。曹丕引“气”而入文论，提出了“文气”说：“文以气为主，气之清浊有体，不可力强而致。譬诸音乐，曲度虽均，节奏同检，至于引气不齐，巧拙有素，虽在父兄，不能以移子弟。”② 这里的“气”主要指文学作品中体现出来的精神气质，是人的生命状态和生命活动的性格、情感以及气质、风度等等。“韵”则是从文学作品的形象和形式中，使人感受到类似于音乐的旋律和节奏所激发起来的不可捉摸的精神活动。文学作品的气韵，作为一种审美形态，就是作品中洋溢的一股具有节奏和韵律的、令人联想和回味无穷的生命的活力。曹操“东临碣石，以观沧海”（《步出夏门行》），嵇康“目送归鸿，手挥五弦”（《赠秀才从军》第十四首），陶渊明“采菊东篱下，悠然见南山”“此中有真意，欲辩已忘言”（《饮酒》之五）可谓气韵生动，不仅仅是对自然的抒

① 李泽厚、刘纲纪：《中国美学史》第二卷上册，中国社会科学出版社，1987 年，第 270、271 页。

② 朱东润：《中国文学批评史大纲》，上海世纪出版集团，2005 年，第 24 页。

写，更是人的精神与自然的交融。汉大赋气势浑厚雄伟，体现了西汉王朝繁荣昌盛、充满活力的气象。王维的诗歌描绘自然山水，表现出恬静、清丽的韵味。李白豪气磅礴，杜甫沉郁顿挫，皆气韵绝佳，无人能及。

3. 意象

意象的提出最早可以追溯到先秦。在先秦哲学中，“意”指人的思想，“象”指物的表象，表述二者的物质符号则是“言”，意象的范畴就是脱胎于言意之辨。刘勰第一个明确使用“意象”概念。他在《文心雕龙·神思》中说：“使玄解之宰，寻声律而定墨；独照之匠，窥意象而运斤。此盖驭文之首术，谋篇之大端。”[①] 刘勰所谓意象即指意中之象。袁行霈在对古人关于意象的各种不同说法研究分析之后，他说：“物象一旦进入诗人的构思，就带上了诗人主观的色彩。这时它要受到两方面的加工：一方面，经过诗人审美经验的淘洗与筛选，以符合诗人的美学理想和美学趣味；另一方面，又经过诗人思想感情的化合与点染，渗入诗人的人格和情趣。经过这两方面加工的物象进入诗中就是意象。”“意象是融入了主观情意的客观物象，或者是借助客观物象表现出来的主观情意。”[②] 如“梅”这个词表示一种客观事物，是客观物象。当陆游描绘它“驿外断桥边，寂寞开无主。已是黄昏独自愁，更著风和雨。无意苦争春，一任群芳妒。零落成泥碾作尘，只有香如故”，便赋予它孤高芳洁、坚贞不屈的人格品质，从而构成诗中特定的意象。在文学作品，特别是诗歌中，意象的不同类型及其不同的组合，产生了无穷的艺术魅力。如温庭筠《商山早行》有诗句：“鸡声茅店月，人迹板桥霜。”鸡声、茅店、月、人迹、板桥、霜，这些不同意象的直接组合，表现了一个早行人的孤独感和空旷感。意象提供的想象空间和情感韵味胜过万语千言。

4. 意境

意境这一审美范畴的形成，经过了一个不断探索和完善的过程。萌芽于先秦时代的说“意”、说“象”，最早出现于托名为王昌龄所撰的《诗格》中。《诗格》以意境与物境、情境并举，称三境：“诗有三境：一曰物境。欲为山水诗，则张泉石云峰之境极丽艳秀者，神之于心，处身于境，视境于心，莹然掌中，然后用思，了然境象，故得形似。二曰情境。娱乐愁怨皆张于意而处于身，然后驰

① 周振甫译注《文心雕龙选译》，中华书局，1980 年，第 131 页。

② 袁行霈：《中国诗歌艺术研究》，北京大学出版社，1996 年，第 52-53 页。

思，深得其情。三曰意境。亦张之于意而思之于心，则得其真矣。”① 之后，“意境”一词广泛地用于文学评论，且内涵渐渐丰富、明确。到王国维大力标举意境，发展了意境，也使意境的运用更加普及。他在《人间词话》中说：“沧浪所谓兴趣，阮亭所谓神韵，犹不过道其面目，不若鄙人拈出境界二字为探其本也。”② 又在《人间词乙稿序》中说：“文学之事，其内足以摅己而外足以感人者，意与境二者而已。上焉者，意与境浑，其次或以境胜，或以意胜。苟缺其一，不足以言文学。”③ 王国维先生既注意到了诗人主观情意的一面，又注意到客观物境的一面，而且只有二者的交融才能产生意境，并且特别强调景物和感情的“真”。意与境的交融或情随境生、或移情入境、或情境相融，都充分地显示了文学作品的美学特征。意境说的出现，最终划清了审美与非审美的界限，也成为文学作品鉴赏的重要美学范畴。

（二）中国传统的文学鉴赏途径

1. 虚静

虚静，又称静思、澄心、凝思、凝神、心斋、坐忘等，是一种自由愉悦、空明寂静的审美心理状态。虚静最初是作为一个哲学概念提出来的，老子“涤除玄鉴”的思想，可以说是“虚静”说的源头。“涤除”就是洗涤内心，除去那些世俗思想、情感和欲望，使内心清明净洁。“鉴”是观照，“玄”是道。也就是说要求人们除去名利欲念，内心纯净清寂，以领悟和把握宇宙万物的本质及其变化，即体道悟道。庄子把虚静引入审美心理领域，他在《庄子·知北游》中说：“天地有大美而不言，四时有明法而不议，万物有成理而不说。圣人者，原天地之美而达万物之理，是故至人无为，大圣不作，观于天地之谓也。”④ 当庄子用虚静来揭示人如何超越现实人生，以追求理想的、绝对自由的、与道相合的生命境界时，虚静体道实际上也就是一种审美体验和审美观照。而刘勰第一个把“虚”“静”铸成一词，并在文论中使用。《文心雕龙·神思》云：“陶钧文思，贵在虚静，疏瀹五藏，澡雪精神。”⑤ 无论是创作还是欣赏，只有弃世绝俗，忘我忘物，以虚静之心相求相赏，才能主客相融无间，真正感受天地万物之美和文学艺术之

① 转引自袁行霈《中国诗歌艺术研究》，北京大学出版社，1996 年，第 25 页。
② 况周颐、王国维《蕙风词话　人间词话》，人民文学出版社，1960 年，第 194 页。
③ 转引自袁行霈《中国诗歌艺术研究》，北京大学出版社，1996 年，第 26 页。
④ 转引自朱恩彬、周波《中国古代文艺心理学》，山东文艺出版社，1997 年，第 116 页。
⑤ 周振甫译注《文心雕龙选译》，中华书局，1980 年，第 131 页。

美。保持虚静的审美心境，是审美活动的基础。因为虚静使审美者超越世俗功利，心境恬然安谧，专心致志地凝神于审美对象，最大限度地解放了审美主体的心灵，自由自在地沉浸于审美对象的世界中。

2. 品味

“味”本是人的一种生理感受，但因味觉快感的纯感性、超功利性和个体差异性与人的美感的独特性相吻合，被文论家借来论述美感。刘勰《文心雕龙》中多次以“味”论文，如“繁采寡情，味之必厌”，“深文隐蔚，余味曲包”，“至根柢槃深，枝叶峻茂，辞约而意丰，事近而喻远，是以往者虽旧，余味日新”。要求文学作品含蓄深沉，余味无穷。钟嵘在《诗品序》中以“滋味”论诗：“五言居文词之要，是众作之有滋味者，故云会于流俗。”① 诗歌有滋味才会居文词之要，被人们欣赏接受。到了司空图，在前人滋味说之上提出了“韵外之致”、“味外之旨”，这种“味外味”实际上是超越具体物象的形而上的难于言说的美，有一种无限感、悠远感，蕴含了生命的体验。追求以淡为贵，司空图在《诗品》中说：“落花无言，人淡如菊”（《典雅》），“神出古异，淡不可收”（《清奇》），“浓尽必枯，淡者屡深”（《绮丽》）。这种深极则淡极，淡极而深极的“味”，只有靠品读体悟才能领会。陈善《扪虱新语》曰：“昨读渊明诗，颇似枯淡，久而有味。东坡晚年极好之，谓李、杜不及也。此无他，韵而已。”② 读陶诗而能识其韵（韵味），不是理性分析判断，而是通过融入其中的玩味对“言外之意”的直觉把握。

3. 妙悟

妙悟即顿悟，是禅宗思想的核心，本意是指一种心理体验，一种心领神会，直指事物的本质。禅宗认为，参禅者只要深入内心体验，顿悟本心，摆脱外物对本心的污染，便能悟得禅理佛法。禅宗的“妙悟”论直接启发了古代文学家对文学审美的认识。南宋严羽对“妙悟”作了最深刻的论述，《沧浪诗话》云：“大抵禅道惟在妙悟，诗道亦在妙悟。且孟襄阳学力下韩退之远甚，而其诗独出退之之上者，一味妙悟也。”③ 正是孟浩然善于妙悟，对事物有深刻的审美体验，他的诗在艺术上超过了韩愈。创作如此，欣赏莫不如此。在文学欣赏中，欣赏者呈内省体悟状态，陶醉于“悠然心会，妙处难与君说”的境界。中国文学中特有的真

---

① 周振甫译注《诗品译注》，中华书局，1998 年，第 19 页。

② 转引自傅庚生《中国文学欣赏举隅》，北京出版社，2003 年，第 132 页。

③ 童庆炳主编《文学理论新编》，北京师范大学出版社，2005 年，第 106 页。

趣，只可意会，难以言传，不可运用理性的分析，逻辑的判断，科学的语言来表述，唯一的方法便是靠不假思索的、跳跃式的、非逻辑性的感性顿悟。欣赏者的审美体验难以用语言文字表述出来，当他读到会心处时，他击节赞叹，而要用语言表达时，却又是“此中有真意，欲辩已忘言”了。《红楼梦》第四十八回香菱学诗的感受就形象地说明了诗歌欣赏中的妙悟。书中写道：“香菱笑道：‘据我看来，诗的好处，有口里说不出来的意思，想去却是逼真的；又似乎无理的，想去竟是有理有情的。’黛玉笑道：‘这话有了些意思！——但不知你从何处见得？’香菱笑道：‘我看他《塞上》一首，内有一联云：‘大漠孤烟直，长河落日圆。’想来烟如何直？日自然是圆的。这‘直’字似无理，‘圆’字似太俗。合上书一想，倒像是见了这景的。要说再找两个字换这两个，竟再找不出两个字来。……”① 香菱用了“想”来描述她读诗的过程和心理，但她所说的“想”并非逻辑推理和科学分析，实质上她靠“妙悟”，也即直觉的思维方式领会了王维笔下的大漠风光之美，悟得了“诗的好处”。

（三）中国传统的文学鉴赏审美趣味

1. 自然

在中国文学理论史上，“自然”是在六朝时期才作为一个重要的诗学范畴被提出并得到普遍认可的。它的产生意味着文学发展走向了成熟与自觉，文论家们将“自然”引入诗文评论中，在对那些过于讲究形式技巧、声律辞藻的作品予以贬抑的同时，将诗文创作和欣赏导向一个新的高度，使之突破形式与技巧的束缚而走向真正的成熟。司空图《二十四诗品·自然》② 云：

俯拾皆是，不取诸邻。俱道适往，著手成春。如逢花开，如瞻岁新。

真与不夺，强得易贫。幽人空山，过雨采蘋。薄言情语，悠悠天钧。

这一段形象的描写，既可以看作对诗人创作过程中那种“俱道适往，著手成春”，从容不迫、信手拈来、自然而然的状态，也可以看作是欣赏“自然”之诗时那种“如逢花开，如瞻岁新”，无须苦思冥想、刻意寻觅的感受。“自然”意味着诗文的一种风格和境界，但并不是真的不需要文采与技巧而在不经意间形成，它借助文采而又让人忘记文采，借助技巧而又让人不见技巧，给人以“清水出芙蓉，天然

① 曹雪芹、高鹗著：《红楼梦》（中），人民文学出版社，1982 年，第 666 页。

② 转引自畅广元《诗创作心理学——司空图〈诗品〉臆解》，陕西师范大学出版社，1988 年，第 88 页。

去雕饰”的审美体验。皎然《诗式》云：“不要苦思，苦思则丧自然之旨。”

由此看来，“自然”更主要是作品在欣赏者心理上产生的一种“有似等闲，不思而得”的审美效果，是中国文学创作和欣赏中最高的审美追求。

2. 丽

中国文学追求“自然”之趣味虽然被普遍接受，但在审美方面并不是唯一选择。相反地，在文学自觉的时代，文学家们更倾向于华美精妙的审美趣味，形成了“丽”的文学观念。“丽”之本义是偶对之意。《周礼·夏官·校人》：“丽马一圉，人丽一师。”郑玄注：“丽，耦也。”后来“丽”有好看、华美之意，并被普遍使用。“丽”作为一种审美趣味，正是指诗文的文采斐然、华丽动人。汉代扬雄第一个使用“丽”的概念，其《法言·吾子》云：“诗人之赋丽以则，辞人之赋丽以淫。”肯定了“丽”是赋文的一个共同的特点。曹丕则将“丽”作为文学作品的主要标志明确提出，其《典论·论文》云：“盖奏议宜雅，书论宜理，铭诔尚实，诗赋欲丽。”[①] 这样“丽”就成了诗赋等文学作品区别于其他文类的基本规定性了。“丽”的文学审美趣味出现并盛行于汉魏，与汉大赋的兴盛和文学观念的自觉密切相关，文学的形象性特征，在相当大的程度上决定于作品所描写的事物，决定于文辞的运用，因而事物的描写与文辞的运用是否华丽，就成为文学与非文学区分的重要标志。“丽”在现代文学欣赏中虽然不那么特别受重视，但在欣赏古代文学作品时仍是一个不容忽视的美的标志。

3. 风骨

“风骨”是中国古代文论史上的一个传统概念。但对这个概念的确切涵义，学术界多有争论。“风骨”源出于汉末魏晋人物品评。指人物清俊疏朗的气度风貌和轻盈瘦削的身体形态。刘勰最早把“风骨”引入文学批评，并对其进行生动形象的论述，他在《文心雕龙·风骨篇》中说：“用以怊怅述情，必始乎风，沉吟铺辞，莫先于骨。故辞之待骨，如体之树骸，情之含风，犹形之包气。结言端直，则文骨成焉；意气骏爽，则文风生焉。……故练于骨者，析辞必精，深乎风者，述情必显。捶字坚而难移，结响凝而不滞，此风骨之力也。”[②] 刘勰论“风”，处处关乎“情”，依于“情”，而且这种含“风”之情是一种深挚的感情，表现得鲜明俊朗、真切动人，具有感染教化的力量。如果从欣赏的角度看，一部作品

① 朱东润：《中国文学批评史大纲》，上海世纪出版集团，2005 年，第 24 页。
② 周振甫译注《文心雕龙选译》，中华书局，1980 年，第 145 页。

如果感情深切动人、鲜明有力、充满生气，就是有“风”的特征。“骨”的主要表现在文辞上，所谓“沉吟铺辞，莫先于骨”。身体没有骨骼就立不起来，文辞没有“骨”也立不起来，文辞之骨就是要端正劲直、析辞精练。如果一部作品能以精粹洗练的文辞恰切地表现思想内容，而不是浮泛靡丽，那么这部作品就是端直精练，有“骨”的特征。总之，刘勰约意以“风”，约辞以“骨”，“风”“骨”相谐，则使作品刚健明朗，遒劲有力。刘勰和钟嵘都极力推崇“建安风骨”，陈子昂倡导“汉魏风骨”，都有力地推动了诗文革新，也反映了文学家们对“风骨”这种审美趣味的追求。

4. 隐秀

“隐秀”也是首先由刘勰提出，《文心雕龙·隐秀》云：“隐也者，文外之重旨者也；秀也者，篇中之独拔者也。隐以复意为工，秀以卓绝为巧。”“夫隐之为体，义生文外，秘响旁通，伏采潜发，譬爻象之变互体，川渎之韫珠玉也。”① 周振甫解释说：“隐就是含蓄，有余味，耐咀嚼。秀就是突出，像鹤立鸡群，是一篇中的警句。隐秀就是修辞学里的婉曲和精警格。”② 对于“隐秀”内涵的理解，学术界还未求得统一，但可以肯定的是“隐”描述了文学语言内含情意的丰富性，义生文外，有弦外之音，“秀”句语言精彩，正如陆机《文赋》说的“乃一篇之警策”，确立了柔性美的风格特点，使“隐秀”和“风骨”分别成为阴柔和阳刚美学风格的标志。

二、文学作品学习对中国传统文学鉴赏理论的借鉴与运用

（一）文学作品学习对中国传统文学鉴赏理论的扬弃

1. 扬弃“附会政治”的解读传统

将文学政治化，在我国文学史上和教育史上由来已久。先秦时期，人们对文学的认识，主要是对《诗经》的认识。关于文学本质的认识，集中体现在“诗言志”的观念。“志”的内涵十分复杂，虽然其中包含了“情志合一”的观念，但更多地还是指无关个人感情的政治的、伦理的思想，把文学作品理解为理性的思维活动。顾颉刚先生在面对《诗经》这样一座丰碑时，曾感慨它盘满了蔓草和葛藤，“挡住了我们的视线”。郑振铎也曾慨叹《诗经》之上压盖着“重重叠叠的注疏的瓦砾”。闻一多则直言：“汉人功利观念太深，把《诗三百》做了政治课本。”

---

① 周振甫译注《文心雕龙选译》，中华书局，1980 年，第 240 页。

② 周振甫译注《文心雕龙选译》，中华书局，1980 年，第 238 页。

最为典型的例子就是将《关雎》这样一首优美的爱情诗解释为“歌颂后妃之德”。这种用政治图解文学的旧传统可以说历久不衰，特别是在一些特定的历史时期，文学往往成了政治的附庸，解读和欣赏文学作品偏重于附会政治。虽然文学理论界和语文教育界已在纠正这种弊端，但在实际的文学欣赏中仍不自觉地运用政治化了的心理理解文学作品，对作品中的人物进行阶级的划分，对作品的主题进行政治化的概括，寻找其“革命”的一面和“时代局限”的一面。如学习鲁迅先生的小说《阿Q正传》《药》等，总是习惯于把它当作分析和认识辛亥革命的历史功绩和局限的具体材料，阿Q、华老栓、茶客们的麻木代表了辛亥革命没有充分发动民众的不彻底性，夏瑜就义意味着辛亥革命的失败和作者对中国革命出路的迷茫等等。在读者的头脑里，尤其是在学生的头脑里，说到反动就是资产阶级，说到黑暗就是封建主义，说到革命就是无产阶级，以至于这些政治概念成了学生评价文学作品的通用概念。这种“附会政治”的解读传统消解了文学的价值，把丰富多彩的文学意蕴抽象为政治观点，在学习文学作品过程中必须进行扬弃。

当然，我们不能否认文学作品在某种意义上的政治化解读，因为优秀的文学作品是可以多角度、多层面解读的。但那是政治家解读出来的，而作为学生在学习文学作品过程中应更多地着眼于文学本身，要用文学的审美观来欣赏和解读文学作品，这样才能体味和领会文学作品中深刻而丰富的生命底蕴和人生意趣，体会语言文字的美。

2. 扬弃“刻意求真”的理性分析传统

文学读解和欣赏中的“刻意求真”就是忽略了文学作品之为文学作品的审美特性，而从现实的、科学认识的角度理解评价文学作品，用理性分析代替了审美感知，用刻意追求生活的真实代替了艺术的真实，这在古代文学欣赏中虽不是极普遍的现象，但也不时出现这方面的笔墨官司。如杜牧的诗《江南春》：“千里莺啼绿映红，水村山郭酒旗风。南朝四百八十寺，多少楼台烟雨中。”全诗紧扣“江南春”三字，选取诸多不同意象，将江南大地婉转莺啼，红绿相映，烟雨楼台的美好春景跃然纸上，可谓写景妙手。但明朝诗人杨慎就认为“千里”应作“十里”，并天真地发问：“千里莺啼，谁人听见？千里绿映红，谁人见得？若作十里，则莺啼绿红之景，村郭楼台，僧寺酒旗，皆在其中矣。”杨慎是诗人，不能说他不懂诗歌，但此处恰巧犯了解诗的大忌——过于坐实，所以清代有何文焕就驳斥他，“此诗之意既广，不得专指一处”。

这种刻意求真的理性解读方法，在现在学生学习文学作品过程中，仍屡见不鲜。如学习闻一多先生的《红烛》：“红烛啊/这样红的烛/诗人啊/吐出你的心来比比/可是一般颜色……”有人就说：“心能吐吗？你吐我看看。可是心能掏，剖腹便能掏。”学习《鲁提辖拳打镇关西》，有人就说鲁智深拳打镇关西是在宣扬暴力，等等。这些都违背了文学欣赏的基本规律，陷入了科学求真，理性分析的泥淖，必须扬弃。

（二）文学作品学习对中国传统文学鉴赏理论的借鉴与运用

1. 借鉴“品味感悟”，重视对文学作品的沉潜玩味

中国古代文学鉴赏，十分重视对文学作品的品味和感悟，这和中国古典艺术追求深远悠长的情趣韵味和无限深邃的艺术底蕴是一致的。因而，在文学作品鉴赏活动中，要“精加玩味”，从语言表层深入到意蕴的深层，感悟并把握作品美的内蕴。傅庚生先生说：“文学之欣赏亦以入化为极诣，就有形之文字䌷绎其无形之情愫，彼我互糅，悲喜与共，无差无失，相若而相通；所谓‘以意逆志’，入而与之俱化也。”① 当然，品味感悟并不等于“只可意会，不可言传”，仍以傅庚生先生品读李清照诗句的一段实例来说明其思维过程：

“帘卷西风，人比黄花瘦”九个字，其妙处可析而言也。西风、黄花，重九日当前之景物也。帘卷而西风入，黄花见；居人憔悴久也，西风拂面而愁益深，黄花照眼而人共瘦，信手拈来，写尽暮秋无限景，道尽深闺无限情，其妙一也。九个字中，帘、西风、人、黄花，已占却六个字矣，著一“卷”字，嵌一“比”字，而字字如贯珠，末后出一“瘦”字，缀之以夜光，其妙二也。“风”字，音之最洪者也，“瘦”字，音之最细者也，帘卷西风，经最洪之音纵之出，收到一瘦字上，敛而为极细极小，戛然而止，其妙三也。吟诵咏歌此九字者，字字入目，字字出口，九个字耳，而其景无遗，其情脉脉，其明璨璨，其韵遏云，故使人不禁叫号跳跃，若渴鹿之奔泉也。

这段文字具体而形象地说明了鉴赏古代文学作品时品味感悟的过程，由此启示我们，学习文学作品不能只注重背诵老师的答案或课本上的解释，也不能一味地进行知性分析，只有自己去沉潜玩味，才能领悟文学真谛。

2. 借鉴“诗无达诂”，重视对文学作品的多元解读

“诗无达诂”的文学解读观最早是由西汉的董仲舒提出来的，他在《春秋繁露·精华》篇里说：“所闻《诗》无达诂，《易》无达占，《春秋》无达辞。从变从义，而一以奉人。”这是鉴于当时和西汉以前人们对《诗经》阐释和运用的分歧

① 傅庚生：《中国文学欣赏举隅》，北京出版社，2003 年，第 1 页。

状况而言的，意思是对《诗》的解释不能做绝对的、唯一的理解，而应对它进行多侧面、多层次、多时空的诠释和发挥。正如《周易》无法达到所有占卜的意图，《春秋》的微言大义无法用文辞全部表达出来一样，《诗经》的题旨和意义也无法做出完全的、确定的解释。这原本针对汉儒解《诗》的一段话，概括出了一个重要的文学读解鉴赏的规律，因而受到后人的重视，进而演变为“诗无达诂”。“诗无达诂”承认了文学作品的多义性和开放性，为文学作品鉴赏提供了广阔空间。因此，在学习文学作品时，就要继承这一传统，不能拘于一端，追求一解，学会从社会的、文化的、审美的、心理的等多方面观照作品，发掘作品丰富深广的内涵。

3. 借鉴“以意逆志”，重视读者经验，防止脱离文本的解读

“以意逆志”是孟子在和他的弟子讨论如何正确理解《诗》的意义时提出来的，《孟子·万章上》曰：“故说诗者，不以文害辞，不以辞害志，以意逆志，是为得之。”意思是说解释诗的人，不要死抠文字而误解了词句，也不要拘于词句而误解了整首诗要表达的意思。用自己的感受去推测作者的本意，才能理解作者要表达的意思。这是一个重要的文学读解鉴赏的方法，给我们学习文学作品多方面的启示。在孟子看来，文学鉴赏一是以探求和寻找作品的原意，即作品之“志”为目的，不能曲解作品原意；二是读者要根据自己的生活阅历和思想感情，即读者之“意”，思考、理解和领悟作品的原意，强调对作品原意的正确探求；三是不要断章取义，只注重语言文字的表层意义，而要注重从整体上把握诗句的深层意义，才可能是对原意的准确理解；四是读解鉴赏的过程就是“迎受、钩考、追溯”原意的过程，即“逆”的过程。

从今天的文学鉴赏来看，这些观点大都仍具有很积极的意义，但孟子过分强调对作品“原意”的追寻，一定程度上是不符合文学鉴赏规律的，因为由于时间和空间的阻隔，读者的个体差异，在文学读解鉴赏中会出现“一千个读者就会有一千个哈姆莱特”的现象，所谓作者未必然，读者未必不然。因此，在文学鉴赏中更主张阅读创新，注重独特体验和个性解读，这是对“以意逆志”的合理继承。

4. 借鉴“不求甚解”，重视对文学作品整体意义的准确把握

陶渊明作《五柳先生传》以自况，文中谈到五柳先生读书说：“闲静少言，不慕荣利。好读书，不求甚解；每有会意，便欣然忘食。”“不求甚解”实则是陶明渊提倡并运用的一种读书学习方法，对后人学习产生了很大影响。人们对这种方法的理解和运用也多有分歧，甚至有的人简单地理解为不需要动脑筋思考，走马观花的浏览，这显然是对陶公的曲解。结合陶渊明提出这一方法的背景，主要是针对汉代

以来盛行的读经注重训诂、考证，对经书支离破碎的注解和主观臆断的风气。面对这种情况，他积极呼吁读书不要过分穿凿字句，而要注重整体把握，意会其意。这种方法对我们学习文学作品有很大启发，一是学习不要停留在语言表面死抠字眼，眼里只有文字，而没有整体文意；二是要抓住重点，分清主次，对于次要的、枝节的、繁琐的地方不必细加考证求索；三是读书的关键是要“会意”，潜心体会，把索玩味，以领悟文章的意义。就如作者诗句所形容的“此中有真意，欲辩已忘言”，在言和意之间，更重视意的会悟。正因如此，他才会“每有会意，便欣然忘食”。

学生在学习文学作品时，常常以陶渊明为榜样，但又不能得其精髓。在语文界也曾引起一场争论，赞同者竭力强调“会意”式的整体把握，反对者抓住“不求甚解”大加批驳，皆因其揪住一端而不顾陶渊明的整体意思，因而终久无果。我们既要吸取古人好的读书经验，也不可食古不化。如果简单地移植过来，就容易走极端。读书能够会意，首先要通过语言的桥梁，因而，对重点句段，关键字词的精研细钻还是必要的，只是目的不在于文字本身，而是透过文字揣摩其意义。尤其对于文学欣赏，更在于“体贴入微”。

5. 借鉴“涵咏讽诵”，重视对文学作品的反复吟诵

古人十分重视读书的“涵咏讽诵”功夫，历来论者较多。“涵咏”最早由朱熹提出，他说：“语言有个血脉流通处，但涵咏久之，自然见得条畅浃洽，不必多引外来道理言语，却壅滞诗人话底意思也。”（朱熹《答何叔京》）清人况周颐对此有更深入的认识，他说：“读诗之法，取前人名句意境绝佳者，将此意境缔构于吾想往中。然后澄思渺虑，以吾身入乎其中而涵咏玩索之。”（《蕙风词话》卷一）严羽也说：“诗骚之久，方识真味；须歌之抑扬，涕洟满襟，然后为识《离骚》。”（《沧浪诗话·诗评》）纵观古人论点，一是强调悉心揣摩与反复咀嚼；二是强调以空明澄澈之心，沉入其中玩索吟味；三是强调歌之抑扬，紧吟慢诵。

涵咏讽诵，是古人总结出来的非常有效的读书学习的方法。遗憾的是我们在文学作品学习中曾一度冷落它，以条分缕析和题海战术代替这种感于心、诵于声的琅琅书声。随着语文新课标的颁布实施，我们也欣喜地看到了学习方法的改变，古人涵咏讽诵的读书方法又回到了课堂。特别是学习文学作品更注重学生通过文本阅读获得的体验和领悟，课堂上又听到了抑扬顿挫的读书声。

总之，中国传统的文学鉴赏理论是学习古代文学作品的法宝，是文学的也是文化的，是方法的也是思想的，要在扬弃中继承，继承中创新。放弃它意味着切断了我们文化的根，消解了我们学习文学作品的意义和价值，也影响到学习文学的效果。

第二节　西方文学接受理论与文学作品学习

西方文学鉴赏理论在不同的时期，都对文学作品学习产生过很大影响。有历史学的、社会学的、心理学的、符号学的、结构主义的、现象学的、阐释学的和接受美学的，等等。学派林立，理论纷呈，但总体上经历了从作者中心论，到作品中心论，再到读者中心论三个阶段。这些理论都不同程度地直接影响了我们读解和鉴赏文学作品的观念、态度、方法，使我们更深刻地认识到文学作品的意义和价值，发掘出了文学作品更丰富深广的美学内涵。近年来，中学语文教学改革和新课程标准的制定，更多地借鉴吸收了以读者为中心的西方文学接受理论，给语文学习，尤其是文学作品学习带来了深刻的变化。文学作品学习借鉴和运用西方文学接受理论，使学习者得到了很大的收获。

一、西方文学接受理论概要

（一）解释学文论中的“先结构”

西方解释学是在经文释义的基础上发展起来的一门学问。理解是解释学中的基本问题，德国哲学家海德格尔将这个问题放在人的存在这个大背景中来思考。他认为，任何存在都是一定时空条件下的存在，不存在超越历史环境的存在；同理，任何理解也都是一定时空条件下的理解，不可能有超越历史环境的理解。追求纯然客观的理解就像一个人想揪住自己的头发离开地球一样不可能。在理解文本意义之前，人的大脑里已然装满了东西，这些“先入之见”、“先获之识”构成了理解的“先结构”，这个“先结构”不可避免地将解释者所处历史环境的影响带进了理解与解释。

海德格尔的学生伽达默尔在老师的启发下，提出了以艺术作品存在方式为探讨对象的解释学文论。他在《真理与方法》一书中提出了“成见是理解的前提”的重要思想。“成见”即“先入之见”或海德格尔的“先结构”，它之所以能成为理解的前提，首先在于它是理解得以实现的条件。这种带有解释者独具个人特色的趣味、观念与思想方法的“先结构”或“成见”，形成了一种认识事物的基础或者说视域，同时也形成了读者与文本之间交流的平台，文本的意义就是在这个平台上读者与文本的“视域融合”。文本意义中必然融入了读者的“先结构”

或者说“成见”，也正因为如此，是读者的理解赋予作品艺术生命，没有读者的参与，作品就不会真正地完成。

（二）现象学文论中的“空白点”和“未定点”

波兰现象学美学家罗曼·英加登将“文学的艺术作品”的层次结构进行了划分，即声音层面、意义单元、客体层面或曰世界层面、图式化外观层面、伟大作品独具的“形而上性质”层面。五个层面中前两者是固定的，而后三者带有意向性特征。也就是说文学作品既不同于纯粹的“观念客体”，又不同于一般的物理实在，而是介于二者之间的“意向性客体”。因而，文学作品有限的词句只能唤起有限的意向性关联物，文学叙述无法复现事物在时空状态下的连续性存在，因此与实在客体相比，作品这个“意向性客体”不但是虚构的，而且是不完备的。夸张地说，作品中呈现出来的图式化外观只是一种提纲挈领的简笔画，它刺激并规范着读者的想象。也就是说文学作品图式化外观中存在着无数空白点和未定点，它们的“具体化”有待于读者的阅读，或者说读者的阅读将把它们填充或激活。文本的意义就是诉诸读者在作品图式化框架内的自由想象，对空白点和未定点的填充和激活便是这种想象的核心内容。

（三）接受美学的“期待视域”、“文本的召唤结构”、“文本的隐含读者”

接受美学的创始人是德国康士坦茨大学的罗伯特·姚斯和伊瑟尔等五位教授。姚斯的《文学史作为向文学理论的挑战》被人们视为接受美学的宣言书，他在文中写道：“一部文学作品的历史生命如果没有接受者的积极参与是不可思议的。因为只有通过读者的传递过程，作品才进入一种连续性变化的经验视野。在阅读过程中，永远不停地发生着从简单接受到批评性的理解，从被动接受到主动接受，从认识的审美标准到超越以往的新的生产的转换。”强调读者的接受是文学作品完成的最后阶段，且读者在这个过程中起着主动的、积极的、甚至是决定性的作用，接受的过程是对作品再创造的过程。姚斯在理论上的贡献，除了丰富和发展了一系列的接受范畴外，还提出了“期待视域”的重要概念。姚斯认为，作品之所以具有不确定性，原因不仅在于文本内部的空白需要填充，还在于历史进程带来的时代隔阂。在每部作品所属的时代，都存在着与其相应的期待视域，作品就是在这种期待的目光下诞生。期待视域可以理解为作为接受主体的读者基于个人和社会的复杂原因在心理上形成的某种结构图式。

如果说姚斯受伽达默尔的影响更多的话，伊瑟尔身上则英加登的色彩更浓。伊瑟尔在英加登“空白点”理论基础上提出了“文本的召唤结构”这一术语。他认为文本中有两类东西对想象性阅读发出召唤：一是文本的空白点与未定点，有限的文本只能建立起一个纲要式的图式化结构，它呼唤读者以自己的想象去填补这些空白与未定点；二是文本词句唤起的意向性关联物之间缺乏连续性，这种空缺也在呼唤读者以自己的想象去进行连接。并进一步指出，“文本的召唤结构”既激发起读者基于既有视域的阅读期待，又会打破这种期待导致读者视域的更新，填空补缺与更新视域，或者说读者的想象完全是应文本之邀发生出来的。

伊瑟尔还提出了“隐含的读者”的重要概念。“隐含的读者”就是作家预想出来的他的作品问世之后，可能出现的或应该出现的读者。它代表着文本中一切潜在的可能，现实生活中真实的读者只能凭着自己在具体化过程中所做的选择，完成对“隐含的读者”的部分实现。这一观点将文本的概念放大了许多，把读者一切可能的反应都作为文本的预设部分囊括了进来。

（四）对话理论

对话作为一种重要的活动形式，可以说由来已久，在西方可以追溯到古希腊时期“苏格拉底对话”，在我国最早可以追溯到战国时期百家争鸣。但只有在西方，这种活动形式渐渐发展完善，上升为对话理论，使对话成为一种哲学存在。20 世纪苏联著名思想家巴赫金认为对话是人的存在方式。他说：“存在就意味着进行对话的交往。对话结束之时也就是一切终结之日。”[①] 个体的存在离不开与他人的交往，而这种主要通过言语的交往就是一种对话关系，所以，人是一种言语交往中的存在、对话的存在。哲学解释学以“理解”为核心，认为对话是理解者和理解对象之间的视界融合。对话可以不直接发生在人与人之间，而发生在人与自然、社会、历史和人的精神产品之间。对话双方在平等的精神性交往中，通过理解达到意义的交融。文艺学所谓的“对话”，在很大意义上是指人与人的精神产品——文本的对话，文本的社会意义和美学价值是在读者与作品的对话中实现的。阅读就是对话，是读者对作品的接受和创造的过程。

我们目前还难以给对话下一个确切的定义，但综合各学科的解释，对话应具备以下特征：

（1）共通性。这是对话展开的前提。对话双方不能完全是对立的，二者共有一种开放的、多元的、具有包容性的边缘地带。

---

① 转引自范冬梅《“对话式”语文教学的架构》，《中学语文教学参考》2002 年第 2 期。

（2）平等性。这是对话展开的条件。对话双方只有区别，没有高低。不是一方征服另一方，而是互补的、互相吸引的。

（3）生成性。这是对话的结果。对话是创新的温床。在开放的对话中，生成既与二者有关，又与二者不同的全新的意义，使二者都有不同程度的提高。

二、文学作品学习对西方文学接受理论的借鉴与运用

（一）充分重视“先结构”、“期待视域”对读解作品的意义

“先结构”是解释学提出的概念，“期待视域”是接受美学提出的概念，但二者都强调接受主体（读者）在读解作品时实际上已经存在着一个理解的背景。也就是说，读者不是纯粹以一个“白板”的头脑面对作品，而是带着自己特有的知识经验、生活阅历、思想感情和审美情趣去阅读和理解作品的。而这些对阅读理解所带来的影响是很复杂的，有时表现为正向的，有时表现为反向的。因而在阅读文学作品时必须重视“先结构”或“期待视域”的存在及其对理解的影响。

一是“先结构”或“期待视域”的客观存在必然会使不同读者对同一作品的理解产生差异。由于语文教学流弊的影响，学生在学习文学作品时，往往关闭了自己的思想，慑服于老师的分析结论或教参的标准答案，不敢越雷池一步。新课标指出“阅读是学生个性化的行为”，“要珍视学生独特的感受、体验和理解”。这既是对文学作品学习规律的遵循，也是对学生学习行为的尊重。

二是要把握读者“先结构”或“期待视域”与作品视域间的距离。姚斯指出：“期待视野与作品之间的距离，熟知的先在审美经验与新作品接受所需要的‘视野的变化’之间的距离，决定着文学作品的艺术性。”在实际学习中，我们会发现，并不是这种距离越大越好。距离过大，往往会失去对作品的兴趣，正如鲁迅先生所说：阅读文学作品“读者也应有相当的程度。首先是识字，其次是有普通的大体的知识，而思想和感情，也须大抵达到相当的水平线。否则和文艺即不能发生联系。”① 同样地，距离过近或没有距离，读者也会感到兴味索然。因此，要选择优秀的文学作品作为学习对象，优秀的文学作品总是超越学生的期待视野，因而能拓展学生的期待视野。当然，学生在学习时，教材中的选文与学生的“先结构”或“期待视域”间的距离并不均等，这就需要学生不断丰富和优化自

① 鲁迅：《文艺的大众化》，《集外集拾遗》，人民文学出版社，2006 年。

身认知的和审美的心理结构，以形成“一种既定的先已构成的期待视野……它可以引导读者的（大众的）理解，造成全面接受”。①

三是尊重解读中的“误差”，消除解读中的“误解”。由于“先结构”与“期待视野”的存在，不同的人在理解和阐释作品时总是会有差异。尽管我们提倡对文学作品的独特体验和个性化解读，但要避免过度阐释或众说纷纭。读者阅读时的再创造使得作品的意义具有不确定性，但这种不确定性是受作品本身规定性制约的。解读时不能一味地追求标新立异，与众不同，要正确区分“误差”和“误解”，要尊重解读中的“误差”，尽可能消除“误解”。

（二）填空和补充是读解文学作品的关键环节

在传统的语文教学中，似乎总是教师拥有着作品读解的权利，学生对作品意义的理解只能来自教师的灌输，而且在阅读中恪守作者或作品中心论，十分注重对时代背景和作者生平的了解，从社会分析的角度得出一个中心思想。文学作品学习简单追求一个标准的理解，不仅僵化了学生的头脑，也削弱了文学作品的艺术魅力。接受美学理论提出读者中心论和文本充满了空白点和未定点的召唤结构的观点，给文学作品学习注入了新的活力和生机。一部（篇）文学作品呈现给读者的是一些抽象的语言符号，但它仿佛又是充满灵性的魔指，触发着读者的艺术想象，读者用自己炙热的情感和有血有肉的经验去融化语符，填充空白，重构形象，使文学作品变成了读者实际感受到的有生命的鲜活东西。学生在读解文学作品时，不再坚持着老师给定的结论或意义，而成为一种创造，也就是用自己的知识、情感和经验去填写文本中的空白或未定点，形成自己独特的理解，这正是新课标极力倡导的。当然，文本的空白给一代又一代读者提供了无限广阔的解读空间，但并不是无所限制地自由发挥，一切解读都应在文本既定结构的规定之内。就如苏轼的“大江东去，浪淘尽千古风流人物”（《念奴娇》），其意豪放、雄浑、阔大，无论如何，都不可能感受到柳永的“今宵酒醒何处？杨柳岸晓风残月”（《雨霖铃》）的凄清。

（三）学习文学作品需要保持对话的姿态

学生学习文学作品习惯于唯教参、唯教材、唯教师、唯权威、唯标准，像一个知识的容器一样去接受来自教参和教师的灌输，基本上处于客体地位。语文新课标指出：阅读教学是学生、教师、文本之间对话的过程。这是对话理论在语文教学中的具体体

① ［德］H·R·姚斯、［美］R·C·霍拉勃：《接受美学与接受理论》，周宁、金元浦译，辽宁人民出版社，1987年。

现，既强调教学是师生间的对话，同时也强调师生和文本间的对话。用对话的关系为阅读和教学定位，学生在学习中始终是作为对话者出现的，应该保持对话的姿态。

对话就是要平等交流，敢于和善于思考、质疑。对话的姿态就是要和教师、文本及学习同伴看作是平等的“主——主”关系，也就是说学生是学习真正的主体。作为学习主体就要积极主动地思考，发现并提出问题，有问题和差异才有对话和交流的必要，而问题的解决和差异的弥补才是学习的进步。所以学生不再是教师“独白”下的被动学习者，而是作为对话关系中平等的一员，时刻在以文本为中心创造着对话的契机。

对话就是为了发现和生成新的意义。学生学习文学作品要在教师的引导下凭借自己的生活阅历和社会经验与文本进行心灵的对话，对话的过程就是填充空白或未定点，就是思想和心灵的碰撞与交流，就是对作品意义的再创造。正如伽达默尔所说：“理解某个人写出来的东西，不是再生产某种过去的东西，而是共有一个现在的意义。”①

对话不能脱离言语形式而单纯地指向内容，因为文学作品学习同时包含着言语内容和言语形式的学习。但在课堂上，由于一些老师对言语教学的忽视，使“语文教学始终在远离言语的地方蹒跚，或者刚进入言语的浅处就折道而返，进入到内容或精神的层面中去了”。（董文明语）使学生在学习中感到内容虽丰富，但对语言的审美感悟能力和运用能力却难有提高。在课外的学习中，有的学生武侠、言情小说看了一本又一本，但语文水平并不见提高，主要根源就是因为只注重小说引人入胜的故事情节，而对作品中的遣词造句无暇顾及。因此，与文学作品进行对话，是通过对语言的玩索和感知而进行的，文学语言是也是对话的主要内容之一。

三、中西方文学接受理论比较

由于中西方文学理论是在不同的文化语境和社会历史条件下形成的，二者对文学接受的理解和看法不可避免地会出现差异。但差异并非对立，正是这种差异促进了二者的对话融合，也为我们学习文学作品提供了较为广阔的理论背景。

（一）文学接受思维方式上的差异

中西方文学接受理论上的差异主要源于思维方式的不同。在西方思维中，形

① 转引自王尚文《关于“对话型”语文教学的对话》，《语文学习》2001 年第 7-8 期。

式逻辑占有非常重要的地位，强调通过细致的逻辑分析建立完整的理论体系。而中国传统思维则更重视主体的独特经验，重视主客之间的相互作用，重视从整体上直接把握对象，重视整体的浑成与圆融。具体表现在以下几个方面：（1）在文学接受的心境上，我国古代文论强调“虚静”，要读者忘却世俗的思想、情感和欲望，保持安静恬淡的审美心境，以发挥自由的想象和联想；西方接受美学则强调读者“先在的理解”，在头脑里，已经有一个“先结构”构成了已有视野，理解就是和作品视野的融合。（2）在文学接受的途径上，我国古代文论强调读书要“妙悟”、“会意”，去领会“言外之意”、“味外之旨”；西方文论则强调“填空”、“对话”，从而生成新的意义。（3）在文学欣赏的目的上，我国古人认为文学欣赏就是要“以意逆志”，达到读者与作者的相会，其目的主要在于领会作者之“志”；西方学者则更多地把文学欣赏看作是认识活动，其目的主要在于通过把握作品深刻的本质内容获得发现的愉悦。波洛瓦曾说：“聪明的读者绝不会把光阴虚掷，他要在作品中寻找妙谛真知。”

总之，由于思维方式的不同，中国文论关于文学接受的理论重整体、重体验、重感悟，学术用语较玄虚，可意会不可言传；西方文论关于文学接受的理论重分析、重解读、重对话，学术用语较具体，可用语言准确表述。

（二）二者之间的互补和融合

中西文论对于文学接受的观念差异是明显的，但不排斥二者之间有共通之处，因为文学创作是统一的，人类有着共同的体验形式，也有着共同的生命形式。差异的存在使二者发生互补，共通处又使二者具有融合的基础。我们学习文学作品就是要善于利用二者之间的这种互补和融合，才有助于提高理解欣赏文学作品的能力。事实上，当我们把目光聚焦在西方文论，并对其新颖的论述感到耳目一新时，在我国古代文论中早已有之。如，在西方当代阐释学和接受美学中，读者的地位被强调的十分突出，认为读者是作品完成的一个重要环节，读者通过自己的理解而阐明或寻找作品的意义，即所谓“一千个读者就有一千个哈姆雷特”。我国古人很早就意识到读者在阅读中存在的阐释差异，提出了“诗无达诂”、“见仁见智”等观点。再如，西方文论中的对话理论，强调阅读的过程就是和文本对话的过程，是双方带着自己的视野和话语方式进入对话，并通过对话实现视野的碰撞、融合，形成新的话语。这一理念在春秋时期就有了，孔子及其弟子就运用对话的方式读《诗》。《论语·八佾》记载：子夏问曰：“‘巧笑倩兮，美目盼兮，素以为绚兮’，何谓也？”子曰：“绘事后素。”曰：“礼后乎？”子曰：“起予者商也，始可与言《诗》已矣。”

可以看出，子夏与孔子的对话已经不是形式意义的对话，而在以对话求新知。因此，我们学习文学作品不能将中西文学理论完全割裂开来，否则就无所适从，为理论羁绊，要在对比中借鉴吸收，才能为我所用。

第三节　建构主义学习理论与文学作品学习

一、建构主义学习理论概要

建构主义学习理论的最早提出者可追溯到瑞士的皮亚杰，后经科尔伯格、斯腾伯格和维果斯基等人的进一步研究，使建构主义理论得到进一步的丰富和完善，更有利于应用到实际的教学过程。当今的建构主义学习理论内容很丰富，其核心是以学生为中心，强调学生对知识的主动探索、主动发现和对所学知识意义的主动建构。现将其关于学习的理论要点阐述如下：

（一）几个重要概念：图式、同化、顺应、平衡

皮亚杰理论的一个核心概念是图式。图式是指个体对世界的知觉、理解和思考的方式。我们可以把图式看作是心理活动的框架或组织结构。在皮亚杰看来，图式可以说是认知结构的起点和核心，或者说是人类认识事物的基础。因此，图式的形成和变化是认知发展的实质。认知发展受三个基本过程的影响，即同化、顺应和平衡。在建构主义理论中，同化是指个体对刺激输入的过滤或改变的过程。顺应是指有机体调节自己内部结构以适应特定刺激情境的过程。二者相反相成、对立统一，共同完成对事物的认知发展。平衡是指个体通过自我调节机制使认知发展从一个平衡状态向另一种较高平衡状态过渡的过程。皮亚杰认为："智慧行为依赖于同化与顺应这两种机能从最初不稳定的平衡过渡到逐渐稳定的平衡。"[①] 平衡的这种连续不断的发展，就是整个认知发展的过程。

（二）建构主义的学习观

建构主义认为，知识不是通过教师传授得到，而是学习者在一定的情境即社会文化背景下，借助他人（包括教师和学习伙伴）的帮助，利用必要的学习资料，通

---

① 皮亚杰、英海德尔：《儿童心理学》，吴福元译，商务印书馆，1980 年。

过意义建构的方式而获得。张建伟、陈琦将当今建构主义对于学习的基本解释概括为三点：一是学习是学习者主动地建构内部心理表征的过程，它不仅包括结构性的知识，而且包括大量的非结构性的经验背景。二是学习过程同时包含两方面的建构，一方面是对新信息的理解是通过已有经验，超越所提供的信息而建构成的；另一方面是从记忆系统中所提取的信息本身，也要按具体情况进行建构，而不单是提取。这与皮亚杰的通过同化与顺应实现双向建构是一致的。三是学习者以自己的方式建构对于事物的理解，从而不同人看到的是事物的不同的方面，不存在唯一的标准的理解。但是可以通过学习者的合作而使理解更加丰富和全面。[①]

（三）建构主义的师生观

传统教育中把韩愈的“师者，所以传道授业解惑也”奉为圭臬，将教师定位于全知全能的传道者，将学生定位于知识的被动接受者。建构主义的师生观则充分肯定学生在学习中的主体地位，认为教师是学生学习的支持者、组织者、合作者和引导者，学生是知识意义的主动建构者。学生学习虽然离不开教师的帮助，但又不是被动地接受灌输，而是带着已有的知识结构和经验背景及对相关资料的分析认识，积极主动地参与到学习情境中，通过与教师、同学的会话交流，将新的学习内容和已有的知识经验联系起来，不断地同化、顺应原有知识，获得新的意义的建构。所以，建构主义特别强调学生学习的主动性，学习是学生的学习，而不是教师的传授。

二、文学作品学习对建构主义学习理论的借鉴与运用

建构主义学习理论提供了一种与传统的行为主义不同的学习理论。无论是怎样的学习，总是从学生已有的认知结构出发，而最终目的则又是改变、调整学生的认知结构，提高其学习水平。对于文学作品学习而言，学生是通过已有的学习、生活经验和储存在记忆中的文学知识为其起点学习文学作品的，并非以心理白板接受文本，而是以一种心理“图式”介入学习活动的，这与文学接受理论有许多学理上的共通之处。建构主义从学习心理学的角度给文学作品学习很多指导。

（一）提倡合作学习

建构主义认为，“情境”、“协作”、“会话”和“意义建构”是构成学习环境的四大要素。学习者与周围环境的交互作用，对于学习内容的理解（即对知识意

① 张建伟、陈琦：《从认知主义到建构主义》，《北京师范大学学报》（社科版）1996年第4期。

义的建构）起着关键性的作用。文学作品内容的丰富性、动态性和复杂性更需要讨论、交流，以更广泛地获取信息，启发思维，共享思想。所以应提倡合作学习的方式，展开多角度、多关系的对话。在对话过程中，学生一方面同化文本或他人的一部分内容，丰富、补充原先的认知结构图式；另一方面对一些新的信息，要在对话的顺应中发展认知结构图式，从而建立起新的文学认知结构图式。因此，学生应积极主动地和他人（老师和同学）进行协作、对话，敞开自己，倾听他人，彼此形成一个真正的“学习共同体”。通过合作学习，学习者群体中的每一成员的思维和智慧都可以在对话交流中最大限度地开发、发展，并被大家共享。每一成员对文本的独特理解交相汇聚，使大家对文本的解读尽可能地有多角度、多层次的领会，从而发现和建构文本丰富的意义。也就是说，文学作品的特殊性质，更需要学生在合作中使自己原有认知图式在不断的同化或顺应中获得平衡，然后在平衡连续不断的破坏与建立中得到知识、思想和情感的发展。

（二）提倡探究学习

建构主义认为学习是学生自己建构知识的过程，在这个过程中除了合作学习外，学生要主动地搜集并分析有关的信息和资料，对所发现的问题要提出各种假设并努力加以验证，也就是进行探究式学习。文学作品学习的内容属于人文科学知识，在建构知识的过程中，要拓宽知识经验的背景，开阔思路，建立适合于学习的认知图式，必须掌握充分的信息资料，善于发现和提出问题，并能对其进行深入的研究分析，和学生头脑中已有的知识发生同化或顺应，从而学到新知识。这一探究的过程就是学习的过程，就是建构知识的过程。

（三）提倡课内外结合学习

建构主义认为，经验背景在学生学习中起着很重要的作用。学生对文本意义的把握和创造不可能绕开已有的经验背景，经验越丰富，对文本的敏锐性越强，理解力也就越强。学生要不断地扩充自我经验，突破课堂学习的局限，重视课外的积累，重视课内外知识的联系，在头脑中形成复杂的知识网络。文学作品学习特别强调要博览群书，其原因也就是要不断地建构经验背景，不断地形成知识之间的联结点，学习心理学称之为“产生式系统”。当学生遇到新的知识或在学习一篇新课文，这样的“产生式系统”就会自然而然地同化或顺应新知识或对新课文能有独到见解。如果经验背景过少或过于狭窄，往往会干扰对作品的理解，思维拘泥于一端而缺少灵活性。所以从建构主义学习理论出发，文学作品学习应充分重视课堂内外的结合。

语文新课程标准提倡自主、合作、探究的学习方式正体现建构主义学习理论的基本精神，使学生学习从传统的外在于学习主体的知识接受向学习主体主动建构知识转变，反映了一种新的学习观。

第四节　内隐学习理论与文学作品学习

一、内隐学习理论概要

内隐学习一词最早由美国心理学家罗伯于上个世纪60年代提出，用他早期著作中的话说，内隐学习就是无意识获得刺激环境复杂知识的过程。罗伯指出，人能够按照两种本质不同的模式来学习复杂任务，一种是人们所熟悉的外显学习，另一种便是内隐学习。外显学习时主体对学习过程有明确的意识，而内隐学习时主体对学习过程缺乏明确意识。起初，人们对罗伯的理论并没有表现出多少兴趣，直到上世纪80年代后期，才引起了人们的极大关注，开始重视无意识这一人类学习的巨大心理资源，重视内隐学习这一重要的学习理论。

内隐学习是相对于外显学习而言的，对于内隐学习的内涵和特征，不同的人概括不同，但至少有三点是共同的。一是自动性。内隐学习会自动地产生，无需有意识地发现任务操作中外显规则。在没有意识努力的情况下，就能掌握任务操作隐含的规则，并能对复杂的关系做出恰当的反应。二是抽象性。内隐学习所掌握的规则，通常以个人经验的方式存在着，难以用语言、文字、图像等形式表达清楚，具有很强的抽象性。三是高效性。内隐学习是在无意状态下的学习，不需要有意注意，而靠直觉、顿悟或灵感等方式学习规则和解决问题，相对于外显学习，获得知识高效率、大容量，而且不易受其他因素的干扰，具有较强的稳定性。

内隐学习和外显学习既有区别又有联系，是一个协调统一的系统，“内隐学习和外显学习应该位于学习这根连续坐标轴的两端，无论从经验还是从理论上，我们都没有理由认为可以在这一坐标轴上找到一个明确的分界点，割断两者的内在联系。内隐认识系统和外显认识系统更应视作互为补充、相互合作的机能系统，正是它为我们提供了我们活动世界的完整信息。事实上。任何有趣的关于内隐学习的实验，都包含有外显学习的成分在内，反之亦然”。[①] 由此可见，内隐知识和外显知识之间是既有联系也有区别的，二者之间可以互相转化。心理学家研究指出，外显知识大都植根于内隐知识，外显知识的增长、应用和理解都依赖于内隐知识。有人形象地把外显知识比作露出水面的冰峰，内隐知识则是水面下的冰山，虽然不易被人发现，但却是人类知识的重要源泉。

内隐学习着眼于人类的无意识活动，是人对自身的一次重大发现，也是对人类学习规律的一次重大发现，对于我们最有效地学习文学作品具有非常重要的意义。

二、文学作品学习对内隐学习理论的借鉴与运用

由于传统教育观念的影响，加之标准化的考试，学生在学习中更加注重有意识的外显学习，忽视无意识的内隐学习。而学生在文学作品学习中获得的对文学的悟性、感受力、鉴赏力、道德情操、人文修养等无不受到内隐学习的深刻影响。因此，关注内隐学习理论，运用内隐学习理论有利于提高文学作品学习的效率。

（一）重视熏陶感染

学生学习文学作品，要用审美的方式去鉴赏感悟，才能充分领略文学世界展现出来的情与美，才能与文本发生心灵的碰撞和情感的交流，才能受到情感的陶冶和思想的启迪，提高人文素养。审美的方式区别于理性和逻辑分析，是不能够完全以显性的学习去把握的，更多地要靠内隐学习来实现。

熏陶感染是一种包含着较多内隐学习成分的学习方式，学习文学作品应注重文学的熏陶感染，特别是具有文学色彩的环境氛围对人潜移默化的影响。有时我们无法改变环境，但可以选择环境。学生不妨经常参加一些文学聚会，或到图书馆、书店游览书籍，或走进大自然、走进生活，等等。虽然不能明确说出学习目的和内容，但过程本身仍可能潜在地影响着学生的行为判断，丰富的文学内涵会自然而然地融入他们的血液，滋养他们的精神世界，一切都在内隐的状态下影响着学生的生存状态和文学素养。再者，学生要养成与书为伴的良好习惯。“腹有诗书气自华”，正是书对于人的长期熏染的结果。学习文学离不开对读书的热爱，如果单纯地依靠听课和做题训练，而做不到手不释卷，那样也许只是能应对考

① 吴国宏、李其维：《内隐学习的再解读——从认识发展角度的剖析》，华东师范大学学报（教育科学版）2001 年第 3 期。

试，却提高不了文学水平和修养。因为无功利的文学阅读带有很强的自动性和审美体验，就是一种内隐的、无意识的、高效的学习，这种内隐的记忆和知识比外显的记忆和知识更长久、牢固，对学生智慧和身心的影响更深刻。

（二）重视诵读积累

“文学的本质是人与现实的审美关系，但这里所谓的‘现实’是通过语言的折射获得的，因此，人与现实的审美关系在相当程度上就是人与语言的审美关系，文学的审美在相当程度上是通过对语言的审美实现的。”① 文学作品学习在相当程度上就是对文学语言的审美把握，而文学语言又是一种蕴藉的话语，蕴含着丰富的意义生成可能性。要获得良好的文学语言的语感能力，敏锐地感受文学语言的情意性，直觉地领悟其深层意蕴，不能靠老师的传授，它是一种自动化过程，靠在大量的文学阅读和反复的言语实践中去发现并掌握结构规则及丰富蕴含。因此，文学语言的学习，获得文学语言的审美感悟能力，应重视内隐学习的作用，重视诵读积累。古人云“书读百遍，其义自见”，“文章读之极熟，则与我为化，不知是人之文，我之文也”。通过吟哦朗咏，诵读背诵，直觉体悟言语规律和言语蕴含，并在言语行为中创造性地使用它们，符合内隐学习的规律。

文学语言的独特性，决定了文学作品学习应将内隐学习和外显学习相结合。“熟读成诵的过程是一个语言内化的过程，也是情感、思想、文化的积淀过程，更是形成内隐记忆、获得内隐知识的过程。”② 有些学生比较反感背诵，也懒于诵读，等于关闭了内隐学习的通道，这是十分错误的做法。

（三）重视实践体验

内隐学习是脱离逻辑思维的非语言的心理过程，具有直觉感悟性。文学作品具有极强的模糊性和不确定性，一定程度上更需要学生借助于内隐学习的直觉感悟，而包括阅读、写作、表演、听说在内的实践活动就为内隐学习提供了广阔的空间。除了一再强调的文学阅读外，经常进行文学创作，或对原有文学作品进行改编，或根据作品设计情景表演，或参与文学的研究等等。学生在这些实践活动中，切身体验着文学的种种，不需要带着太多的理性的、明确的任务，但是在实践中所获得的文学的知识、悟性、感受力、鉴赏力、自信心、自主性、探究欲、合作精神及独立人格却不可低估。重视实践体验，是遵循文学作品学习规律，遵

① 李海林：《关于语言与文学关系的理论思考》，《语文建设》2006 年第 1 期。
② 韩向东：《内隐学习：语文学习心理潜能的开发》，《语文建设》2005 年第 6 期。

循内隐学习规律，提高学习质量和效率的有效途径。

内隐学习和外显学习是一组相对的概念，是相辅相成有机统一的。在文学作品学习中，一般注重看得见、摸得着、易于见成效的外显学习，而不太注重见效于未来，又不易检测的内隐学习，造成了学生心理资源的巨大浪费，一定程度上阻碍了学生文学素养的提高。内隐学习是文学作品学习的沃土，也是一片亟待开发的处女地。在文学作品学习中，只有把二者结合起来，同时尽可能地将内隐知识向外显知识转化，使内隐知识的学习为外显知识的学习服务，相得益彰，优势互补，才能真正提高文学作品学习效率。

第四章　文学作品学习的基本内容

文学作品因接受主体而存在，而获得永恒的生命力。由于接受主体的再创造是无止境的，所以要严格地界定文学作品学习内容是十分困难的或者说是不可能的。当我们把文学作品学习作为语文学习的重要组成部分，在语文学习的范围内考察和确定文学作品学习的内容时，只能相对地界定出文学作品学习的基本内容。关于语文学科知识内容及其分类，近年来学界提出不少观点，但仍处于探讨争鸣阶段。确定文学作品学习内容及其分类，也只能借鉴学界的观点，同时结合文学本身的特点和学习实际提出一家之言。

第一节　文学作品学习的知识类型

“新课标将语文课程的性质明确规定为‘工具性与人文性的统一’。工具性与人文性的双重性质决定了语文学科既是‘形式（工具）学科’，又是‘内容（人文）学科’。与之相应，作为语文课程基础的知识内容也应该有工具性和人文性知识。”① 据此，文学作品作为语文的重要组成部分，也应该包括这两类知识。

一、工具类知识

（一）文学语言

人类是通过语言来赋予世界以意义的，所以尼采认为“一切存在都只有变成

① 李山林：《语文课程的人文知识基础及其教学》，《语文建设》2004 年第 1 期。

语言”，才能“敞开而澄明”，海德格尔更是明确指出“语言是存在的家园”。正是在这一点上，语言艺术所拥有的那种得天独厚的审美魅力，再次显露出来。文学是一种语言艺术，就在于语言赋予了文学无可替代的审美意义。文学作品学习首先要穿越、把握、领会美的文学语言。文学语言不同于普通语言，为了表情达意的需要，它有时故意打破语言常规，使语言发生变形，从而最大限度地增强语言的表现力。台湾著名作家余光中曾说：“尝试把中国的文字压缩、捶扁、拉长、磨利，把它拆开又并拢，折来且叠去，为了试验它的速度、密度和弹性，要在中国文字的风火炉中炼出一颗丹来。”① 生动形象地说明了作家对文学语言的审美追求，也在暗示我们学习文学作品的语言不可按学习常规语言的方法进行。一般地，学习文学语言，包括以下内容：

1. 揣摩词句，领悟遣词造句之妙

“累字以成句，积句而成篇，一篇之中，字句其基本矣。”② 作家在文学创作中，一向注重遣词造句。一段文字，往往因为用词准确生动，顿然生色；一篇文章，往往因为用语精辟，文采熠熠。学习文学语言，就要注意捕捉、揣摩词句，领悟遣词造句之妙。学习我国古代诗歌尤其如此，实例不胜枚举。其他体裁的作品也莫不如此。如，在人教社 2004 版高中语文第四册教材中，课文《药》（鲁迅）后有这样一个练习题：

细读课文，揣摩语言，回答括号中的问题。

1. 华大妈在枕头底下掏了半天，掏出一包洋钱，交给老栓，老栓接了，抖抖的装入衣袋，又在外面按了两下……

（加点的词语表现了华老栓夫妇怎样的心态？）

2. “喂！一手交钱，一手交货！”一个浑身黑色的人，站在老栓面前，眼光正像两把刀，刺得老栓小了一半。

那人便焦急起来，嚷道，“怕什么？怎的不拿！”老栓还踌躇着；黑的人便抢过灯笼，一把扯下纸罩，裹了馒头，塞与老栓；一手抓过洋钱，捏一捏，转身去了。嘴里哼着说，“这老东西……”

（上面两段文字表现了康大叔什么样的性格特征？）

3. （华大妈轻轻说）“吃下去罢，——病便好了。”

---

① 转引自龙协涛《文学阅读学》，北京大学出版社，2004 年，第 49 页。

② 傅庚生：《中国文学欣赏举隅》，北京出版社，2003 年，第 201 页。

（康大叔说）“包好，包好！这样的趁热吃下。这样的人血馒头，什么痨病都包好！”

（花白胡子说）“原来你家小栓碰到了这样的好运气了。这病自然一定全好……”

（三个人同样说病会好，说法有什么不同？表现的心理又有什么不同？）

2. 品味语言，领悟言外情意之深

“文学语言的结构特征主要是基于人的心理感受原则而非外在的形态化原则，是以活泼的个体生命意识冲击僵化的硬性模式，以有利于表现不拘一格的个体精神，实现自我心理能量的最大释放。”① 学习文学作品语言，就要“瞻言而见貌”，“披文以入情”，通过对多姿多彩、灵动自由的文学语言的品味，对其中蕴含着的情意，或者说“不拘一格的个体精神”有所领悟。文学语言追求对普通语言的“变形”或“陌生化”，情形多种多样，有时是增删文句信息，有时是进行词语的反常组合，有时是句子的反常组合，有时是文意的转换跳跃，等等。正是这些变化，增加了文学语言的美感度、情意度、想象度以及多义性，当然也给学习带来一些难度。但只要沉浸其中，反复玩味，便会因悟得其中深意而觉得美不胜收。这是文学作品学习的重要内容，教材中的实例举不胜举，此处仅用一例说明。如，在人教社2003版高中语文第一册教材中，课文《我与地坛》（史铁生）后有这样一个练习题：

下边是本文和当代作品中的一些语句，它们不符合一般的语言习惯。讨论一下，它们有什么特点？应该怎样评价？

1. 四百多年里，它剥蚀了古殿檐头浮夸的琉璃，淡褪了门壁上炫耀的朱红，坍圮了一段段高墙又散落了玉砌雕栏，祭坛四周的老柏树愈见苍幽，到处的野草荒藤也都茂盛得自在坦荡。（史铁生《我与地坛》）

2. 王一生孤身一人坐在大屋子中央，瞪眼看着我们，双手支在膝上，铁铸一个树桩，似无所见，似无所闻。高高的一盏电灯，暗暗地照在他脸上，眼睛深陷进去，黑黑的似俯视大千世界，茫茫宇宙。那生命像聚在一头乱发中，久久不散，又慢慢弥漫开来，灼得人脸热。（阿城《棋王》）

3. 我就这样从早晨里穿过，现在走进了下午的尾声，而且还看到了黄昏的头

① 龙协涛：《文学阅读学》，北京大学出版社，2004年，第56页。

发。（余华《十八岁出门远行》）

3. 赏析修辞，领悟语言技巧之精

修辞，是一种语言技巧，也是语言表达的艺术。文学语言中的修辞，是作者驰骋艺术想象，拈取生动的词汇，对语言进行修饰，使其准确、鲜明、生动而有力。具体表现为对修辞手法的运用，如比喻、拟人、排比、对偶等。赏析修辞技巧，体会修辞手法的表达效果，从而领悟作者语言表达技巧之精，成了文学作品学习的内容之一。如，在人教社2004版高中语文第四册教材中，课文《长亭送别》（王实甫）后有这样一个练习题：

体会下边曲词的情味，说说它们的修辞手法和表达效果。

1. 碧云天，黄花地，西风紧，北雁南飞。

2. 见安排着车儿、马儿，不由人熬熬煎煎的气；有甚么心情花儿、靥儿，打扮的娇娇滴滴的媚；准备着被儿、枕儿，只索昏昏沉沉的睡；从今后衫儿、袖儿，都揾做重重叠叠的泪。兀的不闷杀人也么哥？兀的不闷杀人也么哥？久已后书儿、信儿，索与我恓恓惶惶的寄。

3. 将来的酒共食，尝着似土和泥。假若便是土和泥，也有些土气息，泥滋味。

4. “蜗角虚名，蝇头微利”，拆鸳鸯在两下里。

4. 朗读华章，领悟节奏韵律之美

朗读，是将固化的书面语言通过读者的再创造，运用有声语言再现或塑造文学形象，表达感情的一种学习方法。特别是优美的诗歌和散文，讲究语言的节奏韵律，读之仿佛一首美妙的乐曲回荡耳边，形象呼之欲出，感情自然流动。所以学习文学作品，对于精彩华章，要在声情并茂的朗读中领悟语言的节奏韵律之美。

5. 背诵名段，领悟精妙华彩之警

背诵，是语言的积累，语感的积累，思想的积累，情感的积累。通过背诵，将文学作品中精妙华彩的语句篇章储存在长时记忆库里，或成为表达的语料，或成为心灵的养分，对于学习者来说至关重要。所以，背诵文学作品中的名句、名段、名篇，是文学作品学习必不可少的内容。

（二）文学技巧

文学技巧从来不会孤立于文学作品之外而存在，它是作家在创作中运用的高超的艺术表现方法。文学技巧有巧拙之分，优秀作品中的文学技巧总是不着痕迹却又让读者赞叹不已，文学技巧也只有在作品中才能见出其高下。为了便于学习，只能从作品中抽取出常用的一些技巧列举于此。

1. 人物形象塑造技巧

高尔基说："文学是人学"。文学是写人的，尤其是叙事性作品，人物形象往往是作品的重心，作家也总是借助人物的塑造来表达自己的创作理念和审美意识、美学观点。因此，作家在塑造人物时总是力求运用一些技巧来使人物丰满、典型。具体有：

（1）肖像描写。肖像就是人物外部形态，即人物的容貌、神情、姿态和服饰等。肖像描写重在抓住特征，以形传神。如，鲁迅在《孔乙己》中对孔乙己的描写：

孔乙己是站着喝酒而穿长衫的唯一的人。他身材很高大；青白脸色，皱纹间时常夹些伤痕；一部乱蓬蓬的花白的胡子。穿的虽然是长衫，可是又脏又破，似乎十多年没有补，也没有洗。

寥寥数语，一个社会底层的贫寒知识分子的形象跃然纸上，让人回味不已，浮想联翩，既领悟到孔乙己不幸的命运遭遇，也领悟到当时社会对孔乙己人生的影响。同情、批判、感慨，万端情绪涌上心头。

（2）动作描写。动作描写是作家展现人物性格的重要手段。一般说来，作家将人物性格的表述分散在动作中，让人物通过自己的行为动作证明自己的性格、处事方式以及性情态度，从而避免对人物作平铺直叙的冗长评述。如，吴敬梓的《范进中举》中写胡屠夫在范进中举前后的不同行动：

1. 范进因没有盘费，走去同丈人商议，被胡屠户一口啐在脸上，骂了一个狗血喷头。

2. 屠户见女婿衣裳后襟皱了许多，一路低着头替他扯了几十回。

作者只写了"啐"、"骂"和"扯"三个动作，就把胡屠户前倨后恭，极其势利的性格特征刻画得入木三分。

作者除了显性的动作描写外，有时捕捉人物的下意识动作进行描写。下意识的动作恰是人物心理自然而然的流露，更能突出人物性格特征，很好地表现人物的内心世界。如，《红楼梦》第三十六回"绣鸳鸯梦兆绛芸轩，识分定情悟梨香院"中，有一段薛宝钗绣鸳鸯的细节描写：

（宝钗）说着，一面就瞧他手里的针线。原来是个白绫红里的兜肚，上面扎着鸳鸯戏莲的花样，红莲绿叶，五色鸳鸯。……（袭人）又笑道："好姑娘，你略坐一坐，我出去走走就来。"说着，就走了。

宝钗只顾看着活计，便不留心，一蹲身，刚刚的也坐在袭人方才坐着的那个所在，因又见那个活计实在可爱，不由的拿起针来，就替他作。……那黛玉却来至窗外，隔着窗纱往里一看，只见宝玉穿着银红纱衫子，随便睡着在床上，宝钗在身旁做针线，旁边放着蝇刷子。黛玉见了这个景况，早已呆了……

鸳鸯在中国人心目中是有着特殊含义的，宝钗看了袭人绣的鸳鸯不仅喜欢，还情不自下意识地绣了起来。在幽静的怡红院，一个多情公子穿着银红纱衫子，随便睡在床上，一个情窦初开的妙龄少女贴身坐在他身边，纤纤玉手拿着针线忘情地绣着戏莲鸳鸯，这是多么富有浪漫情调的构图啊！难怪黛玉看见，早已呆了。宝钗平时十分注意自己行为的规范性，给人深刻的印象是非礼勿听、非礼勿视，何时敢于如此大胆？所以我们可以肯定地说，这是一个下意识的动作。正是这个平时难以见到的动作，透露出了宝钗内心深处的绵绵情意。

（3）语言描写。人物语言是叙事性作品的灵魂，言为心声，作家刻画人物往往通过其个性化的语言展示其身份、地位、文化修养和独特思想性格。人物语言包括对话和独白。在中学语文教材的选文中，精彩的语言描写不胜枚举，如契诃夫的《变色龙》，整篇作品通过警官语言的变化就把“变色龙”的形象刻画得入木三分，呼之欲出。戏剧作品更是依靠对话或独白表现人物，曹禺的《雷雨》、莎士比亚的《威尼斯商人》等等即是这方面的典型。另外，作家对人物无意识语言的描写同样也是刻画人物的技巧，如鲁迅在《祝福》中，写到祥林嫂反复地对人讲述她儿子被狼叼走的悲惨故事，“我真傻，真的”，“唉唉，我真傻”，这种无人愿意倾听的独语，不时地从祥林嫂口里说出来，似乎无意识，也无意义，但正是如此，写出了母亲丧子的巨大悲痛和社会的凉薄。

（4）心理描写。人物的肖像、动作、语言是其思想性格的外化，也是其性格的必然。心理描写是对其思想性格的直接揭示，更能展现人物心理的丰富性和复杂性。心理描写方法多种多样，有时是对人物心理的客观分析；有时是人物内心的独白；有时是梦幻描写，以梦境来反映人物内心的秘密。这些都是对人物心理的直接描写，也是我们较为熟悉的方法。还有一种就是间接的行为暗示，达到言有尽而意无穷的效果。如《红楼梦》中宝玉挨打后，黛玉来看望宝玉，宝玉正在睡觉：

宝玉半梦半醒，刚要诉说前情，忽又觉有人推他，恍恍惚惚，听得悲切之声。宝玉从梦中惊醒，睁眼一看，不是别人，却是黛玉。——犹恐是梦，忙又将身子欠起来，向脸上细细一认，只见她两眼肿得桃儿一般，满面泪光，不是黛玉，却是哪个？……

此时黛玉虽不是嚎啕大哭，然越是这等无声之泣，气噎喉堵，更觉利害。听了宝玉这些话，心中提起万句言词，要说时却不能说得半句，半天，方抽抽噎噎的道："你可都改了吧！"

黛玉的眼睛、眼泪、哭声、语言都在暗示她极其复杂的内心世界，既伤心、疼惜，又无奈。

（5）细节描写。艺术的真实往往是细节的真实。作家刻画人物往往抓住一个个生动的细节，就能深刻地揭示人物的性格。如，作家李森祥的《台阶》一文中写父亲，没有什么豪言壮语让人难忘，也没有什么惊世伟业让人铭记，他只是一位普普通通的父亲，勤劳朴实，忠厚善良。作者对父亲的描写，也多是一些生活细节，却让人过目不忘。如：

"大概到了过年，父亲才在家里洗一次脚。……因为沙子多的缘故，父亲要了个板刷在脚上沙啦沙啦地刷。……我为他倒水，倒出的是一盆泥浆，木盆底上还积了一层沙。"

"（父亲）把柴靠在墙根上，很疲倦地坐在台阶上，把已经磨穿了底的草鞋脱下来，垒在门墙边。一个冬下来，破草鞋堆得超过了台阶。"

"我担心父亲有一天会垮下来。然而，父亲的精力却很旺盛，脸上总是挂着笑容，在屋场上从这头走到那头，给这个递一枝烟，又为那个送一杯茶。"

无须再多列举，每一个细节都在叙述着一种感人的真实，展示着一个感人的灵魂。

2. 结构安排技巧

文学作品结构是指文学作品内容材料的组织方式和内部构造，是作家安置材料、体现创作意图、显示文学作品内容的骨架。精巧的结构安排妥帖、自然而又匠心独具新颖奇特，丰富、复杂而又井井有条浑然一体。

（1）开头与结尾。文学作品开头方法很多，但最基本的开头方法有两种，即"曲径通幽法"和"开门见山法"。前者是不马上就触到本题，先用曲笔，娓娓道来，产生一种迂回之美。后者单刀直入，直接扣题，不拖泥带水，产生一种简洁之美。结尾的方法也很多，但最基本的结尾方法也有两种，即"言尽意尽法"和"言尽而意未尽法"。前者或卒章显志，或交代结局，或总结全文，随着语言表述的完成，要表达有意义也明确地揭示出来，给人一种圆满之感。后者或留下悬念，或留下空白，言已尽而意无穷，让人回味无穷，欲罢不能。

（2）过渡与照应。巧妙的过渡要圆转自如，天衣无缝，不着痕迹。常用的方法有：关联词语过渡、语句过渡、段落过渡、标题过渡和承上启下的过渡等。照应由伏笔和呼应构成。在小说和戏剧中，特别讲究照应，有的“隔年下种、先时伏着”；有的“投种于地，待时而发”；有的“人闲著于数十著之后”，又紧紧呼应，从不凭空冒出一人，无端造出一事，结构不露罅隙。

（3）承接与转换。承接是指文章意思的连接。承接的方法多种多样，或环环相扣，文脉贯通，文意畅达；或缓急相间，张弛有度，情韵悠长；或正向承接，顺水推舟，自然流畅；或反向对比，启人思考，彰显深意。转换是指文章意思的变化，造成结构的起伏跌宕。转换的方法也多种多样，常见的有岔法、截法、突转法等。岔法就是指在叙事过程中，由于其他因素的介入，而引出另外一件事，使原有情节变得复杂起来，增加了另外的情节。截法就是指在叙事过程中，由于其他因素的介入，而引出另外一件事，原有情节暂时中断，叙事移向另一情节。突转法是指叙事作品的情节发展发生出人意料的急剧变化，情节大起大落，产生强烈的情绪感染力。

（4）布局与编排。这主要是指结构的组织形式，常见的方法有多种，有穿线连珠式的单线结构，有明暗交替式的双线结构，有波澜起伏式的折线结构，有向心式的圆形结构，有辐射式结构，有洋葱式的层进结构，等等。

3. 写景咏物技巧

景物是文学作品的组成内容，在诗歌和散文中是文学描写的直接对象，在小说中是构成了人物活动或事件发生的背景。写景咏物可以使文学作品臻于画境，增强艺术的感染力。

（1）情景交融。王国维在《人间词话》中说：“一切景语皆情语。”优秀的文学作品中不会为写景而写景，总是渗透着某种感情，追求一种情景交融的艺术境界。情与景的交融一般有三种方式，即触景生情式、移情入景式、物我情融式。前两种属于王国维所说的“有我之境”，后者属于“无我之境”，皆创造了优美的意境，而后者则是艺术化境，也是美的高峰。

（2）托物言志。作家往往借咏物来委婉含蓄地表达自己的思想感情，言在此意在彼，句句言物，却又句句在理。有时在物象中寓含一种社会形象，如，鲁迅的《野草》《秋夜》等。有时在咏物中寄托一种感慨，如秦牧的散文《土地》、茅盾的《白杨礼赞》等。有时以物拟人，赋予物一种人格色彩，如舒婷的《致橡树》、艾青的《礁石》等。这是诗歌和散文表情达意常用的艺术技巧。

（3）环境烘托。叙事类作品中的写景一般是作为一种典型环境，对人物性格和主题起到一种映衬烘托作用。

（4）以物象征。作者在作品中写一些特定的物件，寄予某种象征意义，使其具有特定的含义。如，鲁迅的《药》中夏瑜坟墓上那“一圈红白的花”，《红楼梦》中宝玉的佩戴的“通灵宝玉”等。

4. 表达方式技巧

文学作品的表达方式主要包括叙述、抒情、描写、议论等，这些表达方式有时单独使用，有时穿插使用。

（1）叙述的顺序和角度。文学作品中叙述的顺序一般有顺叙、倒叙、插叙、补叙、平叙等。叙述的角度也叫叙述的视角，角度的选择体现着作家的匠心，如《孔乙己》以咸亨酒店小伙计的眼光来叙述故事，便于全方位地表现人物，反映社会环境和人情世态。《故乡》以第一人称“我”的眼光来叙述故事，通过“我”的回忆和回乡见闻表现故乡的种种人物和“我”对故乡的反省深思。

（2）直接抒情和间接抒情。抒情有直接抒情和间接抒情两种。直接抒情就是人们常说的“直抒胸臆”，即作者或作品中的人物公开表白自己的爱憎。直接抒情是作者或作品中人物感情的强烈喷发，行于所当行，止于所当止，会产生强烈的艺术感染力，而且具有无可辩驳的力量。间接抒情是一种融情于事，融情于理，融情于景的抒情。作者或作品中的人物不直接表白感情而是间接地融入叙事、议论和描写的表达方式中，委婉含蓄，情韵悠长。浸润着情感的文字会产生深远的艺术感染力，令人回味无穷。

（3）正面描写和侧面描写。描写有正面描写和侧面描写两种。正面描写是对描写对象进行直接描摹刻画。对于人物，可抓住特征，描写其语言、动作、肖像、心理或生活细节；对于场景，可抓住重点，按适当顺序或从不同角度进行描写。正面描写按详略和风格的不同，可分为工笔式和写意式，前者注重细节刻画，后者注重神韵表现。侧面描写是借助他人（物）描写，通过对比衬托，突出描写对象特点的方法。衬托分映衬和反衬两种。侧面描写给读者以丰富的想象空间，和正面描写相结合，产生强烈艺术效果。

（4）叙述、抒情、议论相融。文学是以形象反映生活，作家的思想感情寓于形象之中。因此，抒情、议论总是融入叙事或特定的文学形象中，过于直露就会失去审美性和艺术的感染力。特别是在散文作品中，要学习掌握夹叙夹议的技巧，适当精彩的议论，使叙事有了魂魄和灵气，使文笔如行云流水，意态万千，也扩大了叙述的境界，形成散文的哲理美。但议论又不可冗长、生硬，成为附加的教训，二者联系紧密，不见痕迹，方为高妙。叙述总是饱蘸感情的，高超的抒情总是让感情流淌在字里行间，而不裸露在文字表层，就如同水中之盐，看之无形，尝之有味。抒情有时也和议论融合，升华为一种诗性哲理，如同朱光潜所说的“思想消融在情感里，而情感也消融在思想里”。感情经过哲理的过滤，哲理也经过感情的浸润，融铸为文学作品的艺术哲理品格。

（三）文学风格

文学风格“是作家创作个性与具体话语情境造成的相对稳定的整体话语特色”。① 作家的创作个性是文学作品风格的形成的内在动因，即所谓“文如其人”，而风格的不同又表现在作品的语言、体裁、意象等构成的话语情境中，所以，风格是人格与文品的统一，是内容与形式的结合。不是每个作家或每篇作品都有风格，只有那些内容与形式、主观与客观达到有机统一、和谐一致、个性鲜明的作品才能形成风格。风格是成熟的标志，也是文学艺术能企及的最高境界。所以学习文学作品，学习和欣赏作家作品的文学风格应是重要内容之一。

1. 风格的种类和表述

对于文学作品风格的分类，文论家们各有论述。刘勰《文心雕龙·体性》篇把风格分为“八体”：一曰典雅，二曰远奥，三曰精约，四曰显附，五曰繁缛，六曰壮丽，七曰新奇，八曰轻靡。唐代皎然在《诗式》中把风格归纳为十九种，各用一字概括为：高、逸、贞、忠、节、气、志、情、思、德、诫、闲、达、悲、怨、意、力、静、远。唐末司空图则把风格分为二十四品：雄浑、冲淡、纤秾、沈著、高古、典雅、洗练、劲健、绮丽、自然、含蓄、豪放、精神、缜密、疏野、清奇、委曲、实境、悲慨、形容、超诣、飘逸、旷达、流动。现代著名学者陈望道在《修辞学发凡》一书对风格形态的概括为四对八体：（1）简约、意丰；（2）刚健、柔婉；（3）平淡、绚烂；（4）谨严、疏放。这里罗列各种分类方法并非要研究如何对风格进行分类，而是在说明风格的丰富性和表述上的多样性，为中学生学习提供多种借鉴和体验。

2. 中学生应学习掌握的作家作品风格

在中学语文教材中，入选的优秀文学作品占有很大比例，涉及的作家作品风格也多种多样。从作家创作个性来看，有屈原的瑰奇雄伟、绚丽璀璨，“三曹”的汉魏风骨，陶渊明的恬淡自然、朴素高远，王维的简约鲜明、诗情画意，李白

① 童庆炳主编《文学理论教程》（修订版），高等教育出版社，1998 年，第 249 页。

的雄浑壮阔、豪放飘逸，杜甫的雄浑悲壮、沉郁顿挫，苏轼、辛弃疾的刚健豪放，柳永、李清照的婉约纤柔，等等；有鲁迅的深沉冷峻，巴金的自然真挚，茅盾的淳厚质朴，冰心的婉约清秀，老舍的幽默隽永，徐志摩的浓艳绮丽，沈从文的自然淡远，等等。虽然对于一个成熟的作家来说，其创作风格有相对的稳定性，但是同一作家也常有不同风格的作品，如，李清照的词风格柔婉，她的诗却充满豪气。所以，要从文学作品具体话语情境本身出发去体会把握其特有的风格，也就是通过分析感受作品语言的格调、色彩、气势和节奏的特点及体裁、结构等作品要素的不同来区分并概括作品的风格。风格的学习是文学作品学习的至高要求，是对人品与文品的全方位观照。

二、人文类知识

语言总是和一定的内容相互表里，构成作品的整体，尤其是作家、诗人苦心经营的文学作品蕴含着丰富的思想感情、历史文化、哲理意味，而且以其开放的特质给读者留下了广阔的审美想象空间。学习文学作品，不仅仅在于学习和欣赏语言的艺术，体验和领悟其中深刻的蕴含也是学习文学作品的重要内容。

（一）情感蕴含

文学作品蕴含着丰富的情感，情感借助于语言文字来表达，但又不是附着在语言的表层，而是蕴藏在语言的深层结构中，甚至于无法用语言来准确表达，即所谓的“可以意会，不可言传”，或者说“不着一字，尽得风流”。文学创作总是伴随着丰富而炽烈的情感，文学学习也同样要带着感情，去体味渗透于作品字里行间的感情，和作者或作品中的人物发生共鸣。如，学习苏轼的《前赤壁赋》，当读到“白露横江，水光接天，纵一苇之所如，凌万顷之茫然”时，心底便会自然升腾起荡舟赤壁的惬意忘我，仿佛此时此刻摆脱了全部俗务，融化在水光雾气之中，怡然自得，但“茫然”一词分明又在说这种情感不是单纯的快乐，而是交织着挥之不去的失意迷茫。就像江水茫茫，看不清澈，说不出来。再如，学习白居易的《琵琶行》，当读到“座中泣下谁最多，江州司马青衫湿”时，就会觉得这不仅是写人物为琴声所感，潸然泪下的音乐欣赏，江州司马泪湿青衫，是因为音乐表达了或者说唤起了作者“沦落天涯”的迁谪之意，伤感、悲愤、慰藉和共鸣，意绪万端，悲人？悲己？这种复杂的情感，只有用心灵去体验，只能和泪涌流。

（二）思想蕴含

思想性是文学作品的重要特征之一，学习文学作品总是要领悟和概括作品的主题思想或中心思想。我们反对将文学作品的思想性作僵化的、单一的理解，而要求领会蕴含其中的丰富的思想内涵。文学作品中的思想总是深蕴在语言和艺术形象的背后，要求读者仔细地体味，才能有所感悟。思想本身是理性的，但它在文学作品中存在的形式是感性的，因而，学习文学作品就不能浅尝辄止，要透过形象进行深层的把握。王实甫的《西厢记》正面提出了“愿天下有情的都成了眷属”的主张，通过莺莺和张生的爱情婚姻故事，歌颂了真挚美好的爱情，具有鲜明的反封建礼教和封建婚姻制度的主题。沈从文先生在谈及《边城》时曾说：“我要表现的本是一种‘人生的形式’，一种‘优美、健康、自然，而又不悖乎人性的人生形式’。”这段话是理解《边城》内蕴的一个重要线索，作品体现的是作家对“人性”的思考。一部（篇）优秀的文学作品总是因其有丰富深刻的思想蕴含而吸引读者和征服读者的。学习文学作品，并把它同建构我们的精神世界结合起来，就必须把思维的触角伸向作品的思想内蕴层面，否则就会觉得它轻浮和乏味。

（三）文化蕴含

广义的文化是“人类在社会历史发展过程中所创造的物质财富和精神财富的总和，特指精神财富，如文学、艺术、教育、科学等”。[①] 语文新课标明确指出：“语文是最重要的交际工具，是人类文化的重要组成部分。”文学作品是人类文化的结晶，它构成文化也蕴含着文化。学习文学作品本身就是在理解和接受一种文化。《论语》《孟子》《庄子》《左传》《诗经》《楚辞》《三国演义》《红楼梦》、莎士比亚戏剧、《堂吉诃德》《巴黎圣母院》《战争与和平》等等，是文学经典，也是文化经典；是民族的，也是世界的。如《诗经》是我国春秋时期第一部诗歌总集，其中积淀了上古时期丰富的物质文化、制度文化和精神文化。试举一例，《君子于役》一诗中写道：

君子于役，不知其期。曷至哉？
鸡栖于埘，日之夕矣，羊牛下来。
君子于役，如之何勿思！

其中“日夕当归”已成为中国人的一种普遍心理，后人在文学创作中，常常把日暮黄昏和思念联系起来，成为固定的文化心理，植根于中国人的心中。

（四）审美蕴含

有些文学作品的意蕴主要体现在审美层面，往往因其描绘出了美的极致，而

① 中国社会科学院语言研究所词典编辑室编《现代汉语词典》，商务印书馆，1982 年，第 1192 页。

成为脍炙人口的名篇佳作。如苏轼的《饮湖上初晴后雨》："水光潋滟晴方好，山色空蒙雨亦奇。欲把西湖比西子，淡妆浓抹总相宜。"作者自熙宁四年到杭州通判任后，就深深地被西湖美景所陶醉，用他的传神之笔描绘了西湖"湖上四时看不足"的异常美妙，使西湖的美令人遐想又不胜向往。诗人由喜爱而盛赞，诗意单一而醇美，西湖因此而得名"西子湖"。

三、背景类知识

（一）文学常识

文学常识是与文学作品相关的关于作品类型、体裁、表现手法、历史地位、作者情况、创作背景等方面的知识。文学作品的类型一般分为现实型文学、理想型文学、象征型文学三种类型。文学作品的体裁一般分为诗歌、小说、散文、戏剧四种。文学作品的表现手法一般有写实、荒诞、变形、魔幻、象征、意识流等。作品在文学史上的地位一般指在文学发展过程中所起的承前启后的作用，在体裁、内容、风格、方法等方面的创新和对后人创作的影响。作者情况一般包括姓名、字号、生卒年月、籍贯、生平经历、主要事迹、思想主张、文学观、重要作品等。创作背景主要指作品诞生的时代背景、作者的思想背景及具体的创作缘由等。这些文学常识都是学习文学作品过程中涉及的内容，不必要专门去研究，但要求随文学习和了解。要弄清所学作品属于哪种类型、哪种体裁、运用了何种表现手法、对文学发展有何贡献、作者是谁、诞生于怎样的时代等等，既有利于深入理解作品，也有利于提高学习者的文学修养。

（二）文学理论常识

学习文学作品需要掌握一些文学理论常识，如文学活动、文学创作、文学流派、文学接受、文学批评等。文学活动由世界、作者、作品、读者四个基本要素构成，作为作品的学习者处于读者的要素之中，阅读和学习文学作品既是从作品中了解作者、了解作品描绘的世界，同时也参与作品的再创造，这样就不会把自己放在被动的接受地位，而可以充分发挥学习的主观能动性。学习文学作品还应对作家的创作活动和过程有所了解，对作家收集素材、进行艺术发现、萌生创作动机、运思成文的每一个阶段有所体察，帮助理解作品。对文学反映社会生活的特点有所把握，掌握基本的文学范畴，如形象、典型、意象、意境、隐喻、象征等。掌握文学接受和批评的一些基本原理和方法，如填空、对话、体味的接受理论，伦理批评、社会历史批评、审美批评、心理批评、语言批评等批评方法。这对于中学生学习者来说是有一定难度，但如果对文学作品进行研究性学习就有必要掌握这些文学理论常识了，它会帮助并指引学习者更深入到文学的内核，把握文学的本质，领悟文学的真谛。

（三）关联知识

学习文学作品需要掌握一定的关联性知识，如关于作家的评价、作品的评价、文学流派的介绍、文学社团的活动、文学运动、作家的文学交往、轶闻趣事及作品中涉及的风俗人情、传说典故等等。这些知识的获得，一方面有助于学习者理解作品，另一方面也可以增加学习的兴趣，丰富文学作品学习的内容。

第二节　文学作品知识学习的新视野

当我们在讨论学习的时候，必然要提到知识，历来人们总是把知识和学习联系在一起：学习就是为了获取知识，学习的结果就是获得了知识。随着现代心理学研究的进一步深入，对知识的概念有了新的认识，这对于我们重新审视文学作品知识的学习产生了新的启示。

一、认知心理学关于知识的认识

从现代认知心理学的观点看，“知识是个体通过与环境相互作用后而获得的信息及其组织”。① 这里所说的“信息及其组织”包含了比传统的知识概念更为丰富的内涵，因而用“广义的知识”以示和传统知识的区别。

（一）广义的知识分类

广义的知识分为两大类型，即陈述性知识和程序性知识。陈述性知识指个人具有有意识的提取线索，因而能直接表述的知识。它主要用来回答有关世界“是什么”和“为什么”。程序性知识指个人没有有意识的提取线索，只能借助某种作业形式来间接推测其存在的知识。它主要用来回答有关“怎么办”的问题。它又可分为两个亚类，即认知技能和动作技能。认知技能又包含了对外办事的智慧

① 皮连生主编《智育心理学》，人民教育出版社，1996 年，第 36-37 页。

技能和对内调控的认知策略。其分类①如下：

- 广义的知识
  - 陈述性知识（狭义的知识或言语信息）
  - 程序性知识
    - 认知技能
      - 智慧技能（狭义的程序性知识）
      - 认知策略（策略性知识）
    - 动作技能

在认知领域中，从“知道什么（What）”、“知道如何办事（How）”、“知道怎样有效办事（When，Where，Why）”三个角度，认知心理学又倾向于把知识分为陈述性知识、程序性知识和策略性知识三类。

（二）广义知识的表征

知识的表征是指知识在人的头脑中记载和贮存的方式。不同类型的知识其表征方式是不同的，心理学家一般认为，陈述性知识主要以命题或图式表征。命题是由一种关系和一组论题构成的，指语词表达意义的最小单元。不同的命题通过它们之间存在的共同成分彼此联系组成命题网络。图式是较大的有组织的信息组合，它除了命题外，还包含了该类事物的知觉信息。

程序性知识主要以产生式和产生式系统表征。产生式是条件——行动的规则。许多的产生式组合成一个产生式系统，这是一种复杂技能的心理机制。

二、文学作品知识分类的新视野

上一节对文学作品学习的基本内容进行了梳理，但似乎仍是一种静态的描述，没有能把文学作品多层次的、立体的、灵动的学习内容完全地表述出来。因此，尝试从认知心理学的角度重新分类，虽然并不能和文学作品知识有绝对的吻合，但在认知领域可以给我们提供一个新的认识视野。

（一）文学作品学习中的知识观察

认知心理学对于知识的分类具有普适性，也可用于观照文学作品中的知识。可当我们以新的角度审视文学作品学习的基本内容——知识时，又会发现文学作品中不仅包含了这三类知识，而且还有认知领域之外的情感、态度和价值观，这也正是文学作为一门人文学科，区别于自然科学学科的地方。因此，笔者选取了

① 皮连生主编《教学设计——心理学的理论与技术》，高等教育出版社，2000 年。

孙晋诺老师的《〈琵琶行（并序）〉教学案例》[1] 进行观察，从学生学习文学作品的具体过程中，把握广义知识的三种不同类型，领会文学作品学习具体内容。

泣湿青衫为哪般？

第一课时

为学生提供背景材料，指导学生自学、读背全诗，进行语感空白、框架空白、对话空白训练。对话的话题是："座中泣下谁最多？江州司马青衫湿"，白居易为＿＿＿＿＿而泣？对话结果写在"学得日记"上。

（第一课时的学习内容主要有三点，一是学习背景资料，二是读背全诗，三是写对话心得。）

第二课时

师：俗语说男儿有泪不轻弹，堂堂司马，一代文豪白居易为何"泣"下最多，竟至于"青衫湿"？

冷静：泪，是心灵最好的释放。白居易用泪挥洒着心中的万千思绪。感伤离别之泪为"醉不成欢惨将别，别时茫茫江浸月"而流；孤寂凄凉之泪因"浔阳地僻无音乐，终岁不闻丝竹声"而流；哀怨愁苦之泪为"我从去年辞帝京，谪居卧病浔阳城"而流；怜悯感动之泪为"弦弦掩抑声声思，似诉平生不得意"而流。泪，倾诉了壮志难酬的满腔悲愤，抒发了同病相怜的真挚情感。白居易的泪为琵琶女而流，更为自己的人生而流。

（这是学生的学习心得，也可以说是学习结果。剖析这段话，有关于诗句的阅读理解，有品味语言、感受形象、体验情感，从而产生的独特领悟，有对自我学习的调控和策略选择。）

……

刘娟：一个"惨"字有一种凄凉欲哭的感觉，而"茫茫江浸月"的情景则让人觉得朋友马上要分别了，心里空落落的，犹如这一望无际的江面，令人茫然、迷惘。

……

高玉舒："浔阳江头夜送客"，夜里送客就有一种悲凉之感，再加上"瑟瑟"的风声就尤其让人感伤了。

……

（以上是两位学生对诗句的深入品味，抓住了富有表现力的词语，品出了其

---

[1] 孙晋诺：《〈琵琶行（并序）〉教学案例》，《语文建设》2006年第11期。

中的情。有对于词语的准确理解、情景交融的文学欣赏知识、诗句的情感意蕴；有对于知识的具体运用，即结合诗句分析体会情景交融的佳妙，并把这种体会用准确的语言表达出来。）

师：…… 短短的几句诗里却蕴含着悲凉之感、落寞之意、欲哭之情、迷惘之态。请冯云珠同学给大家读出这种诗意之美来。

（这里的品读有对诗歌语言的认知，有对情意的感悟，有对于阅读方法的运用。）

……

李冉：白居易为什么哭呢？试想一下自己，我们伤心时，在一般情况下不会显露给别人看，但两种人除外，一种是知心好友，另一种是陌生的知己，而琵琶女恰属后者。其次，我们可将他们的身世作一对比，琵琶女天生聪慧，“十三学得琵琶成”，妙龄时期更是“曲罢曾教善才服，……一曲红绡不知数”；她的弹奏技艺的确高超，从第二段的琴声描绘可知。当年她在长安城红极一时，而现在却是“门前冷落鞍马稀，老大嫁作商人妇”，从红遍长安到无人问津，这怎能不让一个琵琶才女伤心呢？白居易恰与其相似，他 16 岁写出传世名篇《赋得古草原送别》，29 岁中进士，又进翰林院，天资极高，事业极盛。但却仅仅因为自己的一颗赤子之心一再遭贬，犹如眨眼之间从山颠坠入万丈深渊。此时他恐怕也是“门前冷落鞍马稀”吧，不然也不会“往往取酒还独倾”，所以白居易说的“予出官二年，恬然自安，感斯人言，是夕始觉有迁谪意”就不真实。他真的恬然了吗？不，恰好相反，试想一下，如果真的“恬然”，都已事隔两年，又怎么会“青衫湿”呢？痛的最高境界是“无声”。

白居易内心对这个事实是无法接受的，不然也不会“卧病”，不会有“黄芦”“苦竹”“杜鹃啼血猿哀鸣”，这一切都真实地写出了他内心的痛苦。他用“恬然”来伪装自己，他表面上越是恬然，内心实际上越是痛苦，这才真是“别有幽愁暗恨生，此时无声胜有声”，然而那如他的身世一样悲凉的京都琵琶声让他的自我保护系统彻底瘫痪了，让他们“主人忘归客不发”，让他再也忍不住而将内心憋了两年的愁苦一次涌出。

……

（这一段学习心得很精彩。综合了多方面的知识，有本人的生活经验，有对语言的反复品味，有对琵琶女形象的理解和感悟，有对白居易人生经历和思想情感的了解和体察，有对琵琶女和白居易人生遭遇的具体比较，有联系式读书的方法，有知人论世的鉴赏方法，有行云流水、情文并茂的语言表达。）

侯茹：我认为白居易之“泣”是一种发自内心的感动。作者被贬居浔阳，“终岁不闻丝竹声”，旦暮“杜鹃啼血猿哀鸣”，而山歌与村笛又“呕哑嘲哳难为听”，这种生活对于喜爱音乐如狂，认为“一声传耳里，万事离心中”的诗人来说无疑是一种深深的折磨，给他被贬之后的抑郁心情雪上加霜。这里没有音乐陪伴他，没有人理解他，于是诗人只有“取酒还独倾”，面对春江花朝秋月夜独自感伤。就在这时，琵琶女出现了，她的琵琶声使诗人“如听仙乐耳暂明”，给作者带来了他渴盼已久的、难得的享受，更重要的是琵琶女的身世让作者感叹“同是天涯沦落人，相逢何必曾相识”。作者可能原以为没有人会比自己更不幸，没有人能懂得自己的痛，自己就像被上苍和社会抛弃了一样。就在他心情极度压抑的时候，琵琶女给了他安慰和希望，所以他情不自禁用哭来诠释心中的感动。

……

（这段心得与上段不同的是，换了一种理解和鉴赏的角度，从白居易对音乐的喜爱及人生命运这两个角度切入。有资料引用、有自己的生活体验、有对诗人心灵的洞察、有对人生命运的揭示和思索。）

师：白居易确实喜爱音乐，正如侯茹同学所引的他的诗“一声传耳里，万事离心中”。白居易不仅喜欢听，他还善于演奏音乐，比如他的《朝课》一诗中有这样几句：“小亭中何有？素琴对黄卷。蕊珠讽数篇，秋思弹一遍。从容朝课毕，方与客相见。”他每天把弹琴当做一必做的课业，因此，他具有极高的音乐鉴赏能力，他的《琵琶行》也被称为“千古第一音乐诗”。那么诗中什么地方能表现出侯茹同学所说的“给他带来了他渴盼已久的、难得的享受”，以至于“泣下沾襟”呢？这首诗真的能被称为“千古第一音乐诗”吗？请大家思考讨论。

（老师的补充拓展了学生的知识，也为学生理解诗歌提供了必要的参照，同时，将学习引向了更深入的探究，提出了“千古第一音乐诗”的新问题。）

李育：从第二段对弹奏琵琶的描写可以看出。他写弹琵琶的过程抑扬顿挫、形象生动。

（什么是描写？怎样描写？）

师：你用了两个非常专业的词语。哪句是“扬”？

李育：“大弦嘈嘈如急雨”“大珠小珠落玉盘”“银瓶乍破水浆迸，铁骑突出刀枪鸣”“四弦一声如裂帛”。

师：哪句是“抑”呢？

李育："小弦切切如私语""幽咽泉流冰下难"。

师：哪句是"顿挫"？

李育："冰泉冷涩弦凝绝，凝绝不通声暂歇"。

（什么是"抑"、"扬"、"顿挫"？为什么这些诗句体现了这些特点？为什么这样描写是美的？）

师：你对这段琵琶曲的旋律描写把握得非常准确。"形象生动"又从何而言？

李育：他用了很多比喻来写琵琶声，比如"急雨、私语、大珠小珠、莺语滑、冰下难、银瓶乍破水浆迸、铁骑突出刀枪鸣、如裂帛"，让人觉得非常逼真。

（什么是比喻？文中怎样运用比喻？为什么说这些比喻"让人觉得非常逼真"？比喻有什么好处？）

师：李育同学对这段音乐描写的感受细腻深刻。白居易一辈子写了三千多首诗，有关音乐的有几百首，他还写过这样的诗句："大声粗若散，飒飒风和雨。小声细欲绝，切切鬼神语。"（《五弦》）"铁击珊瑚一两曲，冰泻玉盘千万声。"（《五弦弹》）两相比较，哪里写得更好呢？

……

刘抗："大声粗若散""小声细欲绝"都是直接说出来，不如"嘈嘈""切切"像是听见一样；"鬼神语"不如"私语"有一种温存缠绵的感觉。

高源："冰泻玉盘千万声"，冰泻在玉盘上声音很刺耳，应该是"哗啦哗啦"的声音，不如"大珠小珠落玉盘"那么优美动听。

（老师补充了哪些诗句？这些诗句是什么意思？和《琵琶行》中的诗句比较，哪个更好？为什么？）

师：是啊，同学们体会极深，这几句都是作者先前写的，无论在喻体的使用还是声音的摹写上都无法与《琵琶行》相比，"千古第一音乐诗"可谓名不虚传。那么，仅仅是因为琵琶女的技艺太高超了，他被这种音乐陶醉了，为这种美妙的声音而"泣"？

（什么是"千古第一音乐诗"？白居易的《琵琶行》能称得上吗？为什么？他仅为这种美的蕴含而"泣"吗？有无更深层的意蕴？）

冯云珠：琵琶声里含着情，前面说了"未成曲调先有情""似诉平生不得意"。

（揭示了更深层的人生意蕴。）

师：你能读出这一曲琵琶里的"平生不得意"的内涵吗？试着与他们的人生轨迹连起来思考。

冯云珠：前面从“大弦嘈嘈如急雨”到“间关莺语花底滑”是非常欢快的调子，这跟琵琶女和白居易年轻时人生得意的情况相似；后来“幽咽泉流冰下难。冰泉冷涩弦凝绝，凝绝不通声暂歇”，好像他们的人生到了底谷，遇到了艰难坎坷；而最后的“银瓶乍破水浆迸”“铁骑突出刀枪鸣”好像在发泄心中的怨恨。

（美读诗歌，读出感情。怎样美读？读出怎样的感情？）

师：是啊，这曲琵琶不是用来消遣的，其中饱含着由得意到失意到对命运不平的呐喊，因此才使命途多舛的白居易泣下沾襟。原来他还——感动于蕴涵命运的一首琵琶曲。你给大家读一下这十四句描写音乐的诗句，注意体现“平生不得意”的情感。

（从诗歌语言层面入手，领悟诗歌深层意蕴。有理性认识，也有声音的再创造。）

师：依据板书结合冷静同学的发言，归纳泣湿青衫的原因，并总结从不同角度读书的方法。

（把握意蕴，学习阅读鉴赏方法。）

从以上观察文学作品学习的情况来看，其内容多样而复杂，广义的知识观丰富和扩大了文学作品学习的内容和范围，不再是单纯的中心思想和艺术特色，不再是“是什么”和“为什么”的答案背诵，知识成为一个开放而灵活的体系，和学生个体的知识紧紧融合起来，知识是在学习过程中发现和生成的。从文学作品学习的目标和实际过程看，不仅包含着关于文本的陈述性知识，也包括文本学习的方法、技巧等程序性知识，还包括在学习过程中产生的情感、态度、价值观的形成与改变等。因此，文学作品学习的内容可以说是动态的立体构成，可分为陈述性知识、程序性知识、策略性知识和精神建构四类，精神建构是伴随着知识的学习进行的，潜移默化地发生、发展、改变的过程，可观察而难以进行量化检测。

（二）认知心理学视角的文学作品知识分类

学生学习文学作品首先在于学习和掌握广义的知识，这是提高文学素养的基础。那么，什么是文学作品中的陈述性知识、程序性知识、策略性知识？还是以上例为例进行分类解读。

1. 陈述性知识

文学作品中的陈述性知识是指在文学作品学习中通过理解和记忆获得的，能用语言清楚明确地表述的，说明“是什么”和“为什么”的文学知识。如《琵琶行（并序）》作品本身、诗句的基本意思、作品的背景材料、作者的人生经历和体验、情景交融的抒情特色、抑扬顿挫和形象逼真的音乐描写、琵琶女和“我”的艺术形象、作品中的多重意蕴等。

2. 程序性知识

文学作品中的程序性知识是指在文学作品学习中感受形象、品味语言、获得独特情感体验和领悟的鉴赏过程中，总结出来的文学作品学习的方法和规律，是说明“怎么办”的知识。这类知识总是和个人经验结合在一起，有规律可循，但在学习实践中又变化多样。如，如何将背景材料、作者的人生经历等和作品内容相联系去感受作品中的形象，如何品味语言才能把握其中的深层蕴含，情和景是如何交融的，如何运用知人论世的艺术鉴赏方法，如何进行比较鉴赏，如何读出诗的感情，如何对音乐进行描写，叙事诗中如何将叙事和抒情巧妙结合，如何创造性阅读，如何写学习心得等，“如何”背后所隐藏的答案，就是关于文学作品学习的程序性知识。

3. 策略性知识

文学作品学习中的策略性知识是指对文学作品学习过程本身的认知和调控，是说明怎样有效学习的知识。如，如何提高记忆力，如何通过写学习心得促进对作品的理解，如何通过和他人对话促进认识的深化，如何做笔记等，这类知识通常伴随着前两类知识的学习而获得。

三、对文学作品学习的启示

新的知识观给学习文学作品带来了许多新的启示。一是要重视图式积累。图式是对同类事物的命题或知觉的共性编码方式。背诵优秀诗文，可积累语言图式。细读经典文本，可积累文学形象的图式。大量地阅读文学作品，可积累思想情感图式等等。二是要丰富认知结构。知识的学习总是在原有知识的基础上进行的，心理学家奥苏贝尔说：“假如让我把全部教育心理学仅仅归结为一条原理的话，那么，我将一言以蔽之：影响学习的唯一最重要的因素，就是学习者已经知道了什么，要探明这一点，并应据此进行教学。”[①] 要促使学生自觉主动地对文学作品学习规律进行总结和概括，注重文学持之以恒的熏陶感染、探究思考，将感性和理性结合起来，提高文学作品学习的有效性。三是要加强实践应用。程序性

① 奥苏贝尔：《教育心理学：认知观》，余南星等译，人民教育出版社，1994 年。

知识的学习需要通过大量的变式练习。文学作品学习反对机械训练，但不可忽略在应用中巩固和迁移知识，如学习写赏析文章、评论文章或读书心得等。

第三节　中学不同阶段文学作品学习内容比较分析

一、课标对初、高中文学作品学习内容的建议

（一）初中阶段文学作品学习内容

除初中语文教材编选的文学作品篇目外，《义务教育语文课程标准》（2011 年版）在附录部分提出了 7—9 年级学生优秀诗文背诵推荐篇目的建议如下：

1. 关雎（关关雎鸠）《诗经》
2. 蒹葭（蒹葭苍苍）《诗经》
3. 十五从军征（十五从军征） 汉乐府
4. 观沧海（东临碣石） 曹操
5. 饮酒（结庐在人境） 陶潜
6. 木兰辞（唧唧复唧唧） 北朝民歌
7. 送杜少府之任蜀州（城阙辅三秦） 王勃
8. 登幽州台歌（前不见古人） 陈子昂
9. 次北固山下（客路青山外） 王湾
10. 使至塞上（单车欲问边） 王维
11. 闻王昌龄左迁龙标遥有此寄（杨花落尽子规啼） 李白
12. 行路难（金樽清酒斗十千） 李白
13. 黄鹤楼（昔人已乘黄鹤去） 崔颢
14. 望岳（岱宗夫如何） 杜甫
15. 春望（国破山河在） 杜甫
16. 茅屋为秋风所破歌（八月秋高风怒号） 杜甫
17. 白雪歌送武判官归京（北风卷地白草折） 岑参
18. 酬乐天扬州初逢席上见赠（巴山楚水凄凉地） 刘禹锡
19. 卖炭翁（卖炭翁） 白居易

20. 钱塘湖春行（孤山寺北贾亭西） 白居易

21. 雁门太守行（黑云压城城欲摧） 李贺

22. 赤壁（折戟沉沙铁未销） 杜牧

23. 泊秦淮（烟笼寒水月笼沙） 杜牧

24. 夜雨寄北（君问归期未有期） 李商隐

25. 无题（相见时难别亦难） 李商隐

26. 相见欢（无言独上西楼） 李煜

27. 渔家傲（塞下秋来风景异） 范仲淹

28. 浣溪沙（一曲新词酒一杯） 晏殊

29. 登飞来峰（飞来峰上千寻塔） 王安石

30. 江城子（老夫聊发少年狂） 苏轼

31. 水调歌头（明月几时有） 苏轼

32. 渔家傲（天接云涛连晓雾） 李清照

33. 游山西村（莫笑农家腊酒浑） 陆游

34. 南乡子（何处望神州） 辛弃疾

35. 破阵子（醉里挑灯看剑） 辛弃疾

36. 过零丁洋（辛苦遭逢起一经） 文天祥

37. 天净沙·秋思（枯藤老树昏鸦） 马致远

38. 山坡羊·潼关怀古（峰峦如聚） 张养浩

39. 己亥杂诗（浩荡离愁白日斜） 龚自珍

40. 满江红（小住京华） 秋瑾

41.《论语》12 章（学而时习之；吾日三省吾身；吾十有五而志于学；温故而知新；学而不思则罔；贤哉回也；知之者不如好之者；不义而富且贵；三人行；子在川上曰；三军可夺帅也；博学而笃志）

42. 曹刿论战 《左传》

43.《孟子》三则（鱼我所欲也；富贵不能淫；天将降大任于是人也）

44.《庄子》一则（北冥有鱼……亦若是则已矣。）

45.《礼记》一则（虽有佳肴）

46.《列子》一则（伯牙善鼓琴……吾于何逃声哉?）

47. 邹忌讽齐王纳谏 《战国策》

48. 出师表 诸葛亮

49. 桃花源记　陶潜
50. 与谢中书书　陶弘景
51. 三峡　郦道元
52. 杂说（四）　韩愈
53. 陋室铭　刘禹锡
54. 小石潭记　柳宗元
55. 岳阳楼记　范仲淹
56. 醉翁亭记　欧阳修
57. 爱莲说　周敦颐
58. 记承天寺夜游　苏轼
59. 送东阳马生序（余幼时即嗜学……况才之过于余者乎？）　宋濂
60. 湖心亭看雪　张岱
61. 河中石兽　纪昀

（二）高中阶段文学作品学习内容

除高中语文教材编选的文学作品篇目外，《普通高中语文课程标准》（实验）在附录部分提出了关于诵读篇目的建议：

先秦散文，如荀子《劝学》、庄子《逍遥游》等；

唐宋散文，如韩愈《师说》、杜牧《阿房宫赋》、苏轼《赤壁赋》等；

《诗经》，如《氓》等；

楚辞，如《离骚》等；

唐诗，如李白《蜀道难》、杜甫《登高》、白居易《琵琶行》、李商隐《锦瑟》等；

唐宋词，如李煜《虞美人》（春花秋月何时了）、苏轼《念奴娇》（大江东去）、辛弃疾《永遇乐》（千古江山）等；白话诗文，由教科书编者和任课教师推荐。

二、初、高中文学作品学习内容的区分与衔接

课程标准只提出了初、高中不同阶段关于古代优秀诗文背诵推荐篇目的建议，对于其余部分，包括中国现当代诗文和外国优秀诗文由教材编者和任课教师补充推荐。课标对两个阶段文学作品学习的内容只提出了总的要求和选文建议，未做硬性的规定，给教材编者和任课教师留下了更多的选择和创新空间。这也就

要求在实际的教材编写的教学实施中正确把握初、高中阶段文学作品学习内容的区分与衔接。

（一）课程标准对两个阶段文学作品学习的要求

《义务教育语文课程标准》（2011 版）第四学段第 7 条："能够区分写实作品与虚构作品，了解诗歌、散文、小说、戏剧等文学样式。"第 8 条："欣赏文学作品，能有自己的情感体验，初步领悟作品的内涵，从中获得对自然、社会、人生的有益启示。对作品的思想感情倾向，能联系文化背景作出自己的评价；对作品中感人的情境和形象，能说出自己的体验；品味作品中富于表现力的语言。"

《普通高中语文课程标准》（实验）"阅读与鉴赏"第 6 条："学习鉴赏中外文学作品，具有积极的鉴赏态度，注重审美体验，陶冶性情，涵养心灵。能感受形象，品味语言，领悟作品的丰富内涵，体会其艺术表现力，有自己的情感体验和思考。努力探索作品中蕴涵的民族心理和时代精神，了解人类丰富的社会生活和情感世界。"第 7 条："在阅读鉴赏中，了解诗歌、散文、小说、戏剧等文学体裁的基本特征及主要表现手法。了解作品所涉及的有关背景材料，用于分析和理解作品。"

（二）初、高中阶段文学作品学习内容的区分与衔接

选择什么样的学习内容才能达到学习的要求，初、高中阶段文学作品学习内容能否有严格的区分，这些问题的解决都是相对的。布鲁纳在谈到学科内容的组织结构时指出："结构化的难易程度是随学科而异的。数学和物理，可以进行相当彻底的结构化。但是，历史和文学的结构化，要那么彻底地进行，是困难的。"①"语文学科的背后没有母体的严密知识体系的支持，语文学科学习内容的选取和逻辑顺序的体系建构有更多的不确定性。"② 但这并不意味着，内容选取不可区分，关键就在于选取的内容是否符合不同阶段的学习目标要求，是否符合学生的认知水平并能促进其能力发展。

从两个课标对优秀诗文的诵读建议看，共同之处是都考虑到不同时期的名家名篇和体裁上的多样性。不同之处是高中阶段的诵读篇目明显增加了深度，一是篇幅长；二是更注重作品对于作家、对于时代、对于文学、对于文化的代表性，更具经典意味；三是自主选择空间更大。由此看来，在课程标准的指导下，初、高中文学作品学习内容有较明确的区分。有区分还需要考虑学习中的衔接，同一

① 钟启泉：《现代课程论》，上海教育出版社，1989 年，第 134 页。

② 卫灿金、行恭宝：《谈谈语文学科的非科学性》，《语文建设》2003 年第 1 期。

作家出现在不同学习阶段，同一著作在不同阶段选择不同的篇段，这就要求学习中能充分利用已有知识，加深对新知识的理解，把学习的内容拓向深广。初中阶段只要求能有自己的情感体验，初步领悟作品的内涵，从中获得对自然、社会、人生的有益启示；高中阶段就要求能努力探索作品中蕴涵的民族心理和时代精神，了解人类丰富的社会生活和情感世界。初中阶段只要求能了解文学体裁的样式；高中阶段就要求能了解各种文学体裁的基本特征和表现手法。所以，应正确把握初、高中阶段文学作品学习内容的区分与衔接，避免难易不分，随意而为，影响学习的效果。

第五章　文学作品学习的心理机制（上）

文学作品学习的发生是一个复杂的心理过程。在学习前要有强烈的学习动机和兴趣，才能保证学习活动顺利而持久地进行。文学作品学习过程是一个审美活动过程，是智力因素和非智力因素综合参与的实践过程。揭示文学作品学习的心理机制，有利于提高学习效率。

第一节　文学作品学习的动机和兴趣

文学作品学习动机是推动学生学习文学作品行为产生的直接原因和内部动力。其动机的指向和水平直接影响学习行为和学业成就，在没有其他因素影响的情况下，动机的有无与强度对于文学作品学习就显得至关重要。

一、文学作品学习动机的激发与培养

学习动机是为了满足学习者的某种需要而产生的。文学作品的学习动机主要来源于文学作品学习的需要。需要唤起欲望，欲望形成目的，目的产生动机和兴趣。奥苏贝尔曾从影响学生取得学业成就的角度将学习动机分为认知内驱力、自我提高内驱力与附属内驱力。[①] 简单地说，认知内驱力是指向学习任务本身的，在要求理解和掌握知识的需要基础上产生的动机，这是一种内在动机；自我提高

① 转引自张大均主编《教育心理学》，人民教育出版社，1999 年，第 73 页。

内驱力是指向某种地位的，在要求获得尊敬需要的基础上产生的动机；附属内驱力是指向某种赞美、荣誉的，在要求得到他人关心、认可与支持需要的基础上产生的动机。后两种内驱力属于外在动机。文学作品学习的动机也包括这两种动机类型，或是出于对文学作品本身的喜爱，可以从中获得审美愉悦；或是为了考试得到一个好的成绩；或是为了让父母亲高兴等。其内、外动机的激发与培养是学习者学习动机形成的基本途径。

（一）文学作品学习动机的激发

1. 外在动机的激发

（1）正确认识文学作品学习的价值

学习者产生学习文学作品的需要，有时源于对文学作品学习价值的正确认识。文学作品学习是语文学习的重要组成部分，有助于培养和发展学生的想象力和审美力，有助于深化学生热爱祖国语文的感情，体会中华文化的博大精深，有助于陶冶性情，提高道德修养。当学习者对此有深刻的认识，就会激发学习动机，自觉主动地去亲近文学，把学习文学作品作为提高素养，实现自我价值的途径之一。

（2）设立一个明确而适当的学习目标

有了目标就会有学习的动力。文学作品学习不能急于求成，而应循序渐进、日积月累，在潜移默化中逐步获得提高。因此，目标的设立要适当而明确，不能好高骛远。就任务目标来说，可以把学习文学作品的总体目标分解成阶段目标，再把阶段目标分解成单元目标，单元目标再分解成作品目标。如人教版普通高中语文教材第四册共六个单元全部为文学作品，这六个单元是中国现当代小说、外国小说（二），中国古代白话小说，中国现当代戏剧、外国戏剧，中国古代戏曲，古代散文，文言小说。包括了小说、戏剧、散文三种体裁，融会古今中外，兼有文言白话，而且皆为名家名篇。整体看去的确庞大复杂，但每个单元都有学习的侧重，设立学习目标时要结合编者意图和老师的指点，确定一个具体可行的学习目标。这样的目标不仅容易实现，而且会激发学生浓厚的学习兴趣。就考试成绩目标来说，不能笼统地定一个分数线，而要从学习的薄弱环节上确定努力的目标。总之，有了明确而适当的学习目标，就增加了一种内驱力，有了学习的吸引力和推动力。

（3）对学习结果作出积极评价

学习者要经常得到对自己学习结果的反馈，这种反馈可以是考试成绩，也可以是老师的评价。通过反馈，学习者能够知道自己取得了多大的进步，在多大程度上实现了自己的目标。这其中的每一点收获都会激发学习的动机。心理学研究表明，在对学习者进行评价时，多用正强化，也就是多表扬少批评，多鼓励少指责更有助于提高动机水平。

中学生学习文学作品的外在动机占主导地位，语文作为一门必修、必考课程，使他们不可忽视文学作品的学习。重视外在动机的激发，在中学学习阶段会产生很好的效果。但从提高学生语文素养或者说文学素养的长远目标来说，更应该重视内在动机的激发。

2. 内在动机的激发

（1）创设问题情境，引起探究欲望

通过创设问题情境激发学习动机，其心理学依据是以问题来唤醒学习者的"认知好奇心"，好奇心是刺激学习者自觉、主动探究的强大动力，是内在动机的核心。在学习文学作品的过程中，多设置一些问题情境，会把学习者引领到一个充满乐趣的美妙文学天地。如在阅读鉴赏巴尔扎克的《欧也妮·葛朗台》时，读到含蓄隽永处，不妨多问几个"为什么"：为什么"一看见丈夫瞪着金子的眼光，葛朗台太太便叫起来"？为什么欧也妮劝父亲不要动梳妆匣时说"看在你灵魂得救面上"？为什么"医生不由得微微一笑"？等等。这些问题不仅激发起学习者的好奇心，随着对问题的思考和解决，会不禁为作者高超的塑造人物的艺术而拍案叫绝。此时，学习者不再考虑考试是否会出这样的题等功利性的问题，而完全进入了对作品本身的学习欣赏，被作品的美所征服，内在的学习动机被激发起来。

（2）参加文学活动，肯定自我能力

在学习中，学习者若觉得自己有学习能力，就会有兴趣学习，否则就会失去学习兴趣。如何让学习者能感受到自己有学习能力就成为激发其学习动机的主要原因。中学生学习文学作品是在集体中进行的，就应当利用同伴学习的资源，多组织一些文学活动，如开展读书报告会、读书沙龙、成立文学社团、出版文学刊物等活动，使学生在亲身参与的文学活动中锻炼自己、发现自己，特别是发现自己的能力。这对于强化学习的内在动机很重要。

要把激发学习者的外在和内在动机结合起来，在学习的开始阶段，一般是通过外在动机的激发，使学习者了解和掌握所学内容，当到一定程度后，学习者就会觉得自己探索到了学习的方法，有了学习的能力和兴趣。但外在动机具有较强的功利性，一旦目标实现，如通过了考试或在班内取得了较满意的名次等，就会放松学习。要抓住时机实现由外在动机向内在动机的转化。只有内在的动机才能使学习者出于内心的要求，如强烈的求知欲望或文学的审美趣味等，对思想、文化和精神生活自觉追求，与文学结下终生的不解之缘。

（二）文学作品学习动机的培养

学习动机是后天形成的，可以通过一定的途径和手段进行培养。动机的培养要直接动机和长远动机结合、内部动机和外部动机结合，消除错误动机，培养正确动机。

1. 树立高远志向，提高成就动机水平

每个人的心中都有取得成功的欲望，正是这种成功欲激发学习者为自己确立较高层次的目标，并努力去追求成功和回避失败。对于中学生来说，文学作品学习的目标是通过学习培养积极的鉴赏态度，陶冶情操，涵养心灵，提高文学修养。具体目标是能够提高文学水平，考试中取得很好的成绩，或者成为一个同学仰慕的博学的人等，还有的人只是单纯地出于对文学世界的神往，沉浸于其中自得其乐。对于抱有这些动机的学习者，他们的成就动机水平就高，平时就会为实现目标不懈努力，即使有所不足或失败，也不会产生过多的怨忧，仍会做出积极的努力。而哪些目标不明确，或目标定位较低的学习者，一旦在学习中遇到挫折，就会认为学习任务太难，或自己的能力不够，或学习环境不佳等，从而放弃学习。所以，要培养学习者良好的学习动机，要帮助他们树立高远志向，提高他们的成就动机水平，并引导他们正确归因，以积极的态度面对学习中的挫败，多从自己身上找原因，多从学习方法上找原因，切不可自暴自弃。

2. 正确认识自我能力，培养自我效能感

自我效能感是人对自己行为能力的主观推测。文学作品学习中的自我效能感是指学习者对于自己学习文学作品能力的一种主观看法。自我效能感强的学习者总是对自己充满信心，能从学习中体验到学习文学作品的快乐和成就。反之，有些学习者总认为自己缺少文学细胞，对阅读文学作品不感兴趣，对他人的文学才华自愧弗如。自我效能感低的学习者学习的主动性一般不高，成绩欠佳。要培养学习者的自我效能感，可以让他们多一些成功体验，只要学习中有进步就给予肯定和表扬，帮助树立自信心。再者就是多和他们交流学习文学作品的心得体会，让他们通过观察和摹仿一些成功者的思维和学习方法，获得学习的启示，潜移默化中受到文学的熏陶感染，逐步树立学习的信心，增强自我效能感。

3. 坚持文学阅读，养成良好学习习惯

有了学习的动机，能否长期坚持下去，还取决于是否有一个良好的学习习惯。一日曝，十日寒，是难以提高文学水平和修养的。要养成良好习惯，就要坚持文学阅读，每天留出一定的时间读些课本之外的文学作品。同时，要保持一种虚静的学习状态，不可急功近利，杂念丛生，那样就难以进入审美境界。要学用结合，生活中增加一些文学的色彩，既使生活更加美好，也提高了自己的文学品位。

二、文学作品学习兴趣的激发与培养

兴趣是一种特殊的意识倾向，是动机产生的重要的主观原因。兴趣具有追求探索的倾向，良好的学习兴趣是学习活动的自觉动力。“学习兴趣是语文学习活动中最直接最活跃的意向心理因素，它对于维持学习的注意力、增强理解与记忆，激发联想和创造思维，唤起情感体验，都具有积极作用。同时，也有利于学生开阔视野，调节心志，陶冶情操，完善人格。”①

兴趣对于文学作品学习具有特殊的意义。文学是审美的而非功利的，要沉浸于文学的世界，单靠理性的驱使，是比较困难的。而一旦有了带有强烈情绪色彩的、积极主动探求的认知倾向——兴趣，学习者面对文学作品的学习就会是一种享受、一种快乐，收效也是事半功倍的。

（一）文学作品学习兴趣的激发

1. 培养学生对文学作品的热爱之情，激发文学作品学习兴趣产生

据了解，中学老师对于引导学生读书有多种方式，如学生利用课前十分钟演讲，介绍、推荐所看的书籍，谈自己的感想；布置读书笔记，或者材料摘抄；老师开列书单等等。读书成为一种强制性任务，而且经常是一项不能完成的任务。学生为应付演讲，就翻阅作品内容简介或查找《名著快读》，抄一段，背一背。读书笔记之类，上网一查，到处都是，谁会认真去读书?② 学生不认真读书，原因固然很多，但缺少对文学作品的热爱，是重要原因之一。多数学生不是因为真正地喜欢文学，热爱阅读，因而阅读学习文学作品。如果文学作品学习不是一种自觉行为，学生就不会真正走进文本，与作者、文本展开对话，就会情感冷漠，思维僵化，死记硬背，难以产生发自内心的热爱。为了完成一些不得不完成的任

① 王光龙：《语文学习概论》，当代中国出版社，2003 年，第 82 页。

② 胡修江：《顺“性情”还是尊“教化”》，《中国教育报·读书周刊》2005 年 10 月 27 日。

务，这样的学习也只不过是“伪”学习。热爱是最好的老师。邹韬奋说：“一个人在学校里表面上的成绩，以及较高的名次，都是靠不住的。唯一的要点，是你对于所学是否心里真正觉得喜欢，是否真有浓厚的兴趣。”（《经历》）① 所以说，如果不是出于真心的热爱，学习就难以有全身心的投入，这样的文学作品学习只能给学习者带来微弱的、暂时的收获，难有深远的影响和改变。所以，激发和培养学生对文学的热爱，是激发学生学习兴趣的前提条件，甚至是相伴相生的。

2. 了解兴趣形成过程的一般规律，促进文学作品学习兴趣发展

学习兴趣的形成过程表现出由低到高不同的发展水平。孔子说：“知之者不如好之者，好之者不如乐之者。”② 孔子虽然在讲学习态度，但也清晰地表达了学习过程中兴趣形成的不同阶段，“知之”只是兴趣产生的萌芽阶段；“好之”则意味着学习者对学习对象有了一定的情感倾向，感到学习的有趣，是兴趣发展的初级阶段；“乐之”则又意味着学习者对学习对象形成了情感定向，感到学习乐趣，是兴趣发展的深化阶段。当学习者由于学习乐趣的推动，将学习对象确定为终身为之奋斗的目标时，乐趣也将随之转化为志趣，达到了兴趣发展的高级阶段。文学作品学习的兴趣形成过程也体现了同样的发展规律。起初，多数学习者满足于“知之”而已，把文学作品学习当作单纯的学业任务，目的就是为了考试。如果能在这个过程中增加一些学习的趣味，使学习者感到有趣，就会极大地激发学习兴趣，甚至有可能使兴趣不断深化，产生献身于文学事业的志趣，引领他们向文学的高峰攀登。

（二）文学作品学习兴趣的具体培养

培养文学作品学习的兴趣，应结合文学作品学习的特点，具体从以下几方面入手：

1. 以情激趣

情感是文学作品的本质特征之一。作者在某种情感的触发下产生创作冲动，又在情感的伴随中完成作品。学习者在学习过程中，如果忽略作品的情感性，就会觉得索然无味。以情激趣，是培养文学作品学习兴趣的一条基本途径。一是要体味、揣摩作品蕴含的情感，二是要调动学习者的感情。当学习者受到感染和产生共鸣时，就会像遇到知音一样，感到有无限乐趣，增加了学习的兴趣。

---

① 转引自曾祥芹主编《阅读学新论》，语文出版社，1999 年，第 135 页。

② 阎韬、马智强译注《论语全译》，江苏古籍出版社，1998 年，第 42 页。

2. 以美激趣

文学作品不是为了纪事载言，而是为了审美。作者将自己独有的审美体验蕴含于作品中。学习者如果无视文学作品的审美特性，而作为一般文章来学习，就等于抛弃了美的精魂而徒留形骸，必然也是少趣的。美是人类的共同追求，在美的感召下，获得身心的愉悦，能激起人们对美的探寻和向往。因而，学习文学作品只有回到文学本身，从作品中领悟美、欣赏美，才能真正学有所得，乐在其中。

3. 以理激趣

文学作品学习的兴趣培养是一个从无到有、从低到高的形成过程。以理激趣，既包含了通过对文学的理性认识发生学习兴趣，也有通过对作品中蕴含哲理的深刻思考发生学习兴趣。对于已有一定认识判断能力的中学生，一方面要给他们讲清楚学习文学作品的目的意义，理性地引导和培养他们的学习兴趣；另一方面要重视思考和挖掘作品的思想价值，进行创造性阅读。在情的感染、美的熏陶、理的升华中，使学习兴趣更加浓厚。

4. 以疑激趣

学贵有疑，疑是好奇心、是求知欲、是学习的起点。有疑，就有思维的快乐，就有思想的硕果。优秀的文学作品总是博大精深、耐人寻味的。学习中能在不疑处设疑，提出创造性的问题，又不断地予以解答，就能够深刻领会优秀作品的不同凡响和精彩华妙，并从中感受学习的快乐。

5. 以成激趣

学习需要不断获得成功的报偿，才能有源源不竭的动力和信心，才能享受成功的乐趣。文学作品学习的兴趣也需要有成功的慰藉。如果学习者的一篇创作得到了好评，一段富有文采的发言令人赞叹，一次语文考试获得高分，一场竞赛表现了突出的文学才华，一次次温馨的阅读带来难得的精神愉悦，等等，都会使他变得自信、乐观，对文学作品学习更加情有独钟。学习——成功——学习……成为他走向辉煌的人生轨迹，而这其中一定有兴趣的巨大推力。

第二节　文学作品学习中的心理过程

文学作品学习与其他自然科学学科学习最大的区别，在于文学的审美属性，需要学习者建构一种审美心理，经历认知、移情、共鸣、感悟的复杂心理过程，这一过程也是审美体验的过程。

一、文学作品学习中的认知

（一）文学作品的认知功能

文学作品是形象地反映社会生活的，不管它运用何种艺术手段，本质上都具有认知的功能。茅盾的长篇小说《子夜》形象地展示了1930年代的中国都市——上海。沈从文的《边城》描绘了美丽的边地风情。钱钟书的《围城》入木三分地揭示了最真实的人性。学习文学作品，就是要通过作品认识社会、认识人生。文学作品不仅帮助学习者跨越时空，认识丰富广阔的社会生活，而且还可以帮助学习者反观自己，洞察未来。在学习文学作品过程中，学习者往往会从中发现自己，重新认识自己。如学习巴金的《家》，从懦弱苟安和正直善良的觉新身上看到了“作揖主义”的悲剧，就会自觉不自觉地反观自己，分析认识自己性格中的优点和缺点。出于求知的目的学习文学作品是学习者的普遍动机，对于中学生来说尤其注重文学的认知功能，文学作品充当着他们人生教科书的角色。

（二）文学作品认知的审美性

一般认为，语言是表达思想的符号体系。语言符号又可以分推理符号和表象符号。前者是指以逻辑概念来表达思想的一般语言，用于科学分析、理论阐述。后者是指以非推理的形式，借助事物的表象来表现心灵、传达感情的文学语言，这样的语言才称得上是艺术符号。① 文学作品学习中的认知，首先是对艺术符号的解读，它不同于一般语言符号的解读，要求概念和逻辑判断的准确严密，它是艺术的认知，具有审美特性。如刘禹锡的《乌衣巷》：“朱雀桥边野草花，乌衣巷口夕阳斜。旧时王谢堂前燕，飞入寻常百姓家。”有人提出，东晋时期的燕子怎么能活到唐代？作者又如何判断那是曾经栖息于王谢堂前的燕子？很显然，读者把诗句当作纪实作品来看，注重科学认知，因而提出了此类问题。文学作品学习中的认知，要以艺术的真实来解读评价作品，那样，就不会提出类似的问题，而会更好地领会文学语言符号的表现力。不必管燕子是否来自王宅，诗人以燕子不谙沧桑，年年如约而来的不变，见证从“朱雀桥”“王谢堂”的富贵豪华到“野

① 龙协涛：《文学阅读学》，北京大学出版社，2004年，第211页。

草花”“日夕斜”的衰败荒凉，深刻地反映了人世的沧桑变迁。所以，文学作品中的认知，有时并非科学的，而是艺术审美的。

（三）文学作品认知的不确定性

学习文学作品要通过艺术符号的读解认知作品的意义和价值，每一个学习者都是在自己原有知识和情感背景上去理解作品的意义和价值，理解的结果在确定中必然具有不确定性。分析其原因，一是艺术符号并不特定指称某一事物，它以一种象征形式存在，并留下了认知的空白点；二是文学语言以多彩的社会生活和人类复杂内心为表现对象，常有言不尽意的局限；三是学习者本人的审美心理结构和认知水平千差万别，“误解”时有发生。因而，从对文学作品的认知来说，不可能存在一个永恒的标准。文学作品认知是一个艺术认知的过程，正是不确定性的客观存在展示着文学无限的魅力，也给学习增添了不尽的趣味。如陆游的《卜算子·咏梅》：“驿外断桥边，寂寞开无主。已是黄昏独自愁，更著风和雨。无意苦争春，一任群芳妒。零落成泥碾作尘，只有香如故。”毛泽东“读陆游咏梅词，反其意而用之”，也吟诗：“风雨送春归，飞雪迎春到。已是悬崖百丈冰，犹有花枝俏。俏也不争春，只把春来报。待到山花烂漫时，她在丛中笑。”同样是写梅花，但并非是植物学意义上的梅花。在文学中梅花形象的反复出现，积淀着高洁傲霜的特殊意义，却又不尽相同。陆游笔下的梅花凄凉落寞、孤芳自赏，毛泽东笔下的梅花自信乐观、顽强无畏，有着不同的蕴含。

二、文学作品学习中的移情

（一）审美移情说

审美中的移情作用在中西方的文学创作和鉴赏实践中早已有之，到近代越来越引起人们的重视。什么是移情？朱光潜先生作了最通俗的解释：“它就是人在观察外界事物时，设身处在事物的境地，把原来没有生命的东西看成有生命的东西，仿佛它也有感觉、思想、情感、意志和活动，同时，人自己也受到对事物的这种错觉的影响，多少和事物发生同情和共鸣。”① 简而言之，移情就是审美主体在对某一对象进行审美观照时将自己的思想、感情注入审美对象中，使其具有“我”的思想感情，达到物我交融的境界。在移情活动中，审美主体和对象之间并

① 朱光潜：《西方美学史》（下），人民文学出版社，1987年，第597页。

非对立和隔裂的关系，而是同一的关系。德国美学家立普斯说："审美欣赏的特征在于：在它里面，我的感到愉快的自我和使我感到愉快的对象并不是分割开来成为两回事，这两方面都是同一个自我，即直接经验到的自我。"① 在中国古典美学里，刘勰在《文心雕龙·神思》篇中则形象地表述为"神与物游"，二者都在强调主客体间的互为包融关系。无论是文学创作还是欣赏，都离不开移情活动。认知有较多的理性分析参与，而移情则多表现为感性经验的直觉把握，犹如李白"相看两不厌，只有敬亭山"，仿佛敬亭山就是李白忠实而知心的朋友，永远陪伴着他，甚至于敬亭山就是诗人自己的化身，这是心灵的默契，不需要具体的理由。

（二）文学作品学习中的移情活动

学习文学作品离不开移情活动。朱光潜先生说："我国古代语文的生长和发展在很大程度上是按移情的原则进行的，特别是文字的引申义。我国古代诗歌生长和发展也是如此，特别是'托物见志'的'兴'。"② 既然文学的产生是移情的作用，那么学习文学作品也须按着移情的原则进行。文学作品学习中的移情大致有以下情形：

1. 移我情于文

学习者作为有思想感情的人，在学习一篇作品之前总是难以摆脱其独有的情感影响，使他的文学阅读带有鲜明的个性色彩。如毕淑敏在《常读常新的人鱼公主》中这样说："大约 8 岁的时候，第一次读到人鱼公主的故事。读完后泪流满面，抽噎得不能自已。……读的过程中，最焦急的并不是人鱼公主的爱情，而是最疼她的哑。大约 18 岁的时候，又一次比较认真地读了《人鱼公主》。也许是情窦初开，这一次很容易地读出了爱情。……到了 28 岁的时候，我已经做了妈妈。这时来读《人鱼公主》，竟深深地关切起人鱼公主的家人来了。……到了 38 岁的时候，因为我也开始写小说，读人鱼公主的时候，不由自主地探讨起安徒生的写作技巧来了。……现在，我 48 岁了。为了写这篇文章，又读了几遍《人鱼公主》。这一次，我心平气和，仿佛天眼洞开，有了一番新的感悟。这是一篇写灵魂的故事。"③ 毕淑敏在人生的不同阶段阅读《人鱼公主》，对作品的理解和关注点各有不同。其实作品是客观存在，其意义的变化只因为读者将自己的生活状况、社会阅历、人生经验、个性心理和思

---

① 转引自朱光潜《西方美学史》（下），人民文学出版社，1987 年，第 610 页。

② 朱光潜：《西方美学史》（下），人民文学出版社，1987 年。

③ 毕淑敏：《常读常新的人鱼公主》，《语文教学通讯》2001 年第 20 期。

想感情移入其中，因而，读出丰富的含义。

2. 移文情于我

文学会延长人的神经和触角，拓展人的心灵世界。学习者学习文学作品常有类似于“登山则情满于山，观海则意溢于海”的感受，情绪不由自主地受到作品的感染，将文中情化为自我情，对于中学生学习者尤其如此。学习王实甫的《西厢记·长亭送别》，如同也亲身经历了一场肝肠寸断的离别。学习文天祥的《正气歌》，顿感天地正气，充满心胸。而李清照的《声声慢》却令人凄婉低徊，愁思百结。学习一篇作品，就如同经历一段温暖而百感交集的旅程，在心中播下情感的种子。

3. 我情与文情谐振

有时，学习者会对一篇作品爱不释手，如逢知音，展开心与心的交流。在《红楼梦》第二十三回有一段林黛玉听戏的描写：

刚走到梨香院墙角处，只听见墙内笛韵悠扬，歌声婉转……偶然两句吹到耳朵内，明明白白，一字不落唱道是：“原来姹紫嫣红开遍，似这般，都付与断井颓垣……”黛玉听了，倒也十分感慨缠绵，便止步侧耳细听，又唱道是：“良辰美景奈何天，赏心乐事谁家院……”听了这两句，不觉点头自叹……再听时，恰唱道：“只为你如花美眷，似水流年……”黛玉听了这两句，不觉心动神摇。又听道：“你在幽闺自怜……”等句，越发如醉如痴，站立不住，便一蹲身坐在一块山子石上……仔细忖度，不觉心痛神驰，眼中落泪。

林黛玉听这段戏文，从感慨缠绵到点头自叹，从心动神摇到如醉如痴，再到心痛神驰，眼中落泪，既是为戏中人物杜丽娘，更是为自己而生同情之心，两种感情交融一体，难以分辨。

三、文学作品学习中的共鸣

（一）期待视野与共鸣的发生

共鸣是文学接受的高潮，是学习者与作品之间思想感情的共振激荡，心灵的感应默契。当发生共鸣时，也意味着学习进入一种高峰体验的最佳状态。共鸣的产生是有条件的，一是作品本身蕴含着丰富深刻的思想感情，具有强烈的艺术感染力；二是学习者自身具有同类的期待视野。也就是说学习者具有与作品内容相似或相同的心理图式，或者是共同的感情期待，或者是共同的思想见解，或者是共同的理想愿望，等等。学习者的期待视野与文学作品的内在特质越是接近，共鸣就越容易发生。就像年轻时喜欢阅读琼瑶的小说、三毛的散文，男生喜欢阅读武侠小说，女生喜欢言情小说，中学生喜欢校园文学，其内在原因是读者的期待视野和作品的视野有很多共同的地方，能够产生同感和共鸣。

（二）学习文学作品应追求实现共鸣

共鸣的产生是有条件的，而对于中学生学习者来说，多数学习内容并非学生自己的选择，而是编者根据课程标准的要求，从教育的角度出发编选的文学作品。有些作品已历经千年，有些作品超越了学生的阅历和经验，有些作品学起来有较大的语言文字理解上的障碍等等。这些因素将中学生学习者的期待视野和作品割裂开来，学习中难以产生共鸣。尽管如此，仍应努力追求实现共鸣。教材的编者在编选文学作品时，要考虑中学生的接受心理、审美趋向，选择能够常读常新的开放式阅读文本，文学经典和优秀时文兼顾。教师教学过程中，要适时点拨，相机引导，寻找学生期待视野与作品之间的契合点。学生要不断地丰富自己的知识和人生体验，关注社会生活，善于思考，建构审美心理图式。文学作品学习如果没有共鸣，学习者就不能走进文本，沉潜玩味，与作品同忧共乐，就不会获得学习的快感，甚至会产生厌倦感。所以，虽然共鸣难得，但也要努力寻求。

（三）文学作品学习中的共鸣

共鸣是学习者学习文学作品时在心理上产生的某种感应。共鸣的表现形式各不相同，但共同之处是都会深深地打动学习者，并留下深刻印象。现举几例以说明文学作品学习中的共鸣现象，吴虹霞在阅读海伦·凯勒的《假如给我三天光明》后写道："慢慢地，一种难以名状的情绪冲撞着我的心扉，让我欲罢不能。海伦·凯勒的坚强、乐观、勇敢、执著让我折服，一种缘于生命的力量让我震撼。"① 朱敏说："轻轻地朗诵着舒婷的《致橡树》：'我如果爱你/绝不像攀援的凌霄花/借你的高枝/炫耀自己……' 并在心底对自己说以后的爱情，也要平等、自由而热烈。"②《世说新语·豪爽篇》记载："王处仲每酒后，辄咏'老骥伏枥，志在千里。烈士暮年，壮心不已'。以如意打唾壶，壶边尽缺。"③ 共鸣总会在学习者的内心深处唤起深沉久远的回响，或可以用语言表达，或难以名状，而文学的认识、教育、审美的作用已发挥无遗。

---

① 吴虹霞：《 缘于生命的大力量》，《中国教育报》2005 年 1 月 13 日。

② 朱敏：《爱诗的年华》，《中国教育报》2005 年 10 月 20 日。

③［南朝·宋］刘义庆：《世说新语·豪爽第十三》。

四、文学作品学习中的领悟

（一）领悟是文学接受的更高境界

当学习者和文学作品产生共鸣时，会自然而然地有所顿悟或从情思激荡的心理状态转向沉潜思索，在思索中认识社会、洞悉人生、净化心灵、提升境界，这一过程就是领悟。领悟相对于共鸣是更高的文学接受境界。共鸣是学习者和作品中人物思想感情的相通相契，产生的情感态度，以感性思维为主；领悟是学习者对作品产生更深层次的思索和理解，它伴随着共鸣发生或以共鸣为条件发生，有时表现为一种直觉思维，有时增添了理性思维的成分。

领悟是对共鸣的提炼和深化，是从共鸣的情感炽热状态趋向冷静思考的转折，是对作品中曾引起学习者共鸣的因素的理性提炼。它让学习者更清楚地明白了作品中最感人、最深刻的东西是什么和为什么，并与学习者本人的思想感情进一步联系，从作品中观照自我，以自我审视作品，获得独特领悟。文学作品学习只有学有所悟，才能真正对提高学习者文学素养发挥作用，才能真正对陶冶情操、塑造灵魂、建设精神家园有所裨益。如高适的《别董大》："千里黄云白日曛，北风吹雁雪纷纷。莫愁前路无知己，天下谁人不识君。"吟咏这首绝句，落日黄云，荒野苍茫，北风寒烈，雪舞纷飞，断雁掠空，游子何之？此时此刻，失意离别，万分伤感，几至催人泪下。诗中深挚的友情，凄酸的别意打动着读者。而当反复体味，"莫愁前路无知己，天下谁人不识君"的深情劝慰，又让读者领悟出一种信心和力量，一种希望的豪迈。离别令人伤怀，唯其希望才能振作精神。读至此，意味着学习者对该诗获得深刻领悟，在精神上得到了升华。

（二）领悟的延伸

领悟是一个十分复杂的心理过程，一篇作品让人领悟一个哲理，重温一段感情，它所唤起的思想感情总是伴随着艺术表象而留存在学习者头脑中的。当读完一首诗或一篇小说，文中的人物、场景、故事，还会萦绕脑际，其思想情感仍会波动于心间，其情趣、意境会让人回味再三，甚至于长时间地影响到学习者的言谈举止和审美追求，这就是领悟的延伸，也是文学作品对学习者发生效用的具体体现。"子在齐闻韶，三月不知肉味，曰：'不图为乐之至于斯也。'"① 这是在说音乐艺术

① 阎韬、马智强译注《论语全译》，江苏古籍出版社，1998 年，第 49 页。

的感染力。优秀的文学作品同样会产生久远的影响，唐敏在读爱伦·坡的小说《黑猫》后，这样写道："我的身体和我的灵魂全在颤抖，像秋天就要凋落的叶子。我紧紧抱着这本油印的小册子，坐在台阶上，一直坐到夕阳下山，天色漆黑。我说不出心里的感受，只觉得生命和过去不再相同。……过了两三天，我才有勇气再读《黑猫》，我一遍又一遍地读，有一片新的天地在我的灵魂中展开。"① 余华在谈到他的阅读感受时说："我对那些伟大作品的每一次阅读，都会被它们带走。我就像是一个胆怯的孩子，小心翼翼地抓住它们的衣角，模仿着它们的步伐，在时间的长河里缓缓走去，那是温暖和百感交集的旅程。它们将我带走，然后又让我独自一人回去。当我回来之后，才知道它们已经永远和我在一起了。"②

当然，并不是所有的文学作品都会有如此强烈的艺术感染力，因而，文学作品能否使学习者产生共鸣，获得领悟，并延伸到他的生命中，就成为衡量作品高下的重要因素之一。如果文学作品学习不局限于语文教材的选文，而拓展到更广泛的领域，尤其是堪称经典的佳作，学习者一定会有丰硕的收获。

（三）文学作品学习要珍视独特领悟

事实上，中、高考成了广大中学生学习和阅读文学作品的最有力，也最有效的指挥棒。把文学作品作为一般的语言材料来学习，只重视字、词、句、篇、语、修、逻、文和文学常识的学习。老师或教学参考资料对作品的解读极大程度上代替了学生的真实阅读和领悟，文学作品学习仅停留在知识记忆和考试技巧上。学习者似乎不需要去共鸣和领悟，能按考试的要求掌握解题方法就行。文学作品学习只止于理解文意的认知性学习，不是用全身心拥抱文学，也少有发自内心的感动和领悟。因此，珍视独特感悟和对作品的个性解读，是使文学学习回归本位的深情呼唤。

第三节　文学作品学习中的审美联想和想象

学习文学作品，只了解字句、故事、章法等是不够的，文学作为一门语言艺

① 唐敏：《与"黑猫"私奔》，《寻找另一种声音——我读外国文学》，外国文学出版社，2003年，第4页。

② 余华：《温暖和百感交集的旅程》，《寻找另一种声音——我读外国文学》，外国文学出版社，2003年，第64页。

术，作为艺术美的高级形态，我们要学习它，欣赏文学艺术的美，离不开审美想象和联想。想象和联想是学习者借助语言文字跃入审美时空的通道与桥梁，是一种灵魂的探险。如果关闭了想象的大门，就只有一堆无生命的文字，无法去体会文学的真谛。

一、文学作品学习中的审美联想

（一）联想与审美联想

联想是人的一种心理机制，主要指人由一个或一些表象在头脑中引起另一些相关的表象的心理活动。如看到一个圆，有人想到月亮，有人想到零分，有人想到地球，有人想到烧饼，有人想到圆满……小草绿了，就想到春天来了。大雁南飞，就想到天气转凉。这些都是人的一种联想活动。

联想有非审美联想和审美联想之分。非审美联想就相当于心理学上的自由联想，这是一种偶然的、随意的、杂乱的、不定向的联想。如唐代诗人岑参的诗句："北风卷地白草折，胡天八月即飞雪。忽如一夜春风来，千树万树梨花开。"（《白雪歌送武判官归京》）在诗句中有多个意象，每一个意象都可以引起自由联想。如"梨花"就是诗中的意象之一，人们可以想到春天，想到梨园，想到园丁；也可以想到争艳的百花，想到凋零，想到时光易逝；可以想到金黄的梨，是大鸭梨，还是小酥梨……这些联想完全是随意的、不受控制的联想，属于非审美的联想。这种无条理、无目的、无主题的联想与诗本身相去甚远，不能使学习者进入诗歌的特定意境中，有些联想背离了诗意，妨碍审美体验的产生。文学作品学习中的联想，要求学习者能够对作品展开审美联想，从作品整体出发，朝着一定的方向进行联想。如前面提到的岑参《白雪歌送武判官归京》中的诗句，要产生联想时，首先要明确这是一首咏雪送别诗，"梨花"引发的联想就应该在诗歌规定的整体情境中，它的意义与雪密切相关，在此是比喻边塞八月即雪压冬林的景象，与南方春风吹来梨花开的锦簇花团酷似，极壮、极美、极奇、也极冷。全诗的情境引导我们对"梨花"的联想向这一特定的方向展开，沉浸于"胡天八月即飞雪"的冰雪世界。

因此，学习文学作品，要区别非审美联想与审美联想。不是所有的联想都是一种欣赏活动或者说审美体验，只有按一定主旨，定向的、融入整体的联想才是审美联想，也只有审美联想才有助于理解欣赏文学作品。但是，我们也应该注意到，一些事物由于在文学作品中反复出现，使它带有了一种较为固定的意义，形成了有意义的文学意象，如月亮代表着相思，菊花象征着高洁，鱼雁意味着讯息，等等。学习文学作品一方面要根据作品的整体意义对具体意象进行审美联想，同时也要注意积累具有中华民族审美心理积淀的特定意象。

（二）审美联想的类型

联想是由一种事物想到另一事物的心理过程。按照联想事物间关系的不同，可分为接近联想、相似联想、对比联想和因果联想。审美联想同样也可分为这样四种类型。

1. 接近联想

接近联想是对在时间或空间上接近的事物的联想。如卞之琳的《断章》：“你站在桥上看风景，看风景人在楼上看你。　明月装饰了你的窗子，你装饰了别人的梦。”这短短的四句诗形成无数个相对的链环，诗人从你看风景，想到人看你，你也成为别人的风景。从明月映照你的窗子，装饰你的梦，想到你也许进入了别人的梦。这是空间上相关联事物的接近联想，使诗句不断切换视角，用一些看似极简单的事实揭示了深刻哲理：一切视角都是以牺牲无数其他视角为前提的，一切都是深刻片面的。再如柳永的《雨霖铃》词中，在“执手相看泪眼”的留恋惜别之际，想到别后孤独的旅程中将是“念去去千里烟波，暮霭沉沉楚天阔”，酒醒处，将是泊舟“杨柳岸，晓风残月”，那漫长的岁月里将是“良辰好景虚设”，“纵有千种风情，更与何人说”。这一连串的联想都是顺着时间从黄昏到今宵，再到经年进行的，这是时间上接近的事物的联想。

2. 相似联想

相似联想是对在性质、形态上相似的事物的联想。文学作品中的比喻、比拟都属于相似联想。如：“风吹仙袂飘飘举，犹似《霓裳羽衣》舞；玉容寂寞泪阑干，梨花一枝春带雨。”由衣袂飘飘想到优美舞姿，由泪光点点想到梨花带雨，这是形态相似的事物间的联想。再如唐代诗人朱庆馀《闺意献张水部》：“洞房昨夜停红烛，待晓堂前拜舅姑。妆罢低眉问夫婿，画眉深浅入时无。”诗人以“闺意”委婉含蓄地表达自己作为一名应试举子，在面临事关重大的一场考试前的不安和期待。正是因为诗人抓住了“闺意”和应试在性质上的相似性，产生相似联想，构思出如此绝妙好诗。

3. 对比联想

对比联想是对在性质、特点上相反的事物的联想。如杜甫诗“朱门酒肉臭，路有冻死骨”，李绅诗“四海无闲田，农夫犹饿死”，梅尧臣的“陶尽门前土，屋上无片瓦。十指不沾泥，鳞鳞居大厦”，张俞的“昨日入城市，归来泪满巾。遍身罗绮者，不是养蚕人”，臧克家的《有的人》等都是对性质或特点相反事物的联想。

4. 因果联想

因果联想是对有因果关系的事物的联想。可以是由因到果的联想，也可以是由果到因的联想。如朱熹《观书有感》：“半亩方塘一鉴开，天光云影共徘徊。问渠哪得清如许？为有源头活水来。”前两句和后两句之间就是由果到因的联想。

（三）文学作品学习中的审美联想活动

1. 善于理解作者的审美联想

作者在作品中描绘事物、塑造形象，要运用审美联想。学习者首先要准确理解作者创作过程中的丰富联想，看看作者从一事物联想到另一事物，是围绕怎样的主题、朝着什么方向、抓住哪些联系点进行联想的。如刘鹗在《明湖居听书》（节选自《老残游记》）中描写王小玉说书：

> 王小玉便启朱唇，发皓齿，唱了几句书儿。声音初不甚大，只觉入耳有说不出来的妙境：五脏六腑里，像熨斗熨过，无一处不伏贴，三万六千个毛孔，像吃了人参果，无一个毛孔不畅快。唱了十数句之后，渐渐的越唱越高，忽然拔了一个尖儿，像一线钢丝抛入天际，不禁暗暗叫绝。那知他于那极高的地方，尚能回环转折；几啭之后，又高一层，接连有三四叠，节节高起。恍如由傲来峰西面，攀登泰山的景象：初看傲来峰削壁千仞，以为上与天通；及至翻到傲来峰顶，才见扇子崖更在傲来峰上；及至翻到扇子崖，又见南天门更在扇子崖上：愈翻愈险，愈险愈奇。

这段欣赏说书时的心理活动，完全是联想在起作用。作者一会儿想到五脏六腑像熨斗熨过的伏贴，一会儿想到吃人参果的畅快，一会儿想到如观钢丝抛入天际，一会儿又想到登览泰山峰顶。这些看来互不相关的联想，实际上都和王小玉说书演唱旋律韵味有相似处，用触觉、味觉、视觉等读者熟悉的不同感觉来写听觉。正是在这一连串的联想中，展示了王小玉说书的艺术魅力，如入其境，如聆其音。这样的文学描写也就成了绝佳的片段，是联想让文字发出美妙的声音，传达了美妙的感觉。

2. 在学习中善于进行审美联想

审美联想是帮助学习者拓展知识、活跃思维、加深理解、激发美感的途径之一。文学作品的语言跳跃性大，留有较多的空白点，要读者在学习时予以补充和填空。因此，学习文学作品要善于联想。这种联想是对作品内容的补充和丰富。

如汉乐府《江南》："江南可采莲，莲叶何田田，鱼戏莲叶间。鱼戏莲叶东，鱼戏莲叶西，鱼戏莲叶间南，鱼戏莲叶北。"一连五个"鱼戏"，形象生动地表现出采莲时鱼儿在莲叶间的活泼、欢快、美好，但"鱼戏"是什么样一种姿态，又未作细描，要靠读者的联想来补充。

借助联想拓展作品内容，引伸思考。围绕作品联系其他文学作品或社会生活实际，对于作品中描绘的事物形象从不同的角度，以不同的方式进行联想，把作品放在更广阔的背景下去鉴赏理解。如学习巴尔扎克《守财奴》，要深刻理解葛朗台的形象，就可以进行相似联想，联系阿巴贡、泼留希金、夏洛克等文学形象，理解葛朗台吝啬的本质。还可以跳出作品，联想社会生活中的一些具体人物形象或自我思想性格进行比较思考，生活中有没有葛朗台式的人物，应该如何认识二者之间的区别等，后者虽然已超越了联想，上升到理性的分析，但这正是文学作品学习的深化，它必须以联想为基础。

二、文学作品学习中的想象

（一）想象与联想

想象就是在头脑中创造新事物的形象，或者根据口头语言或文字的描述形成相应事物的形象的过程。① 这一定义揭示了想象的创造性特征，想象的结果一定是在想象者的头脑中形成了原先不曾存在的新的形象，这也是它和联想的根本区别。在联想活动中，被联想的事物是已经存在的，它只是在人的意识中被重新唤起，不具有创造性。

想象和联想是相联系的，有人认为这是形象思维的两个不同阶段，表象——联想——想象从横向上体现了形象思维的三个层次，构成一个完整的过程。② 有人认为二者是相伴随的过程，"回想是现实性意象内容展现的主要思维运动形式，以它为主体而形成再现性形象思维；想象是创造性意象内容展现的主要思维运动形式，以它为主体而形成创造性的形象思维；联想则以自己的独特作用给二者以默契配合。"③ 尽管在理论上还有分歧，但都肯定二者的相互联系，想象是比联想更高一级的思维心理活动，在想象中离不开联想，而又不止于联想，要对联想到

① 伍棠棣、李伯黍、吴福元主编《心理学》，人民教育出版社，1982 年，第 92 页。
② 陈传才、王振民、杜元明编著《文艺创作 70 讲》，广西教育出版社，1990 年，第 84 页。
③ 卫灿金：《语文思维培育学》，语文出版社，1997 年，第 143 页。

的事物进行分析、改造、重组等进一步思维活动，直到在头脑中形成新的形象，才算完成了想象。

（二）想象的类型

根据想象的创造性程度不同，可以把想象分为再造想象和创造想象两种。

1. 再造想象

再造想象是指根据语言的表述或非语言的描绘（图样、图解、符号记录等）在头脑中形成有关事物的形象的想象。就文学作品学习来说，想象活动多为再造想象。在学习过程中，要根据语言的表述在头脑中激活一个个词语，勾勒一个个形象，在头脑中还原塑造出具体生动的形象。如读李白的诗句“飞流直下三千尺，疑是银河落九天”，在头脑中就出现“瀑布”的壮观景象。读李清照的“寻寻觅觅，冷冷清清，凄凄惨惨戚戚”，就会浮现出愁苦、孤独、憔悴的李清照的形象。读了《杜十娘怒沉百宝箱》，头脑中就会想象出杜十娘的形象；读了《堂吉诃德》，头脑中就会想象出堂吉诃德的形象等。

文学作品学习中的再造想象是和作品的表述紧密联系的，不能凭空臆造，也不能完全由其好恶，进行歪曲。再造想象不是对客观事物的真实再现，而是根据文学语言进行的审美创造。如同样是描写流水，苏轼笔下是“大江东去，浪淘尽，千古风流人物”，李煜笔下是“问君能有几多愁，恰似一江春水向东流”。两人塑造的江水形象是迥然不同的，同一自然现象就具有了不同的艺术形象。当学习他们的作品时，就要从各自作品主题出发去想象艺术形象。

还应该注意的是，对于同一篇作品，不同学习者在阅读鉴赏时，再造想象的形象有时是不尽相同的。每个人心中都有自己的哈姆莱特，有自己的林黛玉，有自己的玛蒂尔德，但哈姆莱特肯定不能是李尔王，林黛玉也不能是史湘云，玛蒂尔德也不能是羊脂球。这也就是说，文学作品学习中的再造想象，要忠于原作，又不拘泥于原作，这种想象有创造的成分，也必须受到作品的限制。

2. 创造想象

创造想象是不依赖于现成的描述而独立地创造新形象的过程。它与再造想象的不同是，摆脱了语言的限制，通过对记忆中的表象进行改造，从而创造新的形象。一些优秀的文学作品就是作家创造想象的结晶。如关汉卿的《窦娥冤》第三折，窦娥为证实自己的负屈衔冤，临刑前，发三桩誓愿，一为“我不要半星热血红尘洒，都只在八尺旗枪素练悬”；二为“若果有一腔怨气喷如火，定要感的六出冰花滚似锦，免着我尸骸现”；三为“做甚么三年不见甘霖降，也只为东海曾经孝妇冤”。而刀落人倒处，前两桩誓愿果然应验。这一情节是作者超现实的想象，不仅使剧情发展达到高潮，而且使窦娥之冤震撼人心，激起强烈爱憎。

（三）文学作品学习中的想象活动

文学作品学习中的想象和作者创作前和创作中的想象是相联系的，学习者通过想象，沉浸于作品艺术想象的氛围中，心灵得到净化和陶铸。

1. 借助语言文字的示意展开想象

文学是语言的艺术。文学作品以语言文字作为载体表情达意，描绘形象。学习者要深入领会这其中的情意与形象，就必须借助语言的示意展开想象。当然，作品中并不是所有的语言文字都要求学习者驻足停留、凝神默想。要抓住最有表现力的词句，去想象文学形象的形态特征。如“孔乙己是站着喝酒而穿长衫的唯一的人”。（鲁迅《孔乙己》）这句话中看似平常，却相当深刻地表现了孔乙己的形象。“站着喝酒”而又“穿长衫”构成了孔乙己的形象特征，抓住这两个词语展开想象，就会触摸到孔乙己的内心世界。

文学作品的语言具有多义性特征，学习者借助语言文字想象，往往又受到自己的知识经验和人生阅历等因素影响，使想象也具有个性色彩。如贺知章《咏柳》诗句：“碧玉妆成一树高，万条垂下绿丝绦。”“碧玉”一词给人以不同的理解和想象，碧玉指绿玉，可以想象一树绿柳用碧玉装饰而成，嫩叶如碧玉，青翠鲜嫩，玉石生光，生机勃勃。碧玉也指小户人家的年轻美貌的女子，可以想象绿柳婀娜多姿，犹如凝妆而立的碧玉。

2. 通过想象丰富和补充作品内容

学习文学作品仅靠语言文字的示意并不能在头脑中形成完整形象，有时作者把形象的完成有意留给读者，使作品产生巨大的审美空间和艺术张力。美学家宗白华说：“艺术家创造的形象是‘实’，引起我们的想象是‘虚’，由形象产生的意象境界就是虚实的结合。一个艺术品，没有欣赏者的想象力的活跃，是死的，没有生命的。”① 学习文学作品，是由实而虚，然后达到虚实结合，这个心理过程就是想象。学习者必须发挥想象力，对虚的部分进行形象再创造，从而进入形象产生的意象境界。这时的想象有的是对细节的丰富和补充，有的是对情节的丰富

① 宗白华：《美学与意境》，人民出版社，1987 年。

和补充，也有的是对作者形象想象还原。如学习叶绍翁的《游园不值》：“应怜屐齿印苍苔，小扣柴扉久不开。春色满园关不住，一枝红杏出墙来。”“红杏出墙”带来了春的信息，“春色满园”究竟是何种景象，诗中并没有写，欣赏这首诗，就要用我们的想象将“春色满园”的胜景具体化在头脑中。再如学习王实甫的《西厢记》中的《长亭送别》一折，读者无不为之潸然泪下，仿佛与莺莺一样的肝肠寸断。这是为什么呢？除了作者的语言很感人外，有一个原因就在于读者心中对后来的情节有了许多的想象。尽管戏剧最后是皆大欢喜的团圆结局，这只不过是作者简单化了矛盾，迎合观众口味。但客观地看，张生能否考中，张生会不会停妻再娶，崔夫人会不会信守诺言等，实际上都是未知数，因而长亭的别离格外牵动人心，也格外凄惨。作者写出来的只是一种最理想的结局，现实中未必如此，读者也未必都天真地认可。这个过程中，已经在读者心中对将来情节的发展预设许多的想象，因而文学作品的魅力往往就是想象的魅力。有些文学作品，特别是诗歌，作者本人就是抒情主人公，学习这类作品，要通过想象还原作者的形象，虽然关于诗人的生平资料不少，但后人对于他们的了解主要还是来自诗歌作品，来自通过作品对作者的想象和认识。

3. 在创作中锻炼想象力

创造想象较多地表现在文学创作中。学习文学作品，可以适当地进行创作尝试，通过创造想象，发展创造性思维能力，使学习达到更高的境界。学生的想象力是靠后天的培养和锻炼发展起来的，阅读学习多侧重于接受和继承，主要是再造想象活动。创作学习多侧重于运用和创造，要在前人基础上或未及处有所创新，主要是创造想象活动。因此，文学作品学习不能忽视创作锻炼。尽管这种创作是初步的，甚至是幼稚的，但学习者努力调动自己的知识经验储备，并创造性地运用，写出他人笔下没有的形象。这一实践过程就是创造想象活动最活跃的时候，对于锻炼学习者的想象力、思维力和更好地理解欣赏文学作品都有很好的作用。

三、文学作品学习中联想和想象的独特性

联想和想象是人类共有的一种心理机能，在艺术鉴赏、科学研究及日常生活中都会发生联想和想象。但在不同的领域，联想和想象有其共同点，也各有侧重和不同，即使在艺术领域，也有所区别。文学作品学习欣赏相对于音乐、绘画、雕塑等艺术形式的学习欣赏，表现出联想和想象的独特性。

（一）联想和想象的非确定性

绘画、雕塑等视觉艺术以其直观的形象诉诸人的视觉，让人在方寸之内想象尺幅千里的美。文学是语言的艺术，作家将他丰富复杂的构想寄寓于语言文字的密码中，以符号的形式存在，学习文学作品首先需要解码，让人在语言文字的解码过程中想象形象，激活作家创造的世界。对于这两种想象，曾有不同的看法，文艺复兴时期大画家达·芬奇为了强调绘画的至高无上，大胆提出："想象的所见比不上肉眼所见的美妙。"[①] 我国古代画家也有类似见解，认为文学作品对山水的描写不及绘画："纵其文笔为妙，善于摹写，极力形容，处处精到，然于言语文字之间使人想象终不得其真面目，不若图之缣素，则其山水之幽深，烟云之吞吐，一举目皆在，而得以神游其间，顾不胜于文章万万乎?"[②] 强调绘画的直观，而贬低想象的作用。忽略文学的想象恰好是抹杀了文学的美，文学正是以其非确定性给创造留足了余地，而且有着比绘画更丰富的表现力。歌德在《诗与真》中精辟地指出了绘画和诗的不同特征，他说："造型艺术对眼睛提出形象，诗对想象力提出形象。"

绘画等造型艺术形象是活在欣赏者的眼睛里，以一种形式的美感而存在。文学作品中的形象是活在欣赏者的想象里，以一种自由灵动的形象而存在，它可以跨越时空，可以因人而异。如戴望舒《雨巷》："撑着油纸伞，独自/彷徨在悠长、悠长/又寂寥的雨巷，/我希望逢着/一个丁香一样的/结着愁怨的姑娘……" 诗中若隐若现对"我"和"姑娘"有一些描写，仿佛如在目前，又是那样模糊遥远，尤其是那位"丁香一样结着愁怨的姑娘"，梦一样朦胧飘忽。她有多高，何种体态，怎样的一种"丁香一样的颜色，丁香一样的芬芳，丁香一样的忧愁"等，都要靠想象去体会，因此，所有的读者都可以给她想象一个具体的形象，她是活在读者的想象里的。不过，也正是这种想象的存在，使这首诗永远有着无穷的吸引力。

如果把文学作品和电影、电视及戏剧表演艺术相比，同样体现文学想象的魅力。如同一部文学作品改编成影视作品，或同一个文学剧本由不同的演员表演时，总是不完全一样的。改编或表演的过程是通过想象和理解，将形象具体化的过程，由于文学想象的不确定性使得改编后的影视作品具有不同的形象。而且这

① 转引自龙协涛《文学阅读学》，北京大学出版社，2004 年，第 124 页。
② 转引自龙协涛《文学阅读学》，北京大学出版社，2004 年，第 124 页。

种改编在一定程度上都有文学蕴含的减损，所以，即使是看改编成功的电视连续剧都难有读小说或剧本的享受，文字产生的想象让人齿颊生香，而图像更多的是感知的快乐。

（二）联想和想象的非现实性

文学作品形象地反映社会生活，托尔斯泰的作品被称为"俄国革命的镜子"，巴尔扎克的作品被称为是"法国社会的风俗画"，杜甫的诗被称为是"诗史"，有些作品甚至被用作科学研究的资料等。文学作品一般要反映生活的真实，但文学不等于科学，科学追求绝对的真实，而文学遵循美的创造规律，而不一定要拘泥于细节的真实。文学欣赏中的审美联想和想象和科学的分析是不同的。如王之涣的《凉州词》："黄河远上白云间，一片孤城万仞山。羌笛何须怨杨柳，春风不度玉门关。"首句"黄河远上白云间"中，一个"远"字写出黄河的像一条丝带迤逦飞上云端，突出了黄河源远流长的闲远仪态。河的辽远和山的高峻相映，展示边地广漠壮阔的风光，成为千古奇句。著名科学家竺可桢从物候学的角度分析，认为这句诗不符合凉州以西玉门关一带春天的情况，黄河与凉州及玉门关没有什么关系。指出原诗应为"黄沙直上白云间"，这才符合玉门关一带到春天几乎每天日中要刮起直上云霄的黄沙的实际情况。[①] 后者显然不是文学阅读的方法，抛弃了想象和审美，只有科学的分析。类似这样的笔墨官司还不少，如杜牧的《江南春》、王安石的《残菊诗》、张继的《枫桥夜泊》等，批评者常常是忘记了文学联想和想象的审美特征，而把诗当作实用文章来看了。

在小说和戏剧作品学习中，也不能把真实作为首要标准，同样存在着联想和想象的非真实性。浪漫主义作品超现实的想象，现代派作品荒诞、变形的艺术表现手法，都使作品看起来不够真实。如，汤显祖的《牡丹亭》中杜丽娘因情而死，又因情而生；卡夫卡的《变形记》中格里高尔一夜之间变成了大甲虫等。这些非真实的联想和想象，在更高的艺术层次上，反映的生活本质上的真实，具有更强烈的表现效果。

（三）联想和想象与妙悟

文学作品学习中的联想和想象是以语言为媒介，以表象为基础，引出或形成另外一个表象的心理活动，也是形象思维的过程。这一心理过程有时并不能用语

---

① 竺可桢：《天道与人文》，北京出版社，2005 年，第 146 页。

言清晰地进行描述，也难以解释它的前因后果，特别是像中国文学中的“风骨”、“境界”、“意味”等，即使在心理体验得到，也是无法准确言传出来。所以，文学作品学习中的联想和想象是与妙悟相联系的。严羽在《沧浪诗话·诗辨》中说：“大抵禅道惟在妙悟，诗道亦在妙悟。”妙悟就是陶渊明所谓“此中有真意，欲辩已忘言”。如阅读《红楼梦》，在读者心中可以想象无数林黛玉的形象，但都还未必能抓住她的精神韵味，哪种“冷月葬花魂”所包蕴的生命况味，单凭想象是领略不到的，只有想象中的妙悟才能把握。学习中国古典诗词更是如此，“大漠孤烟”的想象只是景色，有了妙悟，才能觉出其中的雄浑壮阔。

所以说，日常生活或科学研究领域的联想和想象有较多的推想成分，推想的结果往往能被证实它的正确或谬误。文学作品学习中的联想和想象则较多妙悟的成分，是一种形象的直觉，是通过联想和想象对美的至高境界的把握。

第六章　文学作品学习的心理机制（下）

第一节　文学作品学习中的情感活动

情感是文学作品学习中最活跃的心理因素。无论是从文学作品本身，还是学习者及学习本身看，都需要有学习者情感的参与，也必然伴随着学习者的情感活动。情感对文学作品的学习效率有很大影响。“体验”“情感”成为新的语文课程标准中的高频度词汇，被突出强调。但我们也看到，有些学习者总是以旁观者的心态学习文学作品，把文学作品当作外在的客观知识学习，使学习成为一件极其枯燥和沉重的事情，收获事倍功半。因此，研究文学作品学习中的情感活动，揭示其活动规律，对于学好文学作品，提高文学修养有十分重要的意义。

一、文学作品学习中的情感参与

可以说，人类的一切活动都带有情感的色彩，在内心世界上演着情感的喜怒哀乐。文学作品作为一种精神产品，学习者在学习接受它的时候尤其难以做到心如止水，波澜不惊，而总是多种方式地和作品发生着情感的激荡和交流。

（一）情感及其产生

1. 什么是情感

情感是复杂的心理现象，如喜悦、憎恨、烦恼、羡慕、热爱……我们可以列举无数个表达情感的词汇，这些不同情感的产生缘于对待事物的态度。如果我们对事物持肯定的态度，就会激起喜悦、热爱等愉快的情感体验；如果我们对事物持否定的态度，就会激起憎恨、烦恼等不愉快的情感体验。所以心理学认为，情感是人对客观事物或对象所持态度的体验。这个定义告诉我们，情感是一种主观体验、主观态度或主观反映，属于主观意识范畴，而不属于客观存在范畴。情感体验的对象是态度，态度包含有一种价值判断。情感、态度、价值观三者是紧密联系，互为因果的。因而，新的语文课程标准将“情感、态度和价值观”作为语文学习的目标之一。语文学习，包括文学作品学习，首先是要树立正确的价值观，才能对事物有正确的判断，并持有正确的态度，产生正确的感情。

情感是多种多样的。根据情感的内容、性质和表现方面的不同，情感可分为道德感、理智感和美感。道德感是由道德生活的需要与道德观点是否得到满足而产生的内心体验。这种体验总是和人依据一定道德观念对各种事物做道德评价相关联，表现在社会生活的各个方面，如爱国主义情感、责任感、荣誉感、自尊心等。理智感是人在智力活动过程中认识、探求或维护真理的需要是否得到满足而产生的情感体验。这种感情激励着人们积极从事各种智慧活动。美感是由审美的需要是否得到满足产生的情感体验。这是一种审美情感，产生于人们的审美活动中。这三种情感的内容不同，但都体现在文学作品学习过程中，道德感和美感来自学习者对文学作品的评价和体验，理智感多来自于对学习理想的追求中产生的情感体验。

根据情感是否具有审美性，情感还可以分为日常情感和审美情感。日常情感是指个人需要是否得到满足产生的主观感受和体验，带有明显功利色彩。审美情感也叫美感，是指审美主体的审美需要是否得到满足产生的主观感受和体验。二者既有区别，又有联系，日常情感往往带有个人的狭隘的功利性，是对客观对象的直接的心理反应，具有强烈的满足个人爱憎和需要的特点。审美情感则是日常情感的升华，从本质上说，它不是孤立的个人的情感，它不单纯是个人需要的满足，同时也是社会的审美需要和审美理想的满足，其中包含主体对客观审美对象理性的和社会性的评价，它超越了狭隘的个人功利，间接地体现着社会的功利。

审美情感作为人所固有的一种高级情感或社会情感，和其他各种高级情感有着千丝万缕的联系，一般来说，审美情感和理智情感、道德情感有着相互渗透、相互统一的辩证关系。审美情感包括理智情感和道德情感的成分，没有好奇心、求知欲、兴趣这些基本的理智情感，没有一定的道德评价，也不会有审美情感，这是审美情感具有教育功能的依据。

文学作品学习是审美情感活动，也是高级情感活动，但并不单纯，往往是多种感情交织在一起，并发生着互相转化。关键是学习者如何能够有所辨别和把握，在理性的适当调节下丰富情感的内涵，提高审美能力和修养。

2. 情感的产生

俗话说："人非草木，孰能无情?"情感是人类特有的心理活动，但高级的情感并不是天生就存在的，是人类在社会生活活动中逐渐形成和培养起来的。它的产生有复杂的心理机制，在此我们不做全面深入的分析研究，只对文学欣赏中审美情感的产生略作探讨。明白了文学欣赏中审美情感的产生和发展规律，会对文学作品学习有很大帮助。

从美学理论上讲，文学欣赏中审美情感的产生有两种类型：异质同构激发的情感和移情赋予的情感。

"异质同构"是格式塔心理学派提出的关于审美体验的独特观点。在它们看来，任何事物都有一种内在的力的结构和外在的表现和行为，透过事物外在的表现和行为就可以把握内在的本质。人的内在的力的结构主要是指人的情感体验，不同的情感体验有不同的力的结构。当某一审美对象的外在表现及其内在的结构与人的某种情感的内在结构达到同形时，对象事物似乎就具有了这种情感。所以，表面上截然不同的事物，只要其内在结构相同，就会具有相同的情感意义。古人所谓"春山淡冶而如笑，夏山苍翠而如滴，秋山明净而如妆，冬山惨澹而如睡"，就是一种典型的异质同构。山之四季原本只是大自然的循环变化，不关人事，但其四时不同的风景与人内心的情感找到某种契合，发生同构效应，使心灵与自然沟通。在文学欣赏过程中，作品中描写的形象或抒发的思想感情尽管是欣赏者未曾经历过的，甚至是互不相关的，但欣赏者可以在情感深处发生共鸣，这就是由于异质同构激发的情感。探究文学作品学习中情感活动，不妨看看学习者和作品之间有无异质同构的联系，或者说，学习者尽可能去发现与作品的同构关系，由此激发感情。

移情是欣赏文学作品的情感活动方式。学习者将自己的情感、欲望、意志、思想等投射到作品中，使作品带有了学习者的主观情绪。正如波特莱尔所说："你先把你的情绪、欲念和愁思交给树，然后树的呻吟、摇曳也变成了你的。"如当学习者充分调动自己的情感去品味"在天愿作比翼鸟，在地愿为连理枝。天长地久有时尽，此恨绵绵无绝期!"（白居易《长恨歌》）时，仿佛在为自己心中的爱情吟唱，这便是文学欣赏中的移情作用。

文学作品学习中的情感不是自然发生的，也不是千人共感的。审美情感的发生需要着意的培育。在每个学习者的情感中，既有人类在审美活动中长期积淀下来的共感，也有带着鲜明个性色彩的独感。就文学作品的创作来说，情感活动是从“独感”指向“共感”，才能成为传世经典；就文学作品学习欣赏来说，则是要从“共感”指向“独感”，才能有自己的独特体验和感受。

（二）情感与文学作品学习

1. 文学作品呼唤情感参与的学习

文学作品可以说是作家情感的产物，无须理论的引证，听听作家的真实感言，就会让我们体会到没有强烈的情感涌动就不会有伟大作品的诞生。曹雪芹创作《红楼梦》，于悼红轩中披阅十载，增删五次，题写绝句云：“满纸荒唐言，一把辛酸泪！都云作者痴，谁解其中味？”这里的“泪”与“痴”就是推动作者创作的情感动力。巴金在谈到《家》的创作时，也深有体会地说过这样的话：“的确，我写《家》的时候，我仿佛在跟一些人一同在受苦，一同在魔爪下面挣扎……”这难道不是作者的情感体现吗？作家把自我真情实感倾注在字里行间，使一行行文字都成了有待激发的生命体。

义务教育和普通高中两个新的语文课程标准都十分强调注重情感体验，并对每个学段的情感体验提出具体的、由浅入深的、由易到难的要求。情感体验主要是针对语文中的文学作品学习规律的，文学作品学习的任务之一，就是“披文以入情”（刘勰语），通过语言文字的揣摩品味，把握作品蕴含的情感，其中有作者的情感，也有作者未必有，而由学习者在学习中产生的新情感。文学作品是有待于学习者阅读的客观存在，它潜藏着情感的富矿，它的生命活力在于学习者情感参与下的阅读欣赏。

2. 人的情感需要决定情感参与学习

人是有感情的，也是需要感情的。前面提到了人的高级的审美情感是需要着意培育才能具备。那么，怎样去培育呢？其中一个重要的途径就是学习文学作品。因为文学本质上就是人学，文学接受是人的本质自我确认，我们总是在文学的接受中发现自我，证明自我，升华自我。这个过程就是体验情感、获得情感、丰富情感的过程。龚鹏程说：“读者在实际上参与了作品中所叙述或描绘的经验，随着书里面的人物哀伤、感叹、流泪、活动。我们在自己内心重演着他们的种种感情，无论它是甜蜜还是酸楚。我们把自己投入到作品的形式结构里面去，从里面发掘经由我们感受到的生命内容，不管它是怆痛还是欢欣。”① 所以说，学习者本身的情感需要决定了文学作品学习必定会有情感的参与。热爱文学的人，不仅把学习当作学业任务，更多地当作精神生活的重要部分，使文学作品成为他情感栖息地和加油站。但是，能否参与其中，还受到其他因素的影响，特别是学习者的审美情趣和审美层次。

3. 情感对文学作品学习的影响和调节

文学作品学习作为学习活动，尤其是教育环境下的学习活动，对于学习者来说，更多的是作为有目标、有要求的学习任务来看待的。如何对学习发生兴趣，如何很好地完成学习任务，达到课程标准的规定要求，情感起着重要作用，直接影响到学习的成效。一方面文学作品的学习是一种审美活动，审美情感是审美感知、想象、理解等美感心理形式联系的纽带，使它们构成审美心理活动的整体，同时又促使它们之间相互渗透，使一般的感知升华为情感的感知，从而变得更敏感；想象成为情感的想象，从而变得更自由；理解成为情感的理解，从而变得更深刻，形成情感的冲击波，使学习充满活力。“一位生命力丰盈而且感受敏锐的读者和一位对生命毫无感觉、迟钝而机械的读者，作品对他们而言便会呈现出不同的意义。”② 另一方面文学作品学习是一种智力活动，情感影响着认知、记忆和思维等智力活动，愉快的情感有助于提高智力活动效果。日常生活经验也告诉我们：在心情良好的状态下，思路开阔，思维敏捷，解决问题迅速；在心情低沉或郁闷时，则思路阻塞，思维迟缓，无创造性可言。突然出现的强烈情绪会中断正在进行着的思维活动；持久而炽热的情感则能激发无限的能量去完成任务。所以，学习者既要丰富自己的审美情感，也要培养自己热爱学习、热爱文学的感情。

二、文学作品学习中的情感活动规律

既然文学作品学习离不开情感的参与，那么，研究和掌握情感活动的规律就显得十分必要。文学作品学习中的情感活动与学习者的心理发展水平、个性心理特征和人生的阅历经验密切相关，如何把学习者的情感调整到最佳状态，能有最充分的调动和发挥，这是研究文学作品学习中的情感活动规律目的所在。

---

① 龚鹏程：《文学散步》，世界图书出版公司，2006 年，第 34—35 页。
② 龚鹏程：《文学散步》，世界图书出版公司，2006 年，第 34—35 页。

（一）学习者情感的偏离与变化

1. 学习者情感的偏离现象

学习者在欣赏作品时，总是带着深深的个性印记，对一些作品爱不释手，对又一些作品则弃如弊履。刘勰曾明确指出文学作品鉴赏中的这种现象，他说："夫篇章杂沓，质文交加，知多偏好，人莫圆该。慷慨者逆声而击节，酝藉者见密而高蹈；浮慧者观绮而跃心，爱奇者闻诡而惊听。会已则嗟讽，异我则沮弃。各执一隅之解，欲拟万端之变，所谓东向而望，不见西墙也。"（刘勰《文心雕龙·知音》）① 欣赏者往往容易根据一己所好，评品文学。这在中学生学习者中也是较普遍的现象，虽然语文教材划定了必学篇目，但热爱与否不能强求。不少学生喜欢现代文胜于文言文，喜欢时文胜于经典。

我们不可能扼杀学生的个性喜好，但由于个人偏好而使学习囿于一隅，不仅影响学习的成绩，而且将文学中的一些精彩篇章自拒于心外，不能不说是一大损失和遗憾。刘勰说："凡操千曲而后晓声，观千剑而后识器；故圆照之象，务先博观。"② 龚鹏程说："一位负责的读者，如果真的对生命不苟且，他就应尝试着去欣赏各种不同类型的作品，让自已到新的美感形式中去探险，开拓自我美感经验的领域，尽量了解文学作品所可能具有的各种不同的美，丰富自我美感经验的内容。"③ 他们给了我们共同的建议：多读书，少偏见。

2. 学习者情感的变化

在文学作品学习中，学习者的情感还会受到自身心理发展水平、生活阅历及人文底蕴的影响。蒋捷《虞美人》："少年听雨歌楼上，红烛昏罗帐。壮年听雨客舟中，江阔云低，断雁叫西风。而今听雨僧庐下，鬓已星星也！悲欢离合总无情，一任阶前，点滴到天明。"形象地说明了人的审美趣味和情感内涵是随着年龄的不同有所变化的。中学生学习者处于青少年时期，多一份激情、浪漫和幻想，远没有体会到生命的沧桑与厚重。喜欢科幻、言情、武打的小说，喜欢校园文学，喜欢抒情诗，喜欢哲理散文，他们喜欢一见倾心的作品，而排拒严肃作品。但中学语文教材选编的文学作品多以古今中外名篇为主，一定程度上存在着情感上的落差，而这恰恰构成了文学作品学习的空间，正是要学习者藉助经典名篇的丰富

① 周振甫译注《文心雕龙选译》，中华书局，1980 年，第 299 页。

② 周振甫译注《文心雕龙选译》，中华书局，1980 年，第 299 页。

③ 龚鹏程：《文学散步》，世界图书出版公司，2006 年，第 41 页。

而深刻的情感来感染和熏陶自己，为情感的发展导航，为精神的成长打底。

（二）学习者情感的点燃与投注

1. 学习者情感的点燃

文学作品学习对于一般中学生学习者来说，并不是自愿的选择和自由的阅读。面对一篇篇作品，学习者并不都一见倾心，他们的感情像需点燃的火把，有一个引燃的过程。这就需要老师运用一些有效的方法，激发学习者的情感，对作品发生兴趣。方智范说："哪一位老师上语文课能把孩子的情绪调动起来，能把孩子的体验过程拉长，能让他和作品里的情绪发生共鸣、沟通，那么这位老师就是一位了不起的语文老师。"① 语文学习，尤其是文学作品学习，只有调动情绪，拉长体验，各种心理机制才能活跃起来，进入良好的情感感受状态。

当然，点燃的前提是学习者自身的情感储备。陆游教他的儿子写诗，说："功夫在诗外。"其实，学习也同样是如此，积累和提升情感就是最重要的"诗外功夫"之一。白居易欣赏琵琶女弹奏的乐曲，竟至"江州司马青衫湿"，其根本的原因在于诗人内心深处压抑着的是"迁谪意"，因而能在琵琶乐音和琵琶女的身世遭遇中发生强烈共鸣。从这个意义上说，点燃情感就是唤醒学习者的情感储备，使他们将自己的情感投注到作品中，投注到学习过程中。

2. 学习者情感的投注

学习者将被点燃的情感投注到整个学习过程，从审美的角度讲，这种投注不能简单地理解为单向注入，学习者的主观感情是什么，那作品的感情就是什么，陷入一种主观主义。实际上，投注是读者与作者、作品之间情感的对话与交流，是双向的、平等的，以作品的基本规定为依据的。投注自我情感是为了更好地理解和感受作品中的情感，同时扩大、提升、净化自我情感。这种情感是审美的，与现实生活有一定距离的。如有的学习者在学完《杜十娘怒沉百宝箱》这篇小说时，情绪激烈，他们为杜十娘遗憾：为什么把那么多钱投入江心？为什么那么轻视自己的生命？为什么她不能靠自己的自强改变命运？等等。可以肯定这些感情的真诚，但学习者在心理上完全把杜十娘当作是自己的同时代人来看待要求。完全现实的读解反而抹杀了杜十娘艺术形象的典型意义和强烈的悲剧美，在这样的情感支配下，学习者就难以和作者、作品进行对话。

① 方智范：《语文教育与文学素养》，广东教育出版社，2005 年，第 107 页。

3. 共鸣是情感活动的最佳状态

共鸣是文学作品学习的心理过程之一，也是情感体验的高峰。当学习者和作品之间的情感达到协调和契合，即产生共鸣。学习者心中的喜怒哀乐为作品蕴含的情感结构所触发，异质同构，和谐共振，达到情感体验的最佳状态。“此时此刻，读者的片段经验与文本内容结合起来，思维的闪电穿透文本中的意象世界，产生豁然贯通的顿悟之感，一种从未有过的经验或思索过的人生感受突然产生于脑际，强烈地震撼着读者。”① 感情共鸣来之不易，作为老师要善于激发引燃学生的感情，作为学习者要不断丰富情感体验，使自己多一些敏锐和感知。

（三）学习者情感活动中的理性调控

文学作品学习中的情感活动并非是一条缓缓上升、逐渐浓厚、臻于共鸣的直线，我们强调情感的点燃、投注和共鸣，同时还要注意到这种情感活动是需要一个冷静的头脑和清醒的理智来调控的。这是文学作品学习中情感活动的又一规律。清人阮葵生在《茶余客话》中引程伯子的话说，《孟子》要“热读”，《论语》要“冷观”。明代画家顾凝远在《画引》中指出，画家对所描画的对象要做到“深情冷眼”，方能“求其幽意之所在而画之，生意出矣”。② 清人王国维对于诗创作也提出了精辟的观点，他说：“诗人对宇宙人生，须入乎其内，又须出乎其外。入乎其内，故能写之。出乎其外，故能观之。入乎其内，故有生气。出乎其外，故有高致。”③ 他们三人虽然针对的对象不同，但均以不同的语言道出了艺术创作与欣赏中的情感活动规律，也就是说，艺术创作和欣赏中的情感是必须受理性的调控的，即所谓“热读”与“冷观”、“深情”与“冷眼”、“入乎其内”与“出乎其外”。前者是说艺术欣赏必须有真诚而强烈的情感投入，后者是说艺术欣赏必须保持足够的理性，正如同“万物静观皆自得”，艺术欣赏，包括文学作品的学习欣赏也要“静观”。

什么是文学作品学习中的“理性”呢？就是指文学欣赏中的判断、推理等活动，对文学作品作“冷观”、“冷眼”和“出乎其外”的观照。一部优秀的文学作品必然是以情动人，以形象感人的，绝不是通过逻辑分析和判断说服人的。优秀的欣赏者首先是一个易于动情、善于感悟、敏感多情的人。但仅止于此，还不

---

① 龙协涛：《文学阅读学》，北京大学出版社，2004 年，第 143 页。

② 转引自龙协涛《文学阅读学》，北京大学出版社，2004 年，第 143 页。

③ 况周颐、王国维：《蕙风词话　人间词话》，人民文学出版社，1960 年，第 220 页。

能真正领略文学艺术的美，他还必须是一个具有理性能力的人。如学习《阿Q正传》，对于阿Q“哀其不幸，怒其不争”，在“哀”与“怒”情感的驱使下，更应思考阿Q悲剧的根源。吟咏徐志摩的《再别康桥》，对于那一份“依恋”之情感同身受时，想一想诗人何至于此的原因。可以说，理性辅助下的学习欣赏将审美情感导向了更高层次，是情感活动趋向共鸣顶峰的必由之路。这条路峰回路转，将学习者引入更高的审美境界。

但在实际中，文学作品学习欣赏中的理性活动，常常被放在一个不适当的位置，走向两极。一种倾向是抛弃理性，感情泛滥，泯灭了日常情感和审美情感的界限；一种倾向是唯理性的分析，无情阅读。这两种倾向都会妨碍文学审美。所以，我们不能忽略文学作品学习中的理性活动，但也不能用理性掩盖了丰富的感性，用分析判断取代情感体验。

三、文学作品学习中伪情感的抛弃

前面提到了文学作品学习中的无情感，实际上，除了无情感之外，还常常有伪情感现象。“伪”就是不真实的、虚假的。《义务教育语文课程标准》指出：“阅读是学生个性化的行为，不应以教师的分析来代替学生阅读实践。”《普通高中语文课程标准》也强调“注重个性化阅读，充分调动自己的生活经验和知识积累，在主动积极的思维和情感活动中，获得独特的感受和体验”。鲜明地指出了阅读的个性化和个性化的阅读。个性首先是带着真情实感的。但不可否认，有些学习者总是把自己真实的感情回避掉，依据他人的观点学习作品，造成伪情感的存在。

学习者没有真情实感或不能流露自己的真情实感，原因是多方面的。一是仍然受传统观念影响，政治化、功利化解读文学作品。原本没有政治意义的作品，也要和政治联系起来，读出一种阶级感情。如把朱自清欣赏荷塘月色，解读为“热爱南方的国民革命”；巴金《灯》中的“不禁望着山那边笑了”，就是“心系延安”。这样的解读就有些置情感体验于不顾，去跟政治风。二是为适应应试的需要，去追求文学作品的公共化解读，对于自我真实的情感体验只好回避。学习者潜心揣摩的是出题者的感情和思路，而不是自己体验出了什么。这使学习者潜意识中认为，文学作品学习是有标准答案的，考试是不可以自由发挥的。学习中多背诵老师或者名人的理解，关闭了自己的情感之门。三是一些学习者的情感停留在日常情感层面上，还未能有高层次的审美情感，常有“少年不识愁滋味，为赋新词强说愁”（辛弃疾语）的情况。

文学作品学习中的情感活动是十分复杂的，要完全消除伪情感的存在并非易事。最重要的是学习者要能从提高审美力和自我情感陶冶、精神建构的高度去学习文学作品，让文学丰富自己，同时，又用自己丰富的情感去感受文学。古往今来，文学家在用作品诠释他们对生命的感受，展示着他们生命的形态，也期待着“知音”相遇。用我们的真情去体悟他们的真情，做他们的“知音”，实在是一件幸福的事。

第二节　文学作品学习中的思维活动

思维是人脑的一种机能，也是一种智力活动。哲学、逻辑学、心理学、美学等多个学科都把思维作为研究对象，从不同的角度揭示思维的本质。1984 年以来，钱学森倡导成立了思维科学，对包括抽象（逻辑）思维、形象（直感）思维和灵感（顿悟）思维在内的人类整个思维活动进行研究，人们对思维的本质和规律有了更深入的认识和把握。文学作品学习离不开思维活动，交织着抽象思维、形象思维、创造性思维等多种思维形式，它们之间相互协调、促进，使文学作品学习取得成效。

一、文学作品学习中的形象思维

（一）形象思维概述

形象思维作为一种思维现象，在很早以前就被人们注意到，特别是在文学作品的创作和欣赏中十分重视这一思维特点。在《诗经》作品中，大量地使用“比”、“兴”的手法，之后把它上升到诗歌理论进行总结。在西方，古希腊哲学家亚里斯多德提出了“想象”的概念，触及到了形象思维的特有形式。但直到 19 世纪，俄国文艺批评家别林斯基才在他的《伊凡·瓦年科讲述的〈俄罗斯童话〉》中提到：“诗歌不是什么别的东西，而是寓于形象的思维。”首次将“形象”和“思维”联系起来。后来形象思维作为一个术语在前苏联文艺界渐渐流行起来。而我国是在 20 世纪 40 年代才从前苏联译介过来的文艺理论中接触并开始使用“形象思维”这一术语，而且经过了一番曲折的争论，才取得了一定的共识。至目前，思维科学界“肯定了形象思维是人类普遍存在的一种思维现象，它是人类思维的基本的类型之一”。[①]

什么是形象思维呢？学术界给出的定义并不完全一致。《辞海》的定义是：“形象思维又称‘艺术思维’。文学艺术创作者从观察生活、吸取创作材料到塑造艺术形象这整个创作过程中所进行的主要思维活动和思维方式。”卫灿金教授给形象思维的定义是：“形象（直感）思维是凭借表象或形象进行的思维。”[②] 另外，如“形象思维也被称作具象思维，是指依靠脑中不断转换的具体事物的整体形象或映象来观察事物和引导行动”；“形象思维是用直观形象和表象解决问题的思维”。[③] 综合考察这些定义，尽管表述不同，但都指出了形象思维的共同特点：①形象性。形象思维所反映的对象是事物的形象，其思维的形式是借助于表象、意象、形象等进行的想象和联想，思维的结果是通过塑造新的形象反映事物的本质。②非逻辑性。形象思维又被称作艺术思维或直感思维，形象思维不同于抽象思维，它的思维过程不是线性的分析和推断，往往呈现出跳跃性或整体性，是一种面性的或立体性的思维。形象思维的结果还有待于逻辑的证明或实践的检验。③想象性。形象思维并不满足于对已有形象的再现，更致力于对已有形象的加工或对新形象的创造。形象思维的过程就是想象和联想活动。

形象思维并不是思维的初级阶段，它是和抽象思维并行存在的另一种思维形式，它同样也对事物进行由感性向理性的认知加工，只是具体方式有别而已。李泽厚对此作过清楚的论述，他说：“思维，不管是形象思维或逻辑思维，都是认识的一种深化，是人的认识的理性阶段。人通过认识的理性阶段才达到对事物的本质的把握。形象思维的高潮，在实质上与逻辑思维相同，也是从现象到本质、从感性到理性的一种认识过程。但这过程又有与逻辑思维不同的本身独有的一些规律和特点。这就是在整个过程中思维永远不离开感性形象的活动和想象。相反，在这过程中，形象的想象是愈来愈具体、愈生动、愈个性化。因此，形象思维是个性化与本质化的同时进行。这就是恩格斯称赞黑格尔所说的‘这一个’：典型的创造。形象思维的过程就是典型化的例子。”[④]

---

① 卫灿金：《语文思维培育学》，语文出版社，1997年，第135页。

② 卫灿金：《语文思维培育学》，语文出版社，1997年，第27页。

③ 百度百科：http：//baike. baidu. com/view/407874. htm

④ 李泽厚：《试论形象思维》，《文学评论》1959年第2期。

形象思维的认知加工要经过形象感知和形象理性化两个阶段。形象感知阶段是对事物进行感觉和知觉，并在此基础上形成该事物的表象。表象既具有直观形象性又具有初步的概括性，为形象的理性化做好了准备。形象的理性化就是在对头脑中已有表象材料进行加工，使其典型化和理想化，成为新的完整的艺术形象，在抒情作品中就表现为意象，在叙事作品中就表现为典型人物、典型情节和典型环境。

（二）文学作品学习中形象思维的意义

《义务教育语文课程标准》（2011 年版）明确地将“发展思维”作为语文课程的基本理念，指出：“语文课程应培育学生热爱祖国语文的思想感情，指导学生正确地理解和运用祖国语文，丰富语言的积累，培养语感，发展思维，扩大视野，初步掌握学习语文的基本方法，养成良好的学习习惯。使他们具有适应实际需要的识字写字能力、阅读能力、写作能力、口语交际能力。”同时提出了“在发展语言能力的同时，发展思维能力，激发想象力和创造潜能”的总目标。在阶段目标和实施建议中，使用了大量与思维有关的词语，如“体会”“体验”“体味”“领会”“领悟”“感受”“想象”“联想”“判断”“分析”等。普通高中语文课程标准继续坚持了这一基本理念和要求。这说明，课标对语文课程思维培育功能的重视。但对于发展什么样的思维能力，怎样发展思维能力，两个课标均没有提出明确的概念和要求，这不能不说是遗憾。我们只是从词语的表述中，触摸到了“形象思维”在语文课标中的存在。从思维的角度看，“体会”“体验”“体味”“领会”“领悟”“感受”“想象”“联想”等活动过程，实质上就是形象思维的过程。尽管理论表述上有一定欠缺，但是对于扭转过去重理性分析轻形象感悟的语文学习，尤其是文学作品学习，具有突破性的意义。

长期以来，中学生学习者把文学作品的学习等同于一般文章的学习，无论何种体裁的文学作品，都是按照“分段——概括段意——总结中心思想——归纳写作特点”的模式进行，重点落实字、词、句、篇、语、修、逻、文等知识的学习。在他们的形象思维能力、审美能力发展的关键时期，却关闭了想象的大门，忽略了对形象的审美感知，一味地给人物形象贴标签，用抽象的分析思维取代了形象思维，违背了文学作品学习的思维规律。其结果，小而言之，失去了对文学作品的学习兴趣；大而言之，失去了发展形象思维能力的良好时机。

文学作品学习必须重视在运用中发展形象思维。形象思维，使学习者从审美的角度对文学作品进行阅读和鉴赏，通过联想、想象等形象思维活动，将自己的生活积累融入作品形象的感知和体验中，使作品的形象生动鲜活起来，从而上升到对形象理性化的把握。如鲁迅的小说《药》的主题一般被概括为：描写群众的愚昧和革命者的悲哀，或者因群众的愚昧带来革命者的悲哀；革命者为群众而牺牲了，群众却因愚昧而吃革命者的血。这一表述中的“愚昧”和“悲哀”是抽象的概括。传统教学中，往往只要求学生记住教师从教参上搬过来的结论，而忽略了对群众的愚昧和革命者的悲哀的形象感知，这一结论作为外在的知识贮存在学生的头脑中，成为记忆化的学习。根据课标精神，就要学生通过品味小说精彩生动的描写，感知华老栓及众茶客的言行举止和心理活动，感知革命者夏瑜的言行举止和精神境界，感知康大叔等帮凶的言行举止和思想认识，结合自己的生活体验，再造一系列的人物形象，在对形象的感知、想象和再造中，上升到对形象理性化的把握：即群众的“愚昧”和革命者“悲哀”。运用形象思维，才是对文学作品真正的审美鉴赏，才能真正地提高学习者的形象思维能力、想象力和审美鉴赏能力。可以说，文学作品学习必须运用形象思维，形象思维能力也正是在文学作品学习中得到发展和提高的。

（三）文学作品学习中形象思维的审美性

形象思维作为一种普遍的思维形式，存在于人类社会生活的各个方面。文学作品学习中的形象思维及其他艺术思维与科学研究中的形象思维的不同之处，在于它具有审美性。这种审美性的表现，一是指它始终伴随有情感活动。当学习者按照语言文字的示意进行形象思维时，不仅会在头脑中再造出相应的形象，而且会激起相应的情感活动，使头脑中的形象成为有血有肉有情的活生生的形象，自己也从中获得某种情感的经验和感受。情感成为文学作品学习中形象思维的认知因素之一，须臾不可或缺。没有情感的参与，就无法对形象审美感知。如舒婷的《致橡树》，选取了“木棉”和“橡树”的意象来象征伟大坚贞的爱情。橡树有“铜枝铁杆”，“像刀、像剑，也像戟”；木棉有“红硕花朵”，“像沉重的叹息，又像英勇的火炬”。它们“根，紧握在地下/叶，相触在云里”。当我们的头脑中出现这些形象的时候，必然伴随着对这种爱情理解的强烈共鸣。

科学研究中的形象思维或抽象思维，也需要情感的力量。但这里的情感是外在于思维的对于科学研究的激情和热爱，并不构成思维的内容和结果。牛顿看到成熟后的苹果落到地面，启示他发现了万有引力，瓦特由烧开的水壶联想到蒸汽机，这其中都有形象思维活动，但并不包含审美情感因素。

二是文学作品学习的形象思维受到学习者审美意识的制约。一个富有审美情趣、有较高审美能力和强烈审美需求的学习者，他在学习文学作品时，总是能用审美的眼光敏锐地捕捉和感知文学形象，表现出较强的形象思维能力，把握形象的本质。相反，一个审美意识欠缺，没有审美情趣的学习者，常常对美的形象视而不见，感到索然无味，难以引发他的形象思维活动。如同样的一部《红楼梦》，有的人手不释卷，百读不厌，觉得美不胜收；有的人却认为啰里啰嗦，难以卒读。前者具有较强的审美力，能够沉浸于书中的世界，与人物同乐同悲；后者审美意识差，对书中的人物缺乏审美认知，因而难以产生阅读兴趣。

二、文学作品学习中的抽象思维

（一）抽象思维概述

抽象思维是凭借概念进行的思维，它以分析、综合、抽象、概括等为基本的思维过程，以概念、判断、推理为思维的基本形式，是具体形象思维向着抽象方向的高级发展。抽象思维又叫概念思维或理论思维，是人类思维的核心形态，

抽象思维的认识加工分为两个阶段。第一阶段是从感性具体到思维抽象的初级加工阶段，即运用抽象的分析和综合、比较和分类、抽象和概括将表象抽象为抽象的概念，以浓缩的形式反映着事物本质的一般规定性。抽象概念内容开展形成抽象判断，抽象判断内容的进一步开展形成抽象推理。抽象的概念、判断和推理，共同构成形式逻辑思维的基本方式。形式逻辑思维作为抽象思维的表现形式之一，遵循同一律、矛盾律、排中律和充足理由律等基本规律，采用分析和综合、抽象和概括、比较和分类等思维方法，形成抽象的理论及理论体系。这些理论使人的认识从感性具体上升到思维抽象，对事物的认识产生了飞跃。

根据卫灿金教授的研究，中学阶段学生形式逻辑思维发展的总趋势是：初一年级形式逻辑思维即开始占优势，能运用抽象思维解答有关问题；到高二年级，学生运用形式逻辑思维来解答问题已趋于习惯化，并基本成熟。总之，在中学阶段，是学生形式逻辑思维由开始占优势稳步向基本成熟过渡的关键时期。

抽象思维认识加工的第二个阶段是从思维抽象到思维具体的高级加工阶段。它的逻辑起点是思维抽象，即在第一阶段中通过形式逻辑思维形成的关于对象的抽象的规定。思维主体着眼于事物整体与部分之间的关系，运用辩证的分析和综合的方法，达到对事物各种一般规定性统一的反映，再现客观事物的整体，即上升为思维具体。这种思维形式就是辩证逻辑思维。

辩证逻辑思维是抽象思维的高级形态，遵循对立统一思维律、量变质变思维

律、否定之否定思维律和辩证的充足理由思维律，运用辩证的分析和综合方法、逻辑与历史相统一的方法、从抽象上升到具体的方法，通过具体概念、辩证判断和辩证推理的思维形式，把握客观事物的本质，在更深层次上认识事物。

根据卫灿金教授的研究，中学阶段各年级学生的辩证思维能力都在发展，总的趋势是：初一学生已开始掌握辨证思维的各种形式，但水平较为低下，仅仅是个良好的开始；初三学生正处于迅速发展阶段，是个重要的转折时期；高二学生的辨证思维已趋于占优势的地位。总之，中学阶段学生辨证思维相对于形式逻辑思维来说，发展速度快，而且是从出现到迅速发展到占优势地位的关键时期。

（二）文学作品学习中抽象思维的意义

文学作品通常被人们看作是作家形象思维成果的结晶，学习文学作品要注重体验和想象，对于发展形象思维具有极其重要的意义。但并不是说学习文学作品单凭形象思维就能很好地完成学习任务，它同样离不开抽象思维。形象思维使学习者通过回想、联想、想象等思维活动，再造出作品中的文学形象，走进作品所描绘的艺术世界，融入自己的情感体验，立体地把握形象。但如果仅有具体的形象，而没有对形象理性的分析和概括，在学习者的头脑中就会只有孤立的一些表象或片断的印象。欣赏文学意境或分析人物形象，都必须有抽象思维的参与。通过学习文学作品运用并发展学生的抽象思维，这是新的语文课程标准要求。两个课标都十分强调学生对作品的评价能力。特别是普高课标，在课程总目标中明确提出要使学生“养成独立思考、质疑探究的习惯，增强思维的严密性、深刻性和批判性”，表明课标对抽象思维及思维品质培养的重视和具体要求。就学生本身来说，正处于各种思维趋于完善或向高级形态发展的关键时期，学习中总是表现为复杂的思维活动综合参与。所以文学作品学习不仅离不开抽象思维，而且必须充分重视抽象思维，使学生对作品的理解和认识更具有深度。

中学生学习文学作品，常有忽视抽象思维的现象。有的学习者长于形象思维，他在学习文学作品时，能很动情地融入作品中，对文中形象性的描述留下较深印象，并能复述出来。但追问他对作品形象的理解和评价，就觉得没有词汇了。究其原因，是不善于分析和概括，对作品形象的认识，不能从具体感性上升到抽象理性，尤其是缺少辩证思维能力，不能辩证地对事物进行分析和综合，认识肤浅，观点片面。

我们并不难理解文学作品学习中的形式逻辑思维，如在学习叙事性作品时，要分析作品的情节结构，要分析人物形象的典型意义，要归纳概括作品的主题思想，要总结作品的艺术特色，要对作品作出自己的评价，等等，都贯穿着分析、综合、抽象、概括等过程。与此同时，要学会对作品进行辩证的分析和综合，如在分析作品中的人物形象时，要从人物的语言、行动、心理等分析其思想性格，对他的性格特征形成抽象的规定。如项羽这一人物形象，在《项羽本纪》的《垓下之围》部分，作者司马迁重点写了霸王别姬、东城突围、乌江自刎三个场面。从霸王别姬悲壮凄凉的诀别中可以看出项羽的多情无奈，这是一个抽象的规定。从东城突围的描写，表现出项羽的勇敢与自负，这又是一个抽象的规定。从乌江自刎的描写，表现的是项羽的知耻重义与宁死不屈，这是一个抽象的规定。这些抽象的规定之间是一种怎样的联系呢？它们通过什么统一到一个人身上呢？用辩证的方法进一步分析，这些表面上看似乎不相关联的特点，正是项羽作为一个个人英雄主义者本质的不同体现。作为一个英雄，如司马迁所说："羽非有尺寸，乘势起陇亩之中，三年，遂将五诸侯灭秦，分裂天下，而封王侯，政由羽出，号为'霸王'；位虽不终，近古以来，未尝有也。"他东城突围、乌江自刎的种种表现，彰显了他顶天立地的英雄风采。但这位英雄又是极具个人主义的，所以在末路之际仍表现得极端自负，如司马迁所说："自矜功伐，奋其私智而不师古，谓霸王之业，欲以力征经营天下，五年卒亡其国，身死东城，尚不觉寤而不自责，过矣。"正是这种矛盾的统一，使项羽成为一个有血有肉、活生生的悲剧英雄。同时，作为辩证分析和综合的终点，对项羽形象进一步进行辩证的历史的分析，他的成败既与他的个性有关，也是时代造就的，他的成功在于推翻一个腐朽的王朝需要摧枯拉朽的勇武，他的失败在于建立一个新的王朝更需要深谋远虑的智慧，至此，我们对项羽这一历史人物就有了全面而具体的认识。这个认识的过程，除了再造性形象思维外，始终贯穿着抽象思维活动，而且是从形式逻辑思维逐步上升为辩证逻辑思维。

（三）正确把握文学作品学习中形象思维与抽象思维的有机结合

脑科学研究证明，人的左脑控制抽象思维，右脑控制形象思维。这两种思维形式是人类认识客观世界的基本方式，不能互相代替，必须协调和平衡发展，互相补充，才能最大限度地提高人的创造力。文学作品学习实质上也是两种思维协同活动，共同得到发展的。

1. 形象感知与理性分析结合

表象或形象是形象思维的基本内容。学习文学作品首先是通过体味形象化的语言，对作品中的形象予以审美观照把握，在大脑中再造出以作品语言描述的艺术形象为基本原型的，带有自己经验色彩的新的艺术形象。但对这样的艺术形象该如何认识评价，就要求在形象感知的同时，能结合形象进行理性分析。这里的理性分析既包括了形式逻辑的从具体感性到形成抽象规定的理性认识，也包括了辩证逻辑的辩证的分析和综合，从抽象规定上升到思维具体。学习者不仅从作品的描述中形成对形象的理性认识，还能够联系创作背景、历史时代及文学理论的知识分析认识形象的典型意义和艺术价值。

2. 联想想象与逻辑推理结合

联想想象是形象思维的基本方式。文学作品的形象的集中性、概括性、典型性给学习者留下了广阔的联想想象空间。但联想想象在本质上必须符合事物之间联系的规律，符合艺术的真实。所以，在联想想象中渗透着逻辑推理的思维活动。如学习《我的叔叔于勒》，可以想象如果于勒认出了菲利普夫妇，小说情节会怎样发展？他们相见会是怎样情形？或者说如果于勒没有破产，而是衣锦还乡，菲利普夫妇又会是何种态度？等等。可能不同的人会有不同的想象，但必须符合人物性格和情节发展的逻辑，只有这样，才能使人物形象更具体丰满，主题更加突出。

3. 情感体验与归纳概括结合

情感性是形象思维的基本特征。学习文学作品离不开作者、作品和学习者之间情感的互动交流，学习过程本身有着浓厚的情感色彩。但学习者不能被情感的涌动淹没，同时还应有清醒的理智，能够对作品的主题、情节或意义进行恰当的归纳概括，要能够说出作品写了什么、表达了什么或抒发了什么。

4. 涵咏品味和揣摩推敲结合

文学语言具有形象性、情意性和多义性的特点。学习文学作品要有对文学语言良好的语感，在“涵咏”中品味、意会作品的情感和意义。但只有把涵咏品味和揣摩推敲结合起来，也就是把形象的直觉的把握和精细的逻辑分析结合起来，明白为什么这样写而不那样写，明白所运用的艺术技巧产生了什么效果等，才能对文学语言的意义有准确而深刻的理解。

三、文学作品学习中的创造性思维

（一）创造性思维概述

创造性思维是人们熟知的一个思维概念，但它还没有被广泛认可的定义。有人定义为：它是指有创见的思维，是在创造性活动中，应用新的方案和程序，创造新的思维产品的思维活动；有人定义为：它是一种具有开创意义的思维活动，即开拓人类认识领域、开创人类认识新成果的思维活动；有人定义为：它是一种开创性的探索未知事物的高级复杂的思维，是一种有自己特点、具有创见性的思维，是扩散思维和集中思维的辩证统一，是创造想象和现实定向的有机结合，是抽象思维和灵感思维的对立统一，等等。这说明，人们对创造性思维的认识还处在探索阶段，要给出一个科学的定义还有困难。不过，人们还是达成了对创造性思维的一些共识，一是思维的新颖独特性。它不是简单地重复以往人们的思维过程，而是以不同于他人的思维方式，形成新的思维产品，呈现出“新、独、特”的特点。二是创造性思维寓于形象思维和抽象思维之中。创造性思维并不是独立存在的一种思维形式，而是在形象思维和抽象思维的基础上和相互作用中发展起来的，抽象思维和形象思维是它的基本形式。三是创造性思维与多种思维形式相联系。是逻辑思维和非逻辑思维（形象思维、灵感思维、直觉思维）的辩证统一，是发散思维和辐合思维的辩证统一。创造性思维是一种求异思维，它虽有多种思维活动参与，但并不等同于哪一种思维，就创造新的思维产品过程来说，具有不可复制性。这正是它的价值和意义所在。

对于创造性思维的理解，有广义和狭义之说，广义的创造性思维是指思维主体有创见，有意义的思维活动，每个人都有这种创造性思维。就中学生学习者来说，创造性思维多指这种广义的创造性思维。虽然学生的学习以再现性思维为主，但也包含着创造的成分，其知识和认知建构的每一步，都有创造的表现。正如皮亚杰所说：“智力的发展是一个不断的创造过程。发展过程中的每一个阶段都产生了一些全新的、与先前不同的东西。”① 狭义的创造性思维是指思维主体发明创造、提出新的假说、创建新的理论、形成新的概念等探索未知领域的思维活动，这种创造性思维是少数人才有的。所谓培养学生的创造性思维，主要是指广义上的创造性思维，它是创造性思维不断向高级形态发展的基础。

（二）文学作品学习中创造性思维的意义

文学作品学习既贯穿着创造性思维活动，也是发展创造性思维的重要途径。《普通高中语文课程标准》在课程目标“发现·创新”部分提出：“注意观察

① B·J·瓦兹沃思：《皮亚杰的认知和情感发展理论》，徐梦秋、沈明明译，厦门大学出版社，1989年，第233页。

语言、文学和中外文化现象，学习从习以为常的事实和过程中发现问题，培养探究意识和发现问题的敏感性。对未知世界始终怀有强烈的兴趣和激情，敢于探异求新，走进新的学习领域，尝试新的方法，追求思维的创新和表达的创新。学习多角度多层次地阅读，对优秀作品能够常读常新，获得新的体验和发现。学习用历史眼光和现代观念审视古代作品的内容和思想倾向，提出自己的看法。在探究活动中，勇于提出自己的见解，尊重他人的成果，不断提高探究能力，逐步养成严谨、求实的学风。”在必修课程阅读与鉴赏目标中也提出：“学习探究性阅读和创造性阅读，发展想象能力、思辨能力和批判能力。”充分体现了课标对创造性思维发展培养的重视，创造性思维对于文学作品学习具有重要的意义。

文学作品学习中创造性思维活动主要表现为探究意识、发现问题、多元解读、创意表达等。文学作品的话语蕴藉和“召唤结构”，使得文学作品具有丰富的意义生成的可能性，也具有多重阐释的可能性。课标指出的“学习从习以为常的事实和过程中发现问题”，“学习多角度多层次地阅读”，学习“用历史眼光和现代观念审视古代作品的内容和思想倾向”，“学习探究性阅读和创造性阅读”，正是抓住了文学作品的这一特点，要求学习者运用创造性思维，从一般人不易觉察的地方发现问题、提出问题，在对问题的探究中，摆脱一元解读模式下的封闭思维方式，打开思路，提出自己的见解，获得对优秀文学作品新的体验和发现。充分发挥创造性想象力，填补作品的“空白点”和“未定点”，创造性地阅读作品，形成对作品的个性化解读。由此看来，文学作品学习充满了创造的色彩，正是创造性思维还原了文学作品一个五彩斑斓的世界。

（三）文学作品学习中创造性思维的复杂性

创造性思维是思维的高级形态，它既是多种思维形式的综合，又是对多种思维形式的突破。文学作品学习中的创造性思维是多种思维参与，相互作用，并各自发挥优势的一个复杂过程，它以抽象思维和形象思维为基础，是逻辑思维与非逻辑思维（形象思维、直觉思维、灵感思维）的辩证统一，也是发散思维和辐合思维的辩证统一。

1. 直觉思维和灵感思维

直觉思维和灵感思维在创造性思维关键阶段上起着重要作用。直觉思维是人脑对于突然出现在面前的新事物、新现象、新问题及其关系的一种迅速识别、敏锐而深入的洞察，直接的本质理解和综合的整体判断。[①] 学习者在学习文学作品中，常有直觉思维的参与，如对文学语言意义和情感的把握，当学生具备了一定的文学素养和理解感悟力后，就不需要去分析，直接就能觉察出来，对文学形象内蕴进行直觉的感知把握。如“这年我十八岁，我下巴上那几根黄色的胡须迎风飘飘，那是第一批来这里定居的胡须，所以我格外珍重它们。”（余华《十八岁出门远行》）如果用纯逻辑分析的方法，会觉得这样的语言表达很不恰当，用词不准确。但阅读时，我们并不觉得它不正确，而是真实地感觉到了氤氲在字里行间的那种成长的青春的喜悦和惆怅，这就是对语言意义的直觉思维。

灵感思维是在无意识的情况下产生的一种突发性的创造性思维活动。[②]灵感的出现虽有偶然性和突发性，但也是“众里寻他千百度”之后，“蓦然回首”的一刹那的惊喜发现。我们对某一作品的意蕴有时会有偶然的顿悟，在不经意间思维贯通，产生新的体验和发现，这就是灵感思维。如我们阅读长篇小说，时会掩卷深思，但多数情况是沉浸在小说的形象世界里，与人物一同歌哭，保留在大脑中的多是形象的记忆与感悟。当我们在经历一些事后，这种记忆刹那间复活了，它不仅让我们顿悟了小说的哲理，而且顿悟了生活的真谛。

2. 发散思维和辐合思维

发散思维和辐合思维是美国心理学家吉尔福特在创造性思维的研究中提出来的。他认为，发散性思维是“从给定的信息中产生信息，其着重点是从同一的来源中产生各种各样的为数众多的输出，很可能会发生转换作用”。[③] 它具有流畅性、变通性、独特性等特点。发散性思维强调通过联想和迁移对同一个问题形成尽可能多的答案并寻找多种正确途径。文学作品给学习者预留很大的读解空间，要能够创造性地阅读作品，就需要运用发散思维。就发散思维的方法来说，有顺向思维、逆向思维、纵向思维、横向思维等。学习者可以顺着问题的指向去思考或提出新问题；可以向着问题的相反方向去思考，进而提出新的问题；可以在原有材料的基础上，作出合理的联想和引申；可以通过联想将各种相关材料联系起来思考，形成新的认识。发散思维是文学作品学习中重要的思维形式之一，善于

① 卫灿金：《语文思维培育学》，语文出版社，1997 年，第 277 页。
② 卫灿金：《语文思维培育学》，语文出版社，1997 年，第 281 页。
③ 转引自卫灿金《语文思维培育学》，语文出版社，1997 年，第 275 页。

进行发散思维，学习文学作品就会突破固有的陈旧观念，得出新意。当然，发散思维必须是“从给定的信息中产生信息”，必须尊重对作品的基本理解，不是脱离作品的凭空推测和猜想。

辐合思维是依据给定的零散信息得出一个有效的或合理的答案或结论。① 辐合思维和发散思维是相辅相成的，就学习文学作品来说，当面对一篇作品，需要调集学习者所有的知识经验，对作品多角度地思考，这个过程就是发散思维。当发散到一定程度后，面对众多的观点看法，就必须予以分析、比较、加工、整理，最终确定一个最佳的结论。二者是一个相互交替、相互促进的过程，缺一不可。如对于《红楼梦》主题的认识，可以有多种概括，这就是一个发散思维的过程。但哪一种更接近于正确，或要对多种观点进行综合，得出一个更全面的结论，这就是一个辐合思维的过程。

第三节　文学作品学习中的心理现象

文学作品学习是从学习者对作品的阅读开始的，虽然学习中有老师的引导或讲授，但它是建立在学习者各不相同的心理期待基础上的。同样一部作品，有的人爱不释手，有的人却觉得索然无味。有的人偏爱抒情性作品，有的人偏爱哲理性作品，有的人偏爱叙事性作品。总之，在文学作品学习中存在着明显的个性差异，这种差异的心理因素之一就是学习者在文学作品学习中的心理定势使然。

一、文学作品学习中的心理定势

（一）文学作品学习中的心理定势现象

现代心理学认为，定势是一种心理的定向反应，就是主体的原有心理模式对以后心理活动趋向的制约性，或者说主体心理活动所形成的准备状态和展开方式对后续心理体验的敏感性和倾向性。影响心理定势形成的因素主要是先前的经验及像需要、情绪、态度、价值观念等个人因素。文学作品学习不会起始于一片空

① 卫灿金：《语文思维培育学》，语文出版社，1997 年，第 276 页。

白，总是从学习者已有的心理模式开始的，必然会有心理定势的现象存在。一是表现为思维定势，二是表现为审美定势，三是表现为方法定势。

文学作品学习中的思维定势，指学习者在文学阅读时表现出来的思维的趋同性，在选择作品时，习惯于接纳与自身审美经验和心理结构相同的作品，较为排斥审美经验之外的作品。学习者通过作品使自身经验得到印证，在作品中发现了自己，油然而生一种熟悉感、亲切感，进而产生审美的愉悦。中学生喜欢校园文学，正是因为校园文学的内容贴近他们的生活和思想实际，语言风格符合他们的审美趣味。对于教材中的文学作品，各人喜好也有不同，老师倾情推荐的，未必是学生喜欢的。多数学生喜欢李白的潇洒飘逸，因为他在一定程度上吻合了年轻人的心理特点。思维定势的另一种表现，就是阅读惯性，往往根据自身知识积淀和作品中的信息，进行固定的推测或想象。如当作品中描写浓云密布，暴风骤雨即将来临时，预示着人物将有不幸的事发生或情感、思想遇到极大的震动。阅读悲剧作品时，无论人物和情节有多大的差别，人物的命运有多少的磨难坎坷，但都希望有一个理想的结局，好人得到好报，坏人得到惩罚。

文学作品学习中的审美定势，有时表现为学习者总是根据自己的审美观选择作品，喜欢婉约风格，就把婉约的作品奉为经典。喜欢描写战争的作品，就想方设法去阅读战争题材的作品。有时表现为学习者对作家的偏爱，喜欢某个作家，就会把他的作品找来阅读，包括关于他的所有文字都会有浓厚兴趣，甚至到了痴迷的程度。有时审美定势会突破文学本身，延伸到其他相关联的事物。如当我们被裴多菲的爱情诗《我愿意是激流》深深吸引时，就会把诗中的爱情移植到自己的生活中，努力追求着诗中所描绘的境界。

文学作品学习的方法定势，主要是指中学生学习者受中、高考的影响，对于文学作品学习的方法往往只按照考试要求学习，学习方法缺少灵活性和多样性，往往对于做题轻车熟路，真正的文学鉴赏难以深入。

（二）心理定势对于文学作品学习的意义

文学作品学习要利用学习者的心理定势，促进文学鉴赏能力的提高。学习者对于文学作品学习具有的心理定势，首先表明他已具备一定的文学阅读与鉴赏能力，已形成一定的文学审美心理图式，对与自己心理结构相近的文学作品较容易契合，也会有兴趣进一步学习，这个学习过程就是对已有图式的丰富和扩充。再者，心理定势的存在一定程度上反映了文学作品学习的个性化特点，不同学习者对作品的选择、鉴别、偏好不同，他会对自己特别感兴趣的作品投入更多的时间和精力去学习。作家郁达夫曾专门写了一篇题为《文艺鉴赏上之偏爱价值》的文章，他说："对于文艺作品，不能感得偏爱者，就是没有根器的人，像这一种人是没有鉴赏文艺的资格的。"① 这里所说的偏爱就是文学审美定势，也是激发学习热情，使学习者全身心投入的心理动力。第三，心理定势还意味着学习者对文学作品的文化认同和文化心理积淀。这种文化的认同感、归属感不仅使学习者对本民族文学形成了传统的接受习惯，而且有助于对不同民族的文学借鉴吸收。

总之，要正确认识和有效利用心理定势，促进文学作品学习，防止心理定势僵化学习者的思维，钝化对新事物的敏感，甚至走向狭隘和偏执。

二、文学作品学习中的心理误区

（一）文学作品学习中心理误区现象

1. 认识偏见

认识偏见是指学习者在文学方面的思想观念和艺术主张上的偏执、片面的见解与主张。它是导致学习者思想认识上偏离作品的客观价值的主要心理因素。作为中学生学习者，认识偏见的产生，主要是受认识水平、审美偏好、个性特征等因素的影响。不少学生不喜欢学习古代文学作品，把古代文学作品学习等同于古代汉语学习，注重字词句的解释和翻译，而忽略其文学艺术的欣赏和中华文化的领悟。他们认为古文学习没有意思，也不如现代文有用，现代文更容易引起共鸣。加之古文学习的语言困难，在理解和沟通上有一定障碍，不愿意努力去克服。他们不能充分认识优秀的古代文学作品的学习价值，因而产生排拒心理，一定程度上就是"小学而大遗"（韩愈语）。比较普遍的是学习者对某些作品或某人作品的偏见，如流传千古的诗篇《氓》被宋代理学家朱熹指斥为"淫"；受后人赞誉的柳永的反映市井风情的词，却在当时受到一些词评家的责难。中学生在学习文学作品时，也往往单纯从个人喜好和兴趣出发，对作品作出自己固执的评判。

2. 盲从心理

盲从心理是一种不问对象、不问目的、盲目追随的心理趋向。这种心理也

① 转引自龙协涛《文学阅读学》，北京大学出版社，2004 年，第 174 页。

会导致学习者不能正确地看待和学习作品。中学生学习文学作品的盲从心理，其表现形态主要是，一是盲从权威，只要是名家或权威的作品，不管其实际的价值如何，就认为是好的作品，慕“名”而学；二是盲目从众，只要是热门的作品，就认为是好的，市场上的畅销书往往容易成为他们竞相追逐和热捧的对象，教材中的佳作却常遭到冷落，盲目从众，慕“热”而学；三是盲目从师，只要老师大加赞美的，就是好的作品，老师贬斥的，就是不好的作品，对作品的判断受老师个人偏好的左右。盲从心理的产生主要是因为中学生学习者的文学鉴赏能力还不够高，对作品难以有独立的判断和把握，致使人云亦云，盲从他人。这种盲从心理的存在，会使学习者在学习中丧失独立见解，不利于创新精神和创造思维的培养。

3. 逆反心理

逆反心理就是故意“对着干”的心理。这种心理表现在文学作品学习中，就是越被反对的作品，就越有兴趣去阅读，越是引起争议的作品，就越有一种阅读探究的欲望。这种心理有其积极的一面，就是学习者不盲从“权威”或“热点”，有自己独立的看法和见解，有利于一些暂时并不能为大众接受的作品的传播，也有利于对一些争议作品的进一步研究探讨。但同时也有其消极的一面，逆反心理的存在，往往使学习者容易偏激地对待一些客观公正的评价，为故意唱反调，失去了向优秀作家作品学习的机会。

（二）走出文学作品学习的心理误区

文学作品学习中存在的心理误区，主要是学习者的主观因素造成的。认识到这一点，有助于学习者走出误区，正确地对待文学作品学习。要对文学作品少一些偏见和盲从，一是学习者要注重提高自身的文学素养。学习者要具备一定的文学理论知识和鉴赏能力，面对一部作品，能够根据自身的知识和经验，从作品的客观价值出发，作出恰当的评价。要做到这一点，提高学习者自身文学素养十分关键。二是学习者要敢于和善于独立思考，成为学习的主人。中学生学习文学作品是在老师的引导下进行的，学习的目的和方式过多地受考试的影响，使他们在学习中不敢越雷池一步，大脑成了老师思想的存储器，或考试的奴隶，丧失了独立思考的信心，盲从心理自不待言。这对于文学作品学习是十分有害的，在学习者眼里，文学作品会变得僵化呆板、味同嚼蜡。要避免这些消极的影响，学习者必须要敢于和善于独立思考，敢于创新，做学习的主人而不是奴隶。三是多阅读，多比较，不断提高审美力。眼光、思想、独立都是在大量的阅读实践中练就的，在这里不仅强调数量，更要强调阅读学习中的比较和鉴别，对作品不要完全由着个人的偏见，轻率地下结论，要运用文学的自身的标准，进行分析判断。

三、文学作品学习中的心理障碍

中学生在学习文学作品时，既有智力因素的影响，也有非智力因素的影响。前者主要表现为感知、理解、记忆、思维和想象等因素对文学作品学习的参与。后者主要是指兴趣、注意、意志、情感等因素对文学作品学习的参与。学习者在文学作品学习中常常表现出厌倦、懒惰、冷漠、焦虑不安等现象，这种与非智力因素有关的不良心理现象，就是文学作品学习中的心理障碍。有些学生不喜欢学习语文，认为语文学习不像数理化学习那样具体且成效显著；有些学生阅读文学作品不专心，注意力分散；有些学生认为自己天生没有文学细胞，对文学作品学习信心不足等，这些都严重影响到文学作品的效果。

要克服文学作品学习中的心理障碍，一是要引导学习者正确归因。不要简单地把学习好的原因归因于天分，要相信自己坚持不懈的努力。二是要加强有意注意的训练。注意力不集中是学生学习时的常见病，老师要通过精心的教学设计，吸引学生的注意力；学生也要通过各种方式锻炼自己的有意注意，能够做到不受或少受外界干扰，无论何种情况，都能专心于自己的学习。三是学会调节和控制自己的情绪。文章不是无情物，文学作品尤其如此，学习者应该以一种积极的情感态度学习文学作品。但是，如果出现情绪低落，再好的作品，也会感到厌倦、无趣，这时就要调控情绪，尽可能地使其向着有利于学习的方向发展。四是优化文学阅读的品质。阅读品质涵盖了提高阅读效率和质量的全部心理素质，平时不仅要努力提高学习文学作品的自觉性、自制力，也要提高记忆的品质、学习的专注性、选择性、批判性、创造性等品质。只有全面优化阅读品质，才能从根本上克服文学作品学习中的心理障碍，提高学习的积极性和学习的质量。

第七章　文学作品学习方法（上）

文学作品学习是一项复杂的活动，要提高学习质量和效果，必须讲究学习方法。法国生理学家贝尔纳曾经说过："良好的方法能使我们更好地发挥运用天赋的才能，而拙劣的方法则可能阻碍才能的发挥。"联合国教科文组织国际发展委员会编著的《学会生存》一书中指出：未来的文盲，不再是不识字的人，而是不会学习的人。因此，探索科学有效的文学作品学习的方法，对于学好文学作品具有极其重要的意义。

第一节　吟咏诵读法

一、吟咏诵读法概述

（一）吟咏诵读法释义

诵读在古代汉语中是意义有别的两个单音节词，《说文解字》说：" 诵，讽也"，"讽，诵也"，讽诵互训。但二者实际上是有区别的，郑玄说："倍文曰讽，以声节之曰诵。"段玉裁《说文解字注》说："倍同背，谓不开读也；诵则非直背文，又为吟咏以声节之。""吟" 义为 "叹"。"咏" 义为 "歌咏"。吟咏是一种情感的抒发。《诗・周南・关雎序》："吟咏情性，以风其上。"孔颖达疏："动声曰吟，长言曰咏。作诗必歌，故言吟咏情性也。"可见，"诵" 即是吟咏，指带有感情色彩和语调节奏的表达方式。"读"，《说文解字》说："诵书也"，段注改 "诵" 为 "籀"，释为 "抽绎其义，蕴至于无穷，是之谓读"。他又解释："讽诵亦可云读，而读之义不止于讽诵。讽诵止得其文辞，读乃得其义蕴。”可见，“读”不仅包括“诵”，它还特别侧重于对内容的理解。在先秦典籍中，古人多把“诵”和“读”分开来运用，如《礼记·文王世子》记载：“春诵、夏弦……秋学礼……冬读书。”“诵”和“读”强调的侧重点不同，“诵”是口念其词，“读”是心思其义，二者配合可相得益彰。后来，就将“诵”、“读”结合起来运用，成为一种行之有效的读书方法了。清代名臣曾国藩就说过，名诗美文“非高声朗读则不能得其雄伟气概，非密咏括吟则不能探其深远之趣。二者并进，使其声调拂拂然若与我之喉舌相习，下笔时必有句读凑赴腕下，自觉琅琅可诵矣”。①

今人对“诵读”的理解与古人略有不同，《辞源》释为：“念、熟读。”《现代汉语词典》释为：“念（诗文）。”都只作了一般意义上的解释。叶圣陶先生将“诵读”一词理解为“熟读”、“成诵”。他在《〈精读指导举隅〉前言》中说：“读法通常分两种：一种是吟诵，一种是宣读，无论文言白话都可以用这两种读法来读。”他还指出这两种读法的特点，“至于宣读，只是依照对于文字的理解平正地读下去，用连贯与间歇表示句子的组织与前句和后句的分界来”，而“吟诵就是心、眼、口、耳并用的一种学习方法”，并且“必须理解在先”，然后才能“传出文字的情趣，畅发读者的感兴”。叶老的解释与古人的不同在于，他更强调诵读以理解为基础，也就是先理解，后吟诵；古人之诵读，则强调在吟诵中理解意义。相比较而言，叶老对于诵读的解释更符合学习心理学规律。

王荣生先生则强调：“‘诵读’的要义，是‘得他滋味’（朱熹语）。‘诵读’重在‘味’（动词用法）、重在‘玩’（刘勰语），‘须是沉潜讽咏，玩味义理，咀嚼滋味，方有所益’（朱熹语）。”②

语文课程标准十分重视诵读的学习方法，而且作了具体表述。诵读是我国语文教育优秀传统中一种有益于积累、有效提高语文能力的好方法，应该适当提倡。诵读是反复诵读，自然成诵，尤其适宜于抒情诗文、文言文等声情并茂的作品。课标对不同学段的学生都提出“诵读古代诗词和文言文”的要求，并推荐了具体的诵读篇目。

通过对古今关于诵读内涵的比较分析，我们可以对吟咏诵读法作这样的理解：吟咏诵读法就是在理解的基础上，通过眼观、口诵、心惟、耳听，在感知玩味作品

---

① 曾国藩：《曾国藩家训》，岳麓书社，2001年。

② 王荣生：《对“整体感知”“整体把握”的感知与把握》，《语文学习》2002年第6期。

言语的声音形态的同时，实现对作品情感意蕴更深入的体验感悟的学习方法。

（二）吟咏诵读法的特点

1. 整体性

诵读是眼、口、耳、脑四种器官协同配合使用的过程，是感觉、知觉、视觉、听觉、思维、想象、注意等多种心理活动共同参与的过程，既是用声音准确表达作品意义的过程，也是通过声音抒发情感的过程。所以，诵读是多种器官协同配合的整体，也是多种心理活动共同参与的整体，也是声音、意义、情感相融的整体。从系统论思想看，整体永远大于它的各部分的总和。一切系统都是整体，从整体分离出来的部分与整体中发挥机能作用的部分是截然不同的。运用诵读法学习文学作品，一定要树立整体观思想。诵读作为一种复杂的心理活动，不能单用一种器官参与学习，如“小和尚念经，有口无心”一样，只在口诵，而没有想象和思考，这样做的结果总是事倍功半，收效甚微。朱光潜先生曾说：“写在纸上的诗只是一种符号，要懂得这种符号，只是识字还不够，要在字里，见出意象来，听出音乐来，领略出情味来。诵诗时就要把这种意象、音乐和情趣在声调中传出。”[①] 诵读作品时要调动多种感觉和思维对作品予以整体观照把握，才能通过作品言语的声音形态完美地表达作品描绘的形象及其情感意义。

2. 体验性

语文课程标准要求学生能在诵读优秀诗文过程中体验情感，领悟内容。诵读的过程也是读者体验作品的过程，不仅体验作者寓于作品中的感情，还要调动自己的经验和生活积累，实现读者和作者“视野融合”。作者创作作品一旦完成，便脱离了创作当下的语境，漏失了声音，成为有待读者还原解读的文字符号。从接受美学观点看，将无声的文字符号还原为有声语言的同时，也是读者对作品再创造的过程。也就是说，读者把作品固化的文字符号还原为有声的语言的过程，必然融入了读者主观的思想感情，产生个性化的独特的体验。诵读必然伴随着体验，否则就成为机械的发声。

3. 实践性

诵读是一种实践性很强的操作活动过程，对作品的情感体验，内容的感悟，并不是诵读一次就会立竿见影。诵读的技巧需要不断地训练，作品的情感思想意

① 朱光潜：《诗论》，北京出版社，2005 年。

蕴需要不断地揣摩，因而，读者需要多次地、多角度地、多方位地与作品接触，沉潜往复，反复实践，才能用作品的言语声音形态表达作品的形象与意蕴，获得自己的体验和感悟，受到情感态度与价值观的熏陶感染，实现鉴赏能力的迁移内化。诵读法的实践性决定了必须在反复的诵读实践中才能掌握这种方法，熟练自如地运用这种方法。由此，文学作品的诵读不能仅仅依靠课堂有限的时间，而要延伸至课外。在课外学习中开展多种形式的文学作品诵读活动，加强诵读实践，对文学作品学习将大有裨益。

（三）吟咏诵读法的作用

1. 形成良好语感

文学是语言的艺术，吟咏诵读优秀的文学作品是学生学习语言，形成良好语感的有效途径。朱光潜在《谈美》之十三“创造与模仿”中曾用心理学、生理学的原理来解说诵读这种传统的读书方法。他说：“朗读也是一种模仿，就像写字、绘画要模仿手腕筋骨活动的技巧一样，它要模仿作者喉舌筋肉活动的技巧。”又说：“朗读既久，则古人之声就可以在我的喉舌筋肉上留下痕迹，‘拂拂然若我之喉舌相习’，词句会自然地从口中溢出，写来左右逢源，得心应手。”① 这段话形象地描述了在诵读中形成语感的过程。文学作品作为语言艺术的典范，特别是我国古代优秀诗文，其节奏、其韵味、其跌宕、其丰厚，真是让人涵泳不尽，玩味无穷。诵读优秀诗文使我们对汉语言的绝妙精彩不仅熟能成诵，更得到了语言的滋养，形成良好语感。

从语感形成的心理机制看，语感是以图式的形式存在的，语感图式在学习过程中不断地同化、顺应而逐渐建构发展，使语感能力得到提高。文学作品诵读是对文学语言的直觉的、整体的感知，它不是语音学意义上音素、音节读音的简单相加，而是以语感图式的形式储存在人的大脑中，诵读的过程就是语感图式不断形成并储存的过程。

2. 增强美感体验

诵读不同于死记硬背，它是有读者的情感体验和对内容的感悟包含其中的，因而，诵读文学作品本身就是美感体验的过程，而且在这一过程中，随着诵读的顿挫抑扬、精炼流畅，美感体验会愈加丰富深刻。王荣生先生指出：“诵读”的

① 朱光潜：《谈美》，广西师范大学出版社，2004 年。

要义，是“得他滋味”（朱熹语）。滋味就是美感的一种。如鲁迅先生《从百草园到三味书屋》中，描写一群孩子在寿先生的要求下放开喉咙读得人声鼎沸，而先生也自己也念书。但这二者之间有很大的不同，孩子们是在对语言情意毫无感知的情况下机械地读死书，而先生则是进入了诵读的最佳状态。鲁迅先生描写道：“读到这里，他总是微笑起来，而且将头仰起，摇着，向后拗过去，拗过去。”这时的陶醉、倾情、忘我，在先生来说完全进入美的境界。他所诵读的两句赋文：“铁如意，指挥倜傥，一座皆惊呢～～～～；金叵罗，颠倒淋漓噫，千杯未醉嗬～～～～……”仿佛把他带到唐末沙陀国主李克用所设置的豪宴之中，饮者的豪情壮志，正是这位“寒士”神往的境界。读者与作品发生了思想感情上的共鸣，在精神上得到极大的满足。这样的诵读才是审美的，读者的美感体验被丰富升华。

3. 培养学习习惯

诵读，是养成学生学习文学作品良好习惯的重要途径。我们阅读的文学作品是一个鲜活的整体，它有肌理，有血脉，有骨肉，有气息，不通过诵读是难以感受到这一切的。当然，感受“肌理、血脉、骨肉”相对来说是比较容易的，而读出“文气”来可不是一件简单的事。文章的气势要通过反复诵读才能表达出来，感受得到，在“吟咏之间，吐纳珠玉之声；眉睫之前，卷舒风云之色”。学生只有在诵读作品时沉浸其中体验、去玩味，学生主体的独特感受、体验才可以充分获得。并且，诵读很少受到条件的限制，课内课外，室内室外，倚坐站立，晨昏灯下，均可。而雨天愁结，展书诵读，也许能读出另外一种情调；忙中偷闲，品茗诵读，也许能读出别样一种境界。所以，诵读是文学作品学习的有效方法，长期的诵读实践，习练熏陶，自然而然引发学生对文学作品的热爱，激发学习的兴趣，由此养成良好学习习惯，这对于学生学习更具重要意义。

二、吟咏诵读法的学理

（一）言语声音伴随着情感并更直接地表达情感

从语言学的角度看，作品文本的言语形态有两种，即文字形态和声音形态。通常情况下，文本是以文字形态存在着的。作者在创作过程中，将自己在构思中已基本酝酿成熟的形象和意念转换为文字符号，并固定在纸上，即成为文本。文本是无声的，但文本的文字结构与意义结构提供了转化为有声言语的坚实基础与巨大空间。诵读就是将文本的文字形态转化为声音形态，而文本言语的声音形态，不是词音的简单拼凑，也不单是词句意义的载体，其中必然渗透着作者独特的情感意味。龚自珍说："不是无端悲怨深，直将阅历写成吟。""吟"，不是单纯的语音，而是与感情相伴随的言语声音。

当然，言语的文字形态也是表达人的思想感情的，人学会了语言，并发明了文字，就是用它来交流思想，抒发感情的。不过，文字作为语言的载体，它表达感情不如声音更直接、彻底、深刻、细腻。丹纳在《艺术哲学》中这样说："人的喜怒哀乐，一切骚扰不宁、起伏不定的情绪，连最微妙的波动，最隐蔽的心情，都能由声音直接表达出来，而表达的有力，细致，正确，都无与伦比。"① 如李白《静夜思》"低头思故乡"一句，单从文字看，平淡无奇，但如果要把它读出来："低头——思——故——乡——"则觉思乡之情低徊往复，挥之难去了。

运用吟咏诵读法学习文学作品，就是学习者通过诵读的有声语言，激活作品中潜蕴着的主体的生命感情，更直接、更细腻、更生动地表达出来，并在这个过程中，获得独特体验，领悟作品内容，也使自己的情感变得丰富，情操得以陶冶，精神得以升华。

（二）吟咏诵读的实质是对话

语文课程标准提出了"阅读就是对话"的新的阅读理念，而吟咏诵读就是对话的形式之一，或者说，吟咏诵读的实质是对话。

文学文本是一个有待读者创造的"空框"和"召唤结构"，文本只有在读者的阅读接受中才能真正完成创作，成为完整的作品。读者的阅读，是用自己的语言知识、生活体验及相应的生命活动加以充实和丰富，即与文本对话。吟咏诵读文学作品，是读者与文本、读者与自我的双重对话。先说读者与文本的对话，文本是以文字符号的形式存在的，读者要把固化在文字中的情感意味和作家活生生的生命体验激发、唤醒，并创造为有声语言，读者必然会带着自己的思想、感情、阅历、审美观念去接受文本，在对话中建构出文本新的意义。再说读者与自我的对话，读者在将文本转化为有声语言的过程，是一个不断揣摩、探究、修改、完善的过程。当他在诵读的时候，实际上同时也在"监听"，通过"监听"，不断修正自己的诵读的语调或节奏，使自己的声音尽量与所要表达的内容相匹配。这个监听和修正的过程就是读者与自己塑造的有声言语形态展开的对话。郑飞艺说："诵读，不是学习表现声音的技巧，而是学习对话，学习从言语声音中

---

①［法］丹纳：《艺术哲学》，傅雷译，人民文学出版社，1963 年，第 30 页。

倾听心灵的声音，学习把倾听到的心灵的声音融合到言语声音中，学习‘读进去’和‘读出来’。‘读进去’和‘读出来’是同步的，在走向文本的‘读进去’的同时也就在‘读出来’——读出自己的经验、感受、个性等。”① “读进去”与“读出来”的本质就是诵读对话。

运用吟咏诵读法学习文学作品，正是对新课标阅读理念的具体实践，通过诵读与作者对话、与文本对话、与自我对话、也与听众（老师和同学）对话，在对话中理解原意、建构新意，提高文学作品阅读鉴赏能力和创造能力。

（三）对传统语文学习方法的继承发扬

吟咏诵读法并不是新方法，而是对我国古代读书法的继承发扬。诵读法是我国古代语文学习的主要方法，在今天提倡诵读，提倡“琅琅书声”，很大程度上是对传统学习方法的回归，但并不是全面照搬。古代把诵读当成是在私塾里练就“童子功”，面对深奥艰涩的经典，不必深究其意义，也要一边边地诵读，直至背诵，奉“熟读唐诗三百首，不会做诗也会吟”、“书读百遍，其义自见”为真理。这种做法，顺应了汉语言的学习规律，也取得了一定成效。但仔细推究，也有未必合理之处，一是没有初步的理解，一味地“读”，这种死读书、读死书的方法，相对于读者日日的付出，真是事倍功半，这放到今天的现实，恐怕无论如何也挤不出那么多时间；二是学习心理上讲，“只有理解了的东西才能深刻地感知它”，用了所有的童年去诵读，却不能有心灵的感知、体验与共鸣，正是苦不堪言。现在重提吟咏诵读，我们吸取了它的精华，对不足有所扬弃。既重视诵读的语言积累、文化积累、文法积累，也重视诵读指导，要求学生在理解的基础上，在感悟品味中进行诵读，直至背诵，大大地提高诵读的质量和效率。

运用吟咏诵读法学习文学作品，既是对传统读书方法的继承，也是发扬。但如何正确使用这一方法，在学习目标、条件、环境、要求等都发生变化的今天，特别是随着学习科学的发展，我们还应该进行更具体深入的探索。

三、吟咏诵读法学习指导

（一）指导原则

1. 诵读与思考结合

---

① 郑飞艺：《诵读的教学原理》，《语文学习》2002 年第 6 期。

运用吟咏诵读法，眼观、耳听和大脑的思考共同参与，大脑对视觉和听觉的信息进行加工，既促进了对内容的理解，又有利于牢固记忆。在实际中，我们常常顾此失彼，有时只是为了“琅琅书声”放声而念，有时却把完整的一篇美文剖析得支离破碎，这都不利于学习。所以，要强调将诵读与思考结合起来，诵读是对作品的整体把握与感知，思考则能对作品深入分析与理解，二者结合，相得益彰。南宋教育家朱熹说：“读书无法，读一遍了，又思量一遍，思量一遍，又读一遍，始诵者，所以助其思量，常教此心在上面流转。若只是口里读，心不思量，看如何也记不仔细。”① 由此可见，诵读必须要熟读精思，口诵心惟。

2. 理解与品味结合

吟咏诵读法的表现形式是有声语言，是声情并茂地塑造作品的声音形态，并在这一过程中对作品有所体验感悟。要做到这一点，须重视对作品的理解与品味。理解偏重于对作品的理性认识，其思维特征是分析的。品味偏重于对作品的感性认识，其思维特征是综合的、形象的。只有在理解的基础上，诵读才能进入作品的深处，即“读进去”；只有对作品沉潜玩味，才能有自己的独特领悟，即“读出来”，所以，诵读的背后是对作品的理解与品味，没有品味的诵读是枯燥的，没有理解的诵读是机械的，二者结合才是审美的。

3. 技巧与审美结合

诵读是一项技巧性强的实践活动，是对语调与节奏的合理把握和控制。诵读要重技巧，而不能唯技巧，因为技巧只是形式，决定技巧运用的是作品内在的思想感情，是对作品的审美鉴赏。所以运用吟咏诵读法，要把对诵读技巧的追求与对作品的审美鉴赏结合起来，在审美理解的基础上，加以技巧的合理运用，就必然会有很好的诵读效果。

（二）方法指导

1. 读准字音，读响字音

这是诵读的最基本的要求，诵读首先是字音准确，如果错误读音连篇，越读越适得其反。读准字音，要勤查字典勤向老师请教，特别是对文言文中的一些生僻字、通假字、古音字（如古人名、古地名、古官职名、古器物名称）等，首先要读准。语言不是静寂的字符，诵读即有声之读，朱熹在《训学斋规》中说得最

---

① 孟宪承编《中国古代教育文选》，人民教育出版社，1979 年，第 266 页。

明白不过了："凡读书…… 须要读得字字响亮，不可误一字，不可牵强暗记，只是要多诵读遍数，自然上口，久远不忘。"① 在琅琅悦耳的读书声中还文字以生命、活力。

2. 把握语调，读出感情

语调是指读或说一句话时音调高低升降的变化。但诵读时的语调又不仅仅是语言学上常说的高低、轻重、长短等形态所能穷尽的，一切能表现情味的抑扬顿挫、轻重缓急的变化都属于语调的范畴。一般来说，语调不同，表现的感情不同，如平直调表示平和、庄重、冷淡；高升调表示疑惑、反问、惊异、号召；曲折调表示含蓄、幽默、讽刺、烦躁、夸张、轻薄；降抑调表示肯定、赞赏、叹息、请求、沉重、劝阻，等等。但在实际诵读时并非这样简单明确，语调的变化是受感情的支配的，语调是心灵的声音，所以要求诵读者把握言语的感情色彩，然后变换不同的语调，才能把作品诵读得抑扬顿挫、有声有色。如《三峡》，"两岸连山，略无阙处"要读出山的连绵起伏，声音就应该稍微延长；"重岩叠嶂，隐天蔽日"要读出山的陡峭高峻，语调宜高亢；"夏水襄陵，沿溯阻绝"要读出水湍急的气势，语速宜稍快；"素湍绿潭，回清倒影"则应读出水的清幽秀丽，语速宜舒缓。

3. 读准节奏，读出气势

节奏是指读或说话时的停顿快慢的变化。诵读的节奏不是固定不变的，也不是孤立的语句节律，它与作品内容和情感密切相关，是作品情味的基调。诵读者要声情并茂地读出节奏，读出气势，恰切地理解作者寄寓文中的喜怒哀乐之情。如读《过秦论》《六国论》要读得大气磅礴，气势逼人；读《陈情表》《祭十二郎文》，应读得情韵纡曲，回肠荡气；读《离骚》《滕王阁序》《赤壁赋》更应如怨如慕，如泣如诉。进入"吟咏之间，吐纳珠玉之声；眉睫之前，卷舒风云之色"的美妙境界。

4. 读出新意，读得余音绕梁

诵读是体验感悟的过程，其最高的境界就是能够在反复的吟咏中读出新意，读得余音绕梁，口齿留香，使自己与作品融为一体。如诵读《蒹葭》，可以为其一唱三叹，音韵和谐的音乐美而陶醉；可以为主人公左右求索，寻找恋人的爱情

---

①《朱子童蒙须知》：见 http：//www. teacherblog. com. cn。

美而感动；可以欣赏缥缈朦胧的美景；可以向往伊人高洁而富有魅力的气质；可以忘情于自我独有的美丽想象，等等。再如读《记承天寺夜游》读出了什么是“闲”，《送东阳马生序》读出了什么是“勤”，《出师表》读出了什么是“忠”。当诵读至出神入化之时，一切技巧都退居其次，只留下心灵的悸动，是为诵读之化境。清代的桐城派学者刘大櫆在《论文偶记》中写道：“（读古人书）烂熟后，我之神气即古人之神气，古人之音节都在我喉吻间，合我喉吻者，便是与古人神气音节相似处，久之自然铿锵发金石声。”此处的“古人之音节都在我喉吻间”就是诵读的化境。

总之，重视文学作品诵读学习指导，尤其是诵读方法的指导，无疑可以使文学作品学习达到事半功倍的效果。

第二节　积累背诵法

一、积累背诵法概述

（一）积累背诵法释义

积累，即逐渐聚集的意思。背诵，就是凭记忆念出读过的文章或词句。积累背诵作为一种学习文学作品的方法，是指通过积累、背诵一些文学作品的语段、语篇，以达到提高文学素养和水平目的的方法。积累的途径包括背诵，背诵是文学积累中最重要的方法。

积累、背诵、诵读在语文学习中是使用频率较高的三个词语，它们的含义也常被人混淆。三者之间既有联系，也有区别。背诵与诵读都是积累的重要方法，但二者侧重不同，背诵更强调“背”，通过记忆把材料完整储存在大脑中，也就是不看材料而能准确地念出材料内容。诵读更强调“诵”，通过饱含感情的朗读，自然成诵，在玩赏品味中，加深体验，获得独特感悟。背诵可以通过诵读实现，诵读可以达到背诵的程度，也可以熟读如流即止。背诵的直接目的是积累，同时含有体验；诵读的直接目的是体验，同时含有积累。所以把积累背诵作为一种方法提出，而诵读是另外一种方法。

《义务教育语文课程标准》（2011 年版）在“课程的基本理念”和“课程目

标”中，先后提到指导学生“丰富语言积累”、学生要“有较丰富的积累”。为落实这一指导思想，从阅读的范围、数量、篇目上都作了较具体的规定。要广泛阅读各种类型的读物，1至6年级课外阅读总量不少于140万字，背诵优秀诗文160篇（段）；7至9年级课外阅读总量不少于260万字，名著总量不少于6—9部，背诵优秀诗文80篇（段）。

《普通高中语文课程标准》（实验）将“积累”作为语文学习的总目标之一，指出“能围绕所选择的目标加强语文积累，在积累过程中，注重梳理”。课外自读文学名著5部以上，总量不少于150万字，背诵一定数量的名篇。

可见，积累背诵法作为语文课程的重要理念和方法，得到充分肯定和重视，对于语文学习，特别是文学作品学习具有重要的方法价值。

（二）积累背诵法的特点

1. 整合性

无论是教材中的文学作品，还是推荐的课外文学作品，都是人类优秀的文化成果，语言运用的典范。因而，语文的、或者说文学的积累，其实是感性的语言模块的整体储存，它融合了多个领域、多种内容，并非单一的语言积累，同时也是文化积累、生活积累、思维积累、精神资源的积累。再就语言积累而言，它既有语言材料的积累，如字、词、句等；也有语言运用规律的积累，如阅读、写作等；还有规范语言的积累，如段落、篇章等。所以，积累具有整合性特点，通过长期的积累，使学习者具有丰富的语言和文化的积淀，成为一种缄默知识储存于学习者大脑中。

2. 记忆性

知识的保持和再现就是记忆。积累和背诵是以记忆为旨归的，学习者学习文学作品，对于优秀的、精彩的篇（段）不仅要储存在大脑中，达到长时记忆，还要能够随时调用再现。它最主要的心理心理活动是记忆，而不是其他，所以它具有记忆性特点。

3. 渐进性

积累不是知识、也不是技能，而是一个有多种心理因素参与的复杂的学习过程。语文课程标准提到积累时，用了“丰富”、“有”等描述性词语，表明它是一种持续的学习行为，是一个长期的、渐进的知识增长过程。荀子曰：“积土成山，风雨兴焉；积水成渊，蛟龙生焉。”通过日积月累，学习者获得了终身发展需要的智慧养料，它们一旦被激活，将会产生综合的效应。

（三）积累背诵法的作用

1. 有利于发展语言能力

学习者要提高文学语言的表达和应用能力，就离不开文学语言的积累，语言积累行之有效的方法之一就是背诵。古人云："记得旧文章，便有新句子。"通过积累背诵优秀文学作品，在潜移默化中，就形成了对规范语言的模仿，从而提高了文学修养和语言表达能力。有许多人成功的事例可以说明这一点。古代学者中能把《史记》《汉书》"诸子百家"等等古典名著中的重要篇章背诵下来的不乏其人。我国东汉杰出的思想家、哲学家王充自幼好学，六岁始读，八岁学习《论语》《尚书》等古经书。他每天坚持背诵1000多字，没过几年时间，就把家乡能够找到的书籍全读完了，重要的都能倒背如流。李白、苏轼等人，不仅才华出众，而且学习非常刻苦。他们都熟读先秦诸子，背诵汉赋，因此他们在写文章时就能恰当自如地运用典故。著名作家巴金上中学时就能背诵《古文观止》中的222篇散文。著名作家刘半农11岁，就会背诵《长恨歌》《琵琶行》。

2. 有利于发展想象能力

文学作品学习中的积累背诵的内容，是我们母语的艺术精品，充满了文学的想象力。许多精彩的片段，以语言模型的形式储存在学习者的大脑中，或以表象的形式呈现在学习者的记忆里。如果从童年开始，就注重这样的积累，对发展他们的想象能力将会大有裨益。现代著名数学家苏步青上小学时就能背诵《左传》《唐诗三百首》，到毕业时已能倒背如流。著名物理学家、诺贝尔物理学奖获得者杨振宁先生上初二时背诵《孟子》一书，他说自己从中获益匪浅。作为自然科学家，他们对文学作品的背诵积累如此看重，且身体力行，从中所获益的一点就是文学给他们的思维插上了翅膀，使他们发现了科学背后共同的美。

3. 有利于养成良好学习习惯

良好的学习习惯是长期坚持形成的，知识的宝库是点点滴滴积累起来的。庄子在《逍遥游》中写道："水之积也不厚，则其负大舟也无力；风之积也不厚，则其负大翼也无力。"学习者只有长期地大量地积累文学语言，把优秀的文学作品读熟，背诵，含英咀华，才能使语言的积累升华为语言的能力，也才能养成良好的文学作品学习习惯。一日曝，十日寒，非但对学习积累无益，更难以养成好的学习习惯。所以，积累的过程就是习惯养成的过程。

二、积累背诵法的学理

（一）认知心理学的依据

王尚文先生在《语感论》一书中，深入浅出地解释了皮亚杰的发生认识论。[①]皮亚杰认为，人类的认识活动并不是刺激——反应这种单纯的单向活动，认识起因于主客体的相互作用。主体的活动，简单地说就是主体积极地选择、改变、消化、吸收来自客体的刺激，从而创造客体；与此同时又不断地调整自身、改变自身，从而创造自身。在认识过程中，主体或把来自客体的信息整合于主体正在形成中或已完全形成的图式之内——即所谓“同化”，或使自己的图式在一定条件下发生变异，以适合客体——即所谓“顺应”。由此可见，人的认识活动是一个复杂的动态过程，是一个发生的过程，是一个较初级的结构过渡到高一级的较复杂的结构的过程。

根据皮亚杰的发生认识理论，学习者每次积累背诵的内容都可以看做是一个客体，当它进入主体的大脑时，是以一个语言模型的形式被主体选择、改变、消化、吸收，从而纳入主体的图式结构中，使主体的图式结构发生“同化”或“顺应”，这样不断循环往复，主体的头脑中的语言模型越来越丰富，图式结构逐步向高级发展。随着积累的量的增加，而发生质变，也就是学习主体的语言能力、思维能力及情感态度等都得到了提高。背诵优秀的诗文，这些作品与学习者原有的知识进行全方位融合、发酵，然后生长出新的知识、能力，更新着精神的家园。这也是语文课程标准特别强调从小学到中学不断地进行阅读积累和大量背诵优秀诗文的原因。

（二）符合青少年认知记忆规律

语文课程标准突出强调中小学生积累背诵的重要性，这是符合青少年认知记忆的规律的。儿童思维简单，机械记忆的能力很强，因此，对于记住的东西不容易遗忘，加之经过了反复背诵的苦功，几乎可以终身不忘。对于这一点，古人也有明确的认识，荀子说：“少不讽诵，壮不议论，虽可，未成也。”清代文臣张英说得更加详尽：“凡读书，二十岁之前所读之书，与二十岁之后所读之书迥异。幼年知识未开，天真纯固，所读者，虽久不温习，偶尔提起，尚可数行成诵。若

① 王尚文：《语感论》（修订本），上海教育出版社，2000 年，第 128 页。

壮年所读，经月则忘，必不能持久。”① 正因为有了这样的认识，古人才特别重视儿童的背诵之功，并把这种基本功叫做“童子功”。

儿童发展心理学研究的结果表明，儿童的记忆力与理解力和年龄增长的关系是呈相反状态的。人的记忆力好比一个正放着的三角形，年龄小的时候记忆力却大。而年龄增长了，相反它却变得越来越小。理解力则如同一个倒放着的三角形，年龄小的时候理解也小，年龄增大了，它相应也变大。与此关系相同的，是“机械识记”和“意义识记”，年龄小的时候，“机械识记”能力强，“意义识记”能力弱，年龄大的时候，则正好相反。因此，应充分利用青少年记忆力的最佳期，背诵下大量优秀的文学精品，这才是语文教育的最佳策略。也是文学作品学习的最佳选择。

（三）对传统学习方法的继承

背诵是我国古代私塾教育主要的学习方法，甚至是唯一的学习方法。现在，语文学习要不要背诵优秀的诗文，答案是肯定的，这已无可争议，但背诵多少、怎样背诵，从教师到学生都有一些不同的看法。我们不能简单地照搬古人的做法，而应发扬背诵这一方法的精髓，同时，根据现代语文，包括文学作品在内的学习目的、要求，重新认识和运用背诵的方法。一是在背诵的内容上突破文言文独霸天下的局面，现当代的优秀诗文都要进行适当的背诵；二是在数量上根据学习者的具体情况作出适当规定；三是改变死记硬背的方法，运用心理学的规律，采用科学的记忆方法，提高背诵的速度和效率。只有对传统采取扬弃的态度，背诵这一古老的方法才能焕发出新的活力，受到学习者的欢迎。

三、积累背诵法学习指导

（一）指导原则

1. 理解和背诵结合

背诵并不是简单的刺激——强化的记忆过程，理解文本的具体意义，识别内容的具体特征，了解内容之间、内容与原经验结构之间的联系，是提高背诵效率的前提。忽视对文本内容的理解、感悟、体验，一味地强调记诵，只能事倍功半。胡适先生在回忆他儿时读书说：“我母亲大概是受了我父亲的叮嘱，他嘱托四叔和禹臣先生为我‘讲书’。每读一字，须讲一字的意思；每读一句，须讲一句的意思。我一生最得力的是讲书：父亲为我讲方块字，两位先生为我讲书。念古文

① 张英：《聪训斋语》，商务印书馆，1939 年。

而不讲解，等于念‘揭谛揭谛，波罗揭谛’，毫无用处。”① 讲书实际上就是帮助他理解。古人也总结出了这方面的经验，宋代理学家朱熹说：“读书看义理，须是胸次放开，磊落明快，恁地去。第一不可先责效。才责效，便有忧愁底意，只管如此，胸中便结聚一饼子不散。今且放置闲事，不要闲思量。只专心去玩味义理，便会心精，心精，便会熟。”② “责效”就是我们现在的考分。读书不要总想着考分，也不要总想着别的事，而要专心致志，去“玩味义理”，这样才能领悟义理，才能熟读成诵。

当然，理解是为了更准、更快地背诵。有时，对文本的理解不是一蹴而就的，也不是一成不变的，要随着学习者生活阅历、知识经验的增加多次反复。最初的背诵只是以最初的理解为前提的，但只要有了这种积累，就会在理解的不断深化中获得更多的益处。

2. 积累和运用结合

语文课程标准强调积累，然而积累作为一个学习的行为过程，该如何实施，并没有提供更详细的做法。从语文课程的新理念出发，积累不应该是为积累而积累，只重知识量的增加，重背诵篇目数量的累积。也不应该撒下文学的大网，抄抄写写，写完一本又一本，使积累成为完全孤立的行为。积累要和运用结合起来，积累背诵优秀诗文是为了储存更多的语言模型，优化学习者的语言图式结构，是为了发展语言能力，丰厚文化积淀，建设精神家园，是为了实现无用之大用。要在语文实践运用中积累，当我们在口语交际时引用了名言警句，或诗文片断，当我们在习作中化用创新了他人作品中的语句、片段，那么自然也就把他人作品中的精彩部分积累到自己的记忆仓库，并成为活的语言为我所用。所以，文学作品学习积累不要和运用割裂，否则，积累就是无意义的劳作。

目前，在语文考试中，常有背诵默写题，试题的设计有时对优秀诗文的背诵形成误导，如简单的填空补缺，或一篇完整的美文，却只选取几句，导致学生过分注重死记硬背，而且是断章取义，只背认为精彩的句子。学生头脑中只有零乱的语句，而没有完整的作品整体，这与积累背诵的本义是相违背的。所以，在无法摆脱应试的今天，考试命题应该相当审慎，把学生积累背诵学习导向与课程相一致的目标。

---

① 胡适：《胡适自传》，江苏文艺出版社，1995 年。

②《朱子语类：朱子论读书法》：见 http：//post. baidu. com/f？ kz=109869634。

3. 课内和课外结合

语文学习的外延与生活的外延相等。文学作品学习积累同样也不能仅限于课堂、限于教材，而要充分拓展积累的领域。语文课程标准对此作了非常具体的指导，要求“养成读书看报的习惯，收藏并与同学交流图书资料”，“扩展自己的阅读面”，“扩大阅读范围，拓展自己的视野”，“广泛阅读各种类型的读物”等，无一不是在强调课外积累的重要性。就背诵而言，所推荐的篇目也是课内与课外并举，且课外优秀诗文的背诵量超过了课内。没有一定的量作基础，形不成积累；没有一定的时间作保证，形不成积累；没有足够的多样性，也形不成丰富的积累，所以，学习积累必须注重课内与课外的贯通结合，才能真正使积累厚重起来。

4. 要求和自主结合

在指导学生背诵时，教师往往把积累背诵当成硬性任务提出要求，在规定时间内完成规定量的背诵、默写，然后进行检查评比。以教师的好恶代替学生的自主选择，把积累背诵变为硬性灌输的过程。这样做的结果，挫伤了学生的积极性，泯灭了学习兴趣。同时，也只实现了知识的扩充，而忽略了学生自主积累的意识、能力与习惯的培养。其实后者比前者更为重要，因为学生一旦有了这样的自主性，就会主动自觉地去积累，这比被动地服从要求去做不仅效率高，而且他会把这个习惯坚持一生，受用一生。

（二）方法指导

1. 找准规律，循序而背

一篇文质兼美的作品，总是按照一定规律创作而成。如果在背诵时能找准这些规律，循序而背，不仅能体会作品规律的美，而且有利于提高背诵质量。

一是找准内容的规律。在背诵之前，根据作者创作思路，将作品分成若干段落层次，理清各层大意和衔接次序，或者将每段大意设计成系列问题，或者找到连接各段的线索，然后依着规律，逐段逐层，边背边想，直到全部记住。如《桃花源记》，可以按“发现桃源——进入桃源——做客桃源——离开桃源——再访桃源”五个内容层次进行背诵。再如《劝学》的中心论点是：学不可以已。分论点一：学习的意义是提高自己，改变自己，并以“青，取之于蓝，而青于蓝等”比喻；分论点二：学习的作用在于弥补不足，并以“吾尝跂而望矣，不如登高之博见也等”比喻；分论点三：学习的方法和态度是积累、坚持、专心，并用“积土成山，风雨兴焉等”比喻。学习者在理清作品内容的内在联系后，以此为线索背诵全文。

二是找准形式的规律。作品形式的规律有时是段落结构的规律，有时是语言的规律。如有些诗歌运用重章叠句的形式，每段结构基本一致，只在关键词语上发生变化，就可以重点记住一段，然后按照结构规律，其他章节也就迎刃而解了。有些作品在语言表达上句式整齐，节奏鲜明，只要掌握节律和关键词语就容易记诵。如梁启超《少年中国说》中一段："故今日之责任，不在他人，而全在我少年。少年智则国智，少年富则国富，少年强则国强，少年独立则国独立，少年自由则国自由，少年进步则国进步，少年胜于欧洲，则国胜于欧洲，少年雄于地球，则国雄于地球。"8个假设复句构成排比，十分整齐，只要把关键词记住，则全段也就记住了。

2. 巧用提示，以点带面

背诵多层多段的材料，如果把它作为一个整体来记，很可能记住后面忘了前面，记住这句忘了那句。要记得快、记得牢，可以把材料分成多个小的语言单元，然后给每个单元设计一个提示词句，由词及句，由句及段，勾连套叠，达到记忆的目的。

一是以开头的词句作为提示，如古诗的背诵，最好特别地记住首句，背"两个黄鹂鸣翠柳"，则随之说出"一行白鹭上青天。窗含西岭千秋雪，门泊东吴万里船"。再如背《论语》，每则之间无必然联系，要背一组，就特别记住每组的第一个字或第一句，则容易依次背出全部内容了。

二是以关键词句作为提示，在头脑中储存一些关键词句，通过它的暗示启发记住全部。如背诵"北冥有鱼，其名为鲲。鲲之大，不知其几千里也；化而为鸟，其名为鹏。鹏之背，不知其几千里也；怒而飞，其翼若垂天之云。"记住画线的关键词，全段就容易背了。再如背诵一些名篇，可以先记名句、佳句，然后拓展到背诵全篇。如《得道多助，失道寡助》《岳阳楼记》《出师表》等都可以先记句子，然后再记段落，连段成篇。

三是设计一些特别的提示，如把作品和某个有趣的故事或人物联系起来，和一段特定的感情联系起来，和一个特别的细节等联系起来，都会触发记忆的兴奋点，记得格外牢固。

3. 借助想象，形象记忆

文学作品富于形象性，对于意境优美的段落，可以借助联想和想象，在头脑中将语言描写还原为具体情景，背诵时仿佛看着一幅图画进行描绘。不仅有助于想象力培养，也有利于背诵。如朱自清《荷塘月色》中"曲曲折折的荷塘上面，弥望的是田田的叶子。叶子出水很高，像亭亭的舞女的裙。……叶子底下是脉脉的流水，遮住了，不能见一些颜色；而叶子却更见风致了”。这段写月下荷塘的美景，着重写叶子和花。随着作者的描写在头脑中就尽可以想象花和叶静态美的形象，动态美的形象，先想象形象，再去联想语言，这样的背诵一定是快乐的。再如古诗的背诵，也可把形象的想象和语言的描述结合起来，如背《夜雨寄北》则想象巴山夜雨时的相思；背《江城子·密州出猎》则想象太守出猎的场面和心情等。

4. 多官协同，加深记忆

背诵是多种心理活动共同参与的，要充分发挥多种感官的作用，耳听、目视、口诵、手写、脑思，全方位强化大脑记忆，这比单用口、脑记诵效果好得多。古人多有抄书习惯，其原因之一就是为了强化记忆。现在我们有了很好的学习条件，图书资料的购买、互联网查阅等特别便利，于是有人认为没必要去抄、去写，只要把书买下来或上网一查就可以了，何必费时费力去抄写。便利带来的一个负面影响就是，让一些人忽略背诵，不再把美的语言储存于大脑，而储存于脑外，不再下背诵的硬功夫，因而少了对优秀篇章的深入的理解、品味，这对于学习是极为不利的。所以，在信息查阅便利的今天，还应重视抄书、背书。抄，有利于加深理解和记忆；抄，有利于克服错别字，避免会背不会写的现象，提高准确率。

5. 系统整理，分类有序

除了背诵外，还有就是靠文字记载的积累。善于积累的人，总是随身带着笔记本或资料卡片，记录摘抄一些文学作品中的名篇、名段（句），这也是积累的好方法。如果资料太多，就要对这些资料分门别类，进行整理。这种笔记法或卡片法，为学习者建立了大脑之外的又一个文学资源库。虽然不能取代背诵，但如果能对自己付出心血、一字一句写下来的内容常常阅读，记住其中的一些，想起其中的几句，也会受益无穷。

6. 经常复习，巩固深化

记忆总是和遗忘相伴的，艾宾浩斯对遗忘做了系统研究，他发现了遗忘的规律：遗忘的进程是不均衡的，在识记后最初的一段时间内遗忘得比较快，而后逐渐变慢，即艾宾浩斯曲线规律。所以一次的记忆并不等于永久的记忆，只有经常复习，特别是识记后的最初一段时间内，更要及时复习，然后逐渐增加复习间隔时间，使其成为永久性记忆。

再就是根据记忆中的前摄抑制和倒摄抑制，背诵时要选择好时间，一般在早晨或睡前背诵，前者是为了避免前摄抑制，不会有前学习材料对记忆内容的影响；后者是为了避免倒摄抑制，不会有后学习材料对记忆内容的影响。当然，也可利用一些零星时间背诵，记一首古诗或几句佳句。

总之，积累背诵的方式方法多种多样，每个人都应积极探索适合自己的方法和规律，以增强记忆的效果。

第三节　情境体验法

一、情境体验法概述

（一）情境体验法释义

情境，《现代汉语词典》释为情景、境地。情景即指具体场合的情形、景象。从心理学角度看，情境不是独立于人的客观存在，而是对人有直接刺激作用的具体环境。体验，《现代汉语词典》释为通过实践来认识周围的事物或亲身经历。现代心理美学认为，体验是主体对客体的一种洞察、直观与体悟，是主体与对象的浑然一体、物我两忘。童庆炳说："在体验中，一切客体都是生命化的，都充满着生命的意蕴和情调。"① 文学作品学习中的情境体验法，从现代心理美学角度认识，它是指学习者在与文学作品学习相关的特定环境中，直观地把握和体悟文学作品的形象和意蕴的一种学习方法。

情境体验法，是对前人学习经验的继承发扬。我国古代教育十分重视环境对人的教育作用，《荀子·劝学》曰："蓬生麻中，不扶而直；白沙在涅，与之俱黑。"形象地说明环境对于人的熏陶作用。"昔孟母，择邻处，子不学，断机杼"（《三字经》）的故事家喻户晓，孟母深明环境育人之理和直观形象的教育方法，用她的聪明智慧培养出一代圣人。而体验作为一种文学审美，更为古人所推崇，刘勰说"物色之动，心亦摇焉"，"情以物迁，辞以情发"（《文心雕龙》），揭示

① 童庆炳主编《现代心理美学》，中国社会科学出版社，1993 年，第 60 页。

了“物”与“情”的密切联系。虽然这还不是严格意义上的学习方法，但在广义上指出了具体情境的创设对于学习具有非常重要的作用。在国外，也有不少教育家在研究探索情境教学法，特别是美国教育家杜威和原苏联教育家苏霍姆林斯基都在理论和实践方面作出了很大贡献。杜威提出：“我们主张必须有一个实际的经验情境，作为思维的开始阶段。”[①] 苏霍姆林斯基提出要带孩子们“到自然界去‘旅行’”，要“让孩子们心里的诗的琴弦响起来”，等等，充分体现了他对情境体验式学习的实践与探索。这对我们提出文学作品情境体验学习法给予的很大的启示。

在新的历史时期，不少专家学者仍在努力探索情境教学的理论与方法，也取得了丰硕成果。但我们所说的情境体验法与情境教学不同：一是提出的角度不同，情境体验法是从学习论角度，提出的一种具体学习方法；情境教学是从教学论角度，提出的教学理论与方法。二是侧重点不同，情境体验法侧重于通过创设与文学作品内容和风格相同或相近的具体情境，使学生最大限度地参与其中进行切身体验，从而达到对作品的深刻领悟；情境教学则包含有问题情境等抽象情境在内多种情境创设方法。三是要求不同，情境体验法要求主体全身心投入客体情境中获得独特的感悟体验；情境教学有时只是通过一定的情境触发学生的情感和思维。

情境体验法体现了文学作品学习重实践、重体验的新理念，使文学作品学习摆脱了过去重理性分析，轻情感体验；重显性知识学习，轻隐性知识学习的倾向，学习者在具体情境氛围中熏染、感悟、体验、领会，进而升华智慧和精神。

（二）情境体验法的特点

1. 直观性

直观性是指情境总是具体的，或者可以用眼看到，或者可以用耳听到，或者可以用多种感官感知到。构成情境的内容有时是人、有时是物；有时是客观存在的、有时是根据作品创设的；有时是静态的、有时是动态的；有时是现实场景、有时是声像画面，但都以一个具体的存在呈现在学习者的面前，是文学作品语言的具象化。所以，直观性是情境体验法的首要特征，如果失去了直观性，就无法构成情境，情境体验法也就无从谈起。如，学习李白的《望庐山瀑布》，就可以

① 王承绪、赵祥麟编译《杜威教育论著选》，华东师范大学出版社，1981 年，第 180 页。

亲临庐山体验诗中描绘的奇景和理趣；学习王实甫的《西厢记》，就可到山西省永济市普救寺这个故事的发生地，探寻遗迹，体验戏中人物的感情和命运，体验故事发生的时空背景。直观的见闻和作品中的描述相互相证，相互启发，加深理解和认识，丰富审美想象。

2. 生动性

生动性是指情境的创设不是像照镜子一样，对生活原生形态的复现，而是根据文学作品的内容和风格，艺术地再现形象情景，尽可能达到生动传神。如学习《窦娥冤》，如果能分角色去表演，或观看戏曲表演，在我们面前出现的就是活生生的人物形象，他们的一言一行、一举一动都通过演员的表演形象直观、栩栩如生地呈现出来。这比单纯地欣赏书面语言更易于感染人、给人留下深刻印象。表演越生动传神，情境的创设就越成功，越有利于文学作品学习。再如学习一组荷花诗，要选取最能体现诗意的画面，力求生动传神，而不是随意拈来，甚至与诗意相悖，这样的情境虽也直观，但不生动传神，使学习效果适得其反。

3. 创新性

创新性是指情境的创设带有一定的主观创造性。文学作品是一个有待读者填补的“空框结构”，作者在作品中塑造的形象，叙述的故事，描写的景物都给读者留有再创造的空间。文学作品学习可以借助于他人创设的情境，也可以由读者自己去创设情境。在运用情境体验法学习时，学习者对作品会产生各不相同的独特体验。如同一篇文学作品，由不同的人改编为影视作品时，却不会雷同。观看同一部影视剧，不同的观众却会有不同的评价。这都说明情境体验是个性化的，不同的读者或观众在欣赏时，都有一定的创造性，有对作品理解的创新因素。

（三）情境体验法的作用

1. 丰富审美感知，提高文学作品鉴赏能力

运用情境体验法学习文学作品，学生不再是单纯的文字阅读，而是调动多个感官参与学习，或用视觉、或用听觉、或用触觉、或用嗅觉、或用味觉，或多种感觉并用，学生多角度 、全方位地体验文学作品的语言、形象和意蕴，通过艺术直觉把握作品，极大地丰富了审美感知。如学习《春江花月夜》，就可以播放同名乐曲。学习戏剧作品，就可以配以表演，等等。以不同的艺术形式，强化学生的审美感知和体验，对提高学生文学作品鉴赏能力有很大帮助。王夫之说：“含情而能达，会景而生心，体物而得神，则自有灵通之句，参化工之妙。”（《姜斋诗话》卷二）这虽是在说创作过程中的艺术直觉，但若用于文学欣赏，如果能通

过直观的“会景”“体物”，则会“生心”“得神”，领悟文句之妙。

2. 贯彻乐学思想，激发文学作品学习兴趣

“乐学”是自古至今我们一直在追求的学习境界，孔子曰：“学而时习之，不亦说（同悦）乎？”又说：“知之者不如好之者，好之者不如乐之者。”（《论语》）学生只有从学习中感到快乐，才能对学习发生兴趣。运用情境体验法学习文学作品，就是以学生喜闻乐见的形式，将学生带入到具体可感的情境中，用情境唤起学生学习的愉悦，唤起设身处地的真实体验，使他们对学习发生浓厚兴趣，产生好的学习效果。如学习朱自清的《背影》，对于年少的学生来说，初读时也许并没什么感觉，但当抓住人物描写的细节去模仿表演时，就觉得出深藏着的父爱。“他用手攀着上面，两脚向上缩；他肥胖的身子向左微倾，显出努力的样子。”“攀”“缩”“倾”三个动作，在学生认真的揣摩模仿中，体会出父亲的艰难。这样的学习是有乐趣也有情趣的，学生被文学作品的魅力所吸引，久而久之，就会上升为乐学。

3. 获得感性体验，熏染心灵，陶冶情操

就人认识事物的规律来说，是从对事物的感觉开始的。文字的发明虽然缩短了认识的过程，能把大量的间接经验传承下来，但“纸上得来终觉浅，绝知此事要躬行”（陆游语），在“躬行”实践中，会对事物认识更清晰，对事理的体悟更深刻。学生学习文学作品，其中的多数内容是学生未曾经历体验过的，情境体验法给学生创造了体验的环境，使他们一定程度上能感觉到在置身其中，获得感性的体验，弥补了间接经验的不足。学生在获得直接感性认识的同时，具体的情境使他们的心灵得到美的熏染，情操得到了陶冶。如学习《雷雨》（节选），学生的表演尽管稚嫩，但在表演过程中，仿佛回到了三十年代的周公馆，亲身经历和目睹了那里的一切，对于周朴园、鲁侍萍、周萍、四凤、繁漪等人，感同身受地体验了他们的故事、他们的内心和精神，爱与憎会油然而生。

二、情境体验法的学理

（一）直观教学原理

马克思主义哲学认为，人的认识是一个由感性到理性的发展过程，沿着实践——认识——再实践——再认识……的思想路线，循环往复，以至无穷。在感性与理性、实践与认识的紧密结合中，使认识逐步深化，臻于正确。马克思的实践论为学习理论奠定了正确的哲学基础。直观性原理正是实践论在学习论中的

反映，学生的学习必须从感性认识开始，然后逐步达到理性认识。夸美纽斯在《大教学论》中指出，“一切知识都是从感官的感知开始的”，“在可能的范围内，一切事物应尽量地放到感官的跟前。一切看得见的东西应尽量地放到视官的跟前，一切听得见的东西应尽量地放到听官的跟前……假如有一个东西能够同时在几个感官上面留下印象，它便应当和几个感官去接触”。夸美纽斯强调感官的作用正是体现了对直观教学的重视。

情境体验法直接地体现了直观教学原理。它通过具体情境的创设，将文学作品学习内容放到了学生的感官跟前，从感知开始对文学作品形象产生感性认识，进而达到抽象理性的顿悟。学生顺应认识事物的客观规律，从实践到认识，从感性到理性，提高了学习效率，也激发了学习兴趣。

（二）情知对称原理

情知对称教学理论认为，教学过程是以心理活动为基础的情意过程和认知过程的统一，即学生参与教学过程的学习心理成分包括两类：一类是认知因素，如感知、理解、想象、思维、记忆等智力因素；另一类是情感因素，如动机、态度、兴趣、情感、意志等非智力因素。这两类因素共同作用于学生的学习，使学习成为认知和情感，或者说是智力因素和非智力因素相互作用的心理过程。这一原理揭示了学习过程的“情”“知”对称特点，二者作为学习过程中的一个统一体，不可分割。

文学作品自身的特点决定了学习过程中伴随着强烈的情感活动，没有情感参与的文学作品学习是残缺的、低效的。情境体验法正是从学生的学习需要出发，创设与文学作品学习相符合的具体而生动的情境，激发学生的情感，唤醒学生的经验，使学习过程成为丰富的情感活动过程。在情感参与的情境中，促进学生的感知、理解、想象和思维，提高学习认知水平。所以，情境体验法是利用情知对称原理，通过创设情境，使学生在情感参与中实现由感性到理性认知的有效学习方法。

（三）角色转换原理

在传统教学中，教师扮演着知识传授者的角色，学生的角色是知识的接受者。在这种情况下，学生失去了学习的主体地位，成为接受知识的“容器”。现代教学论认为，教师不应该是主宰和权威，应是学生学习的指导者、组织者、促进者，学生不应该是被动的接受者，应是学习的主体，师生角色发生转换，给学生以极大的自主性、能动性。再者，学生学习过程中，通过情境创设也在发生学习者角色与作品人物角色之间的转换，在角色互换中，体验着人物的思想感情。

情境体验法通过双重角色转换展开学习活动。一是教师帮助学生创设学生学习需要的具体场景，通过这一场景对学生的心理作用和学生积极自主的参与，实现了师生角色的转换。教师走下了讲台，成为学习共同体中一员，发挥着指导和组织作用，学生成为学习的主体；二是学生要根据作品内容和学习要求，进入到作品中，扮演或模仿作品中的人物和事件，将自己的情感、经验融入其中，塑造出自己眼中的角色。他们扮演角色、担当角色，顿时产生进入角色的感觉。凭借这种如临其境的感觉，他们会很快地理解角色在情境中的地位及其与其他角色的关系，设身处地地体验角色的情感。运用情境体验法学习文学作品，在角色的双重转换中，学生获得了学习主体地位并深度融入作品，在“有我”的情境中，产生自己的情感体验，领悟作品内容，得到有益启示，陶冶道德情操。

三、情境体验法学习指导

（一）指导原则

1. 认知与情感相结合

新的语文课程标准根据知识与能力、过程与方法、情感态度与价值观三个维度来设计课程总目标。情境体验法要求将认知与情感相结合，既是情知对称原理的具体体现，也是实现语文学习目标的需要。运用这一方法，要考虑文学作品学习的认知因素，情境的创设是为了要感知什么、理解什么、记忆什么，建立怎样的认知结构，获取哪些知识和能力，等等。也要考虑文学作品学习的情感因素，怎样的情境有利于激发学生好学、乐学的情感，通过情境创设要培养学生的怎样的情感态度，等等。单纯地强调认知，就会使学习成为机械的知识接受，学习成为一桩苦差事，导致厌学情绪发生；单纯地强调情感，就会使学习成为无意义的取乐，导致学无所得。只有二者并行、相互渗透，才能使情境体验法运用得当，取得好的收效。

2. 情境与想象相结合

情境体验法要通过具体情境的创设，使学生能够融入其中，获得自己的体验感悟。但客观上情境创设不可能完全还原实境，学生不可能完全进入一个绝对真实的场景中学习，这就要求将情境与想象结合。情境触发想象，促进想象；想象补充情境的不足，丰富情境的内容。如学习《醉翁亭记》，可以观赏一幅清幽秀美的滁州山水和翼然临泉的醉翁亭实景图画，甚至于可以到安徽滁州游览那里的山水胜景，但对于宋代醉翁亭周围四时不同的景色和百姓的生活情形还需要学生展开联想和想象，才能从中体会作者欧阳修“得之心而寓于酒”的山水之乐、官民同乐的豁达情怀。

3. 形式与内容相结合

情境的创设某种程度上是对文学作品的再创作，如何使情境与作品内容相契合，是运用此法必须注意的问题。在实际创设情境时，常常会出现情境流于形式，或者出现的时间不适时，或者选取的形式脱离作品内容，这些都不利于文学作品学习。情境的创设一要围绕作品，二要符合学习规律，三要根据学生需求。情境创设不能使形式和内容成为两张皮，表面看来生动活泼、丰富多彩，一会儿是大幅图片，一会儿是播放音乐，一会儿是角色表演，手段多样，却是热闹过后不知要学习什么。情境体验法作为学习方法之一，它只是手段，而不是目的。既如此，手段永远是要合目的的。

（二）学习指导

1. 实地参观进入情境

有许多优秀的文学作品题材来源于现实生活，在现实生活中仍留有遗迹，使我们可以亲自到实地参观体验，身临其境理解和领悟作品。特别是写景抒情类诗文和纪实性的报告文学、人物传记等作品的学习，就可以结合实地参观访问来加深体验。如历来描写黄河长江的诗文无数，赏其诗不妨先揽其胜，或就在实景中去吟咏这些诗文，揽物之情，吟咏之意，融为一体，美不胜收。再如《滕王阁序》《岳阳楼记》等篇章，物以文传，文因物美，相得益彰。如果能在名楼胜境中寻访历史，观览美景，吟咏佳作，自然是一番真切的全新体验，会觉得自己就是当年的王勃或范仲淹。当然，由于条件所限，不可能全都到实地学习，但只要有机会，就不要错过如此真实的情境体验。

2. 运用实物演示情境

创设情境还可以用实物演示的方法，睹物思文，由实物的感性引发独特的情感体验和理性的认识思考。实物情境就如同参观一个展览馆或博物馆一样，当看到陈列的一件件物品，我们会感到它背后的故事是那样真实感人，情感为之激发，心灵为之震动。当然，实物的选取一定是与作品密切相关，对于理解欣赏作品有重要意义。如学习冰心的《小桔灯》，我们不妨自制一个小桔灯，去体会一盏小桔灯所代表的小姑娘的镇定、勇敢和乐观。

3. 借助声像再现情境

随着互联网的普及和多媒体技术的发展，借助声像再现情境成为最常用、也最便利的情境创设的方法。声像包括的内容很广泛，可以通过音乐渲染气氛，烘托意境，给学生强烈的听觉感受；可以通过画面展示情景，以生动形象，传神写意的画面，给学生强烈的视觉感受；可以通过影视剧的播放，再现作品人物、事件、场景，给学生强烈的视听感受。就选取的图像来说，可以是现成的绘画，可以是网络下载的图片，可以是根据作品绘制的图画或制作的动画，等等。借助声像再现情境不仅简单便利，而且有较高的艺术性。学生通过视听艺术的感知欣赏达到与语言文学艺术的沟通共鸣，在这种联觉通感中，对于提高学生的文学鉴赏能力和艺术审美能力能收到意想不到的效果。

4. 扮演角色体会情境

通过扮演角色再现情境是情境创设常用的方法之一，学生与作品中人物进行角色互换，用作品中人物的心理和思维来说话和做事，在表演中真切地体会人物的思想感情。扮演角色可以根据实际情况选择不同的方式，对于人物较多的小说作品可分角色朗读，或者改编成课本剧进行表演，对于戏剧作品可以直接表演，等等。如果学生能完成好课本剧的改编，并用舞台形象把人物塑造得活灵活现，那么，对于作品的体会、理解也就相当深刻了。这种方法能充分发挥学生的主动性和创造性，表演者潜心揣摩人物，设计表情动作，其他学生观众以审视和欣赏的眼光观看演出，都会感到兴味盎然。一场成功的表演往往胜过万语千言的分析，也锻炼了学生多方面的能力。

5. 品味语言想象情境

前面所谈的情境体验学习都是以直观情境的创设为主，有时也可以通过品味文学作品生动形象的语言，去想象情境。想象的情境只存在于学习者的头脑中，他人无法看到，也无法听到，但在学习者自己，仿佛既能看到，也能听到，沉浸在自己想象的世界里。如苏轼的《记承天寺夜游》，语言极其平淡和简单，如果用直观的绘画去表现，总觉得会失去平淡背后的意味，过分拘实。如果闭目想象苏轼见“月色入户，欣然起行”，至承天寺寻张怀民，并相与步于中庭，见“庭下如积水空明，水中藻荇交横，盖竹柏影也”的情景，仿佛与他们共享承天寺月色，那种空灵宁静的“美”，那种无以言说的“闲”，那种游丝般的感伤，只有在对语言的仔细品味中才变得细腻而真切。所以说，不能为直观而直观，有时想象情境比具体再现情境更能有深刻的体验和领悟。

第八章　文学作品学习方法（下）

第一节　细读赏析法

一、细读赏析法概述

（一）细读赏析法释义

什么是真正的“阅读”？或“阅读”原本是什么？这样的问题，一度在语文界引起激烈的争论。2001年2月1日的《中国教育报·读书周刊》发表了王富仁先生的《“好读书，不求甚解”》一文，形成了争论的一个高潮。王富仁先生提出：“对于这些需要大量讲解学生才能懂的作品，不是一个如何‘解’的问题，而是根本不应要求他们读的问题。”他认为，“理解一个好的文学作品，依靠的是读者本人人生经验和审美经验的不断丰富化，在现有的生活经验和审美经验的基础上硬要理解作品更深刻的意义不仅是不可能的，而且往往伴随着对作品的曲解”，“（作者）不需要还要有一个‘第三者’对他的读者解释自己的作品。”①其根本的焦点在于针对语文阅读教学中，教师把一篇文章，从内容到形式，从形而上到形而下，进行条块分割的解释，把教材折腾得天翻地覆等现状。

① 王富仁：《“好读书，不求甚解”》，《中国教育报·读书周刊》2001年2月1日。

近来孙绍振先生发表专著《名作细读——微观分析个案研究》，提倡和呼吁经典文本的微观解读。他认为，语文教师需要用自己的生命（对文本）作独特的领悟、探索和发现。不能胜任这样任务的人，有一种办法就是蒙混，把人家的已知当作未知，视其未知如不存在，反复在文本以外打游击，将人所共知的、现成的、无需理解力的、没有生命的知识反复唠叨，甚至人为地制造难点，自我迷惑，愚弄学生。这样的教师并不在少数。其原因之一在于他们接受的大学教育就是如此；原因之二在于中学缺乏微观基础的空话、套话、大话、胡话乃至黑话，本是由来已久的顽症，却在基础教育改革中，借强调师生平等对话之机，找到了合法的避难所，于是满堂灌变成了满堂问。所问肤浅，所答弱智，滔滔者天下皆是。[①] 其根本的焦点在于针对语文阅读教学中的脱离文本的解读。孙先生的观点成为近年阅读教学研究的重要成果。

基于以上背景，我们提出了文学作品的细读赏析学习方法。细读赏析，不是王富仁先生批判的对文本“条块分割的解释”，也不主张单纯依靠读者经验的自然得之，而赞同孙绍振先生的观点，反对游离在文本之外的宏大阐释。细读赏析，就是立足于文本，进入文本内部结构，依据一定的文学理论和审美经验，通过文本的微观分析，揭示深层的、话语的、艺术的奥秘的方法。细读赏析法使学习者对文本的感悟体验和理性的分析认知相结合，从而实现对作品的审美理解和欣赏。

细读赏析法提倡对文本的微观分析，从阅读方法上属于“精读”，但并不排斥略读、泛读、浏览等方法。“精读”之“精”在于“细致深入”地品味语言，揭示矛盾，切入文本，发现作者艺术匠心，获得自己的理解和感悟。

（二）细读赏析法的特点

1. 微观性

微观性是指细读赏析的文学作品学习方法，反对游离文本创作背景、作者传记材料、文学理论、艺术手法、文学史知识等内容，对文学形象进行概念化的架空分析，给人物形象贴标签。注重从文本中发现和提出微观的、具体的问题，然后通过分析问题、解决问题，完成对作品的艺术赏析。如《祝福》一文中，祥林嫂是穷死的吗？“我”为什么有负疚感？《鸿门宴》中项羽放走了刘邦，项羽真的

① 孙绍振：《名作细读——微观分析个案研究·自序》，上海教育出版社，2006年，第4页。

从此就失去了主动权，由强势转为劣势了吗？等等。这些来自于作品本身的问题就是具体的、微观的，也是活生生的。抓住这些问题，进行分析和解答的过程就是学习作品的过程。和宏大的阐释相比，这一方法显示出微观性的特点。

2. 深刻性

深刻性是指细读赏析的方法，和一般的略读相比，更能深刻地触及到作品的核心和本质。微观细读就是具体问题具体分析，既体现读者丰厚的学养，也体现相当的艺术敏感性和审美力，能够于细微处发现作品的精深美妙。运用这种方法学习文学作品，不是无关疼痒、不涉心灵的知识接受，而是洞察作者创作心理和心路历程，具体把握作品的艺术风格和技巧，与文本进行深层的对话。如用细读赏析法学习《范进中举》，可以提出“为什么胡屠夫的一记耳光能治好范进的疯狂”等问题，揣摩分析这样的问题，更能深入到胡屠夫和范进的情感和意识深处，认识人物的本质及其形象的典型意义，体会作品的审美价值。

3. 分析性

新的语文课程标准的理念之一，就是重视阅读感受和体验，指出“阅读是学生个性化的行为，不应以教师的分析来代替学生的阅读实践”。“分析”一词很少作为一种正面描述出现在语文教学的有关文件或论文中，“分析”的行为总让人觉得不理直气壮。事实上，不能从一个极端走向另一个极端，所反对的教师分析，是指那些纯理性的、机械的分析。细读赏析法仍强调学习文学作品应有必要的分析，这种分析是基于文本细读的感性经验而产生的理性思考，是由感性认识上升为理性认识的必经环节。文学作品学习是一种理性认知活动，它不排斥对作品的艺术审美的分析认知，特别是细读赏析这一学习方法，“赏析”和“细读”是联为一体的，细读就是赏析，赏析就是细读。

（三）细读赏析法的作用

1. 提高学生的文学审美能力

学习文学作品，如果只停留在作品文字的表面，浮光掠影，浅尝辄止，是难以把握作品的真谛的，也难以提高文学审美能力。对于优秀的文学作品，学生必须在老师的指导下，对作品深入钻研，认真探究，才能逐步提高文学作品的阅读和鉴赏能力。于漪老师说：“众所周知，露天煤矿毕竟少，丰富的宝藏往往掩埋在地层深处。文章也如此，一眼见底的，往往难给读者以启迪和震撼；厚实凝练，真谛蕴含其中的，经读者选准切入口，对语言文字层层开掘，精心推敲，就能闪现内在的光辉。”① 这里所说的“层层开掘，精心推敲”，就是对作品的细读赏析。只有如此，才能真正感受作品的艺术魅力，对作品作出深刻独到的阐释评判，提高文学审美能力。

2. 发展学生的思维能力

从学生学习的思维过程来看，细读赏析法既有形象思维的参与，也有抽象逻辑思维的参与。细读首先是对文学作品的鉴赏，要运用形象的思维品味语言，想象形象，发现作品的艺术张力和解读的空间。然后根据一定的文学理论和欣赏规律，分析理解作品的内涵深意，开掘作品的深层意蕴。这个过程必然渗透着抽象逻辑思维，对作品进行理性的抽象和概括，最终形成清晰的、可以用语言准确表述的、具有个性色彩的体验或见解。所以，运用细读赏析法学习文学作品，对于发展学生的形象思维和逻辑思维能力都有重要意义。

3. 深化学生的思想认识

细读赏析是进入文学作品深层结构中的沉潜玩味，是对文学所反映的人的本真的体悟思考，因而，读“文”在一定程度上是读“人”。如觉新是巴金先生《家》中着力塑造的典型人物之一，他的婚姻、爱情和他内心的挣扎，有着丰富深刻的人性的、伦理的、现实的蕴含，仔细分析觉新的人生，会在我们的思想感情上产生极强烈的震撼。文学是诉诸人的心灵的，特别是一些经典之作，具有更高的思想和精神的价值，细读一篇作品，就是一次深层的思想认识上的交流。语文新课标将“情感态度和价值观”作为学习目标之一，细读赏析对实现这一目标有着重要方法意义。

二、细读赏析法的学理

（一）文学作品的细读赏析是学生与文本之间的对话

学生学习文学作品，对作品进行微观的分析解读，本质上是学生与文本之间的对话交流。分析文学作品，首先是发现文学语言、形象与表现对象之间的矛盾，这种矛盾表现为文学语言深层意义与表层意义之间的不同，文学形象与原型形象之间的不同，文学情节的完整与省略等关系，分析作品就是通过探寻这些矛盾的根源从而达到对作品的审美理解和认知。正是这些矛盾的存在为读者与作品

① 于漪：《克服浮泛，精心探究》，《语文学习》2007 年第 1 期。

提供了一个对话的契机，也就是说，矛盾分析的过程就是对话的过程。

文学对话理论赋予了读者主体的意义，学生对文学作品的细读赏析，其目的并不是要寻找一个准确的解读结论，它体现的是学生对作品的参与和创造。学生通过分析作品，实现和作品的对话，填补作品中的艺术空白，获得独特的感悟理解，不断提高文学审美能力。

（二）文学作品的细读赏析是文学批评方法的具体运用

文学作品是一种复杂的精神产品，随着社会的发展，它日益多样化、精细化，也日益显示出它的意识形态的复杂性和丰富内涵。学生对作品进行细读赏析，可以尝试运用不同的文学批评方法对作品进行分析。在历史上，除了马克思主义文学批评外，还有伦理批评、社会历史批评、审美批评、心理批评、语言批评等方法。学生不同于文学批评家，作为文学作品学习，并不苛求掌握系统的文学批评理论和方法，也不可能要求达到多么深刻的分析，或有多么高的理论水平。不过，即使是初步的分析也需要有理论的支撑，将学生的阅读体验与一定的文学批评方法结合起来，对作品进行不同角度和层面的分析，以丰富和深化学生对作品的理解。

三、细读赏析法学习指导

（一）指导原则

1. 感性与理性结合

文学作品学习注重学生的情感体验，强化感受性和体验性，是新课标针对文学作品学习总体上存在的重认知轻情感、重理性轻感性、重分析轻综合的倾向所提出的。这一理念给文学作品学习带来可喜的变化，也取得了可喜的成绩。但必须明确的是，我们要解决的是孰轻孰重的问题，而不是非此即彼的问题。文学作品学习是一个认知和情感、理性和感性、分析和综合相结合的过程。在学习中，脱离了理性的感性，是信马由缰式的混乱无序；脱离了感性的理性，是空洞无物、没有生命的教条。所以，运用细读赏析法学习文学作品，要重视感性的体验，也要有理性的分析，以感性丰富充实理性，用理性驾驭和深化感性。如李白的《下江陵》："朝辞白帝彩云间，千里江陵一日还。两岸猿声啼不住，轻舟已过万重山。"全诗皆用形象的感性与想象，如果学习时仅有感性，那么，除了速度之"快"中感到的"轻松惬意"之外，就觉得这首诗也没有什么了。这就大大地降低了这首诗的艺术价值和深厚的蕴涵。有了这样的感性，如若再深入探究诗人李白在年近花甲之时，能有如此的青春活力，深层的根源何在？对此进行理性的分析思考，就会觉得此诗并非单纯是李白天才的想象所致，而另有一番深意。

2. 主观与客观结合

阅读是学生个性化的活动，因而强调学生能有自己的体验感悟，突出阅读鉴赏中的主观性，但事实上，任何分析鉴赏都是以文本为依据的。作家创作一旦完成，文本就成为一个客观存在。尽管读者会在他的解读中有不同的理解，但都不可能超越文本的客观规定性。也就是说，对文学作品的细读赏析要将学生的个性化的主观体验和见解，与文学文本的客观规定性相结合，细读永远是紧扣文本的细读，文本永远是一切分析鉴赏的客观依据。

3. 理论与实践结合

细读赏析文学作品，是对文学作品具体的、鲜活生动的感受与分析，这一分析离不开学生的文学素养、学识积累和思想底蕴。这是一个自下而上的学习研究的方法，大量的文学作品个案的微观分析，离不开文学鉴赏与批评理论的指导，而理论本身又在细读赏析的实践中不断地被解构与建构。所以，细读赏析法既要有文学鉴赏与批评的理论的基础，也要注重从实践中总结、提炼更适合于不同的文学作品认知与理解的方法和规律，将理论与实践结合起来，不断提高文学作品学习水平。

（二）学习指导

如何对文学作品作细读赏析，这似乎是一个不是问题的问题了，因为一直以来，语文阅读教学都是以对作品的分析欣赏为重点的，老师课复一课的讲解分析使学生已经很熟知分析的思路和方法。但实际上分析了些什么？分析的效果又如何？却未必令人满意，甚至于有的学生说，老师不讲，我喜欢这些作品，老师一讲，反而觉得这些作品如此令人厌恶。造成这一结果的原因很多，但主要还是对作品的分析没有切中要害，没有分析出作品美的价值所在。孙绍振先生的《名作细读——微观分析个案研究》一书，以大量的文学作品个案分析，不仅给我们细读文本提供了很好的范例，同时也具有方法论的意义。其中最重要的就是还原法和比较法。略述如下：

1. 还原法

在分析文学作品时，如果只注意到艺术形象和表现对象的一致性，分析就会只停留在作品的表面滑来滑去，难以揭示出艺术的奥妙和真谛。真正的分析是把本来似乎是统一的东西深层的内在矛盾揭示出来，分析的对象就是矛盾。分析首先是要找出矛盾，即艺术形象与其生活中的原生状态的不一致性，揭示出二者的差异（矛盾），就可以开始分析了，这种分析的方法就叫“还原法”。

运用还原法对文学作品进行微观分析，一是语义还原。找到作品关键词语，抓住语言工具性与人文性的差异和矛盾，看特殊的心灵奇观。也就是首先要从文学语言中“还原”出它本来的、原生的、字典里的、规范的意义，其次把它和上下文中，具体语境中的语义加以比较，找出其间的矛盾，从而进入分析的层次。如分析鲁迅先生的《从百草园到三味书屋》时有这么一段话：

按原生语义，乐园，令人想到美好的天堂，至少是风景极其精彩的地方吧。如果是一个荒废的园子，“只有一些野草”，把它当作“乐园”，可能会给人以用词不当的感觉。但是，鲁迅在开头第一段却强调说：“百草园，不过只有一些野草，但那里却是我的乐园。”这里关于“乐园”的特殊理解和运用，正透露了一个孩子的童心，离开了孩子天真的心灵是不能得到解释的。这里的乐园，具有双重含义，一重和字典里的含义有关，肯定是一种美好的场所，但同时还有另外一重含义，用来形容一种并不美好的场所，但可以和读者分享童年美好的记忆。

这是一个简单的语义还原分析的实例，这样的分析使我们深刻领会了所谓的“乐园”，实际上是指美好的童年生活的回忆，蕴含的是一颗快乐的童心。

二是对象还原。将作品所表现的对象——人物和景物——将其原生态，未经作者心灵同化的状态、逻辑，想象出来，让它和文本中的形象形成对比，矛盾就不难揭示出来了。仍以鲁迅《从百草园到三味书屋》为例：

对于长妈妈讲的故事，用“还原法”，不难发现，这是一个迷信故事，但是，作者并没有把它作为迷信故事来批判。这样，就把矛盾（迷信和理性）揭示出来了。问题提出了，就有比较好的对话题目了：为什么鲁迅在这里没有以理性为准则声明——这是一个迷信故事？

……

不声明反倒好，因为这是在一个孩子感觉中的、有趣的长妈妈。这里语言所完成的任务，不仅仅是传达长妈妈的故事，而且是表现孩子记忆里好玩的人物。

还样的还原分析，我们的头脑会顿然清晰起来，学会用一颗童心去认识长妈妈，也觉得她的有趣好玩了。

2. 比较法

有比较才有鉴别。细读文学作品可以用比较的方法，比较的关键在于寻求矛盾和差异。具体地说，可比性有两类：一类是同类之比，如同是写春天的诗，却有多种不同的诗情，就可以在细读中比较，在比较中细读，发现其共同之处和相异之处。一类是异类之比，这是相对较难的，如果只停留在作品的表面，往往很难发现二者之间的可比性，这就需要读者有抽象概括的能力。抽象是看不见、摸不着的，但它是深刻的。如在文学作品中没有和朱自清的《背影》相同的作品，那就采取异中求同的办法，将它和冰心的《笑》相比较，相同之处在于都是表现亲情，不同之处在于《笑》写母爱，写面容、笑，要写出诗意之美，较易成功；《背影》写父爱，写背影，要写出诗意之美，不易成功。但朱自清先生成功了，更见出《背影》的成就，其成功的程度、经典性就超过了《笑》。这种比较还是宏观的，还可以深入到文本中，作更微观的比较，更能显现作品的个性和魅力。

3. 进入审美世界

人们对待事物的态度有两种，一种是实用的，一种是审美的。如饭菜做得可口，能满足人的生理需要，是指它的实用价值；饭菜可口与否并不重要，而在于它代表了师傅的热忱，表明了人与人之间的相互理解与沟通，是指它的审美价值。在细读文学作品时，我们常常被作品中艺术形象的实用价值所迷惑，而忽略了它的审美价值。因而，细读赏析文学作品必须重视它的审美价值，才能进入艺术审美的世界。作家在创作作品或塑造艺术形象时，将审美价值和实用价值拉开距离，或将人物打入“第二环境”。细读作品，要抓住作品形象的审美价值，把握形象生存的“第二环境”，才能把握文学形象深刻意义。如卡夫卡让他的主人公一夜之间由人变成一只大甲虫，创造一个超现实的怪诞世界，然后检验他和他父亲、母亲、妹妹之间关系的变化，其结果是充分地揭示出了人与人之间的疏离，小人物的孤独感，具有深刻的艺术感染力。

第二节　写作表达法

一、写作表达法概述

（一）写作表达法释义

写作表达法，简而言之，就是通过用书面语言的形式将文学作品学习内容、学习所得等表达出来的方式来促进阅读鉴赏、深化阅读鉴赏，增强学习效果的一种方法。这是历代学者都十分重视的读书学习经验，并不局限于文学作品学习，具有广泛的适应性。俄国大文豪托尔斯泰平时一直坚持“身边要永远带着笔记本”，老一辈革命家、教育家、毛泽东同志的老师徐特立先生在一生苦读中严守一个信条：“不动笔墨不读书。”写作表达的形式丰富多样，有随笔、评论、心得等表达感悟体验、文学观点、思想认识的文章；也有圈点勾画、点评批注等表达点滴体会的片段；还可以补写、改写、扩写、创作文学作品等有助于加深理解认识，提高鉴赏和写作水平的写作活动。

对于文学作品，我们一般比较强调阅读鉴赏，以“读”为主学习文学作品。近年来，以写带读，读写结合的学习方法越来越受到重视。语文考试中的仿写、续写、点评等题目的出现，促进了对这一方法的深入探讨。

（二）写作表达法的特点

1. 互动性

写作表达是文学作品“读”与“写”之间的互动和转换。“读”是吸收，“写”是表达，表达要以吸收为基础，并将促进积极的吸收。因此，写作表达法不是单向的为写而写，而是与阅读鉴赏密切联系，互动互促的关系。写，不仅是文学作品阅读鉴赏方式之一，同时也是阅读和写作互为发展延伸的桥梁。

2. 体验性

写作表达，特别是基于文学作品阅读鉴赏的补写、续写、改写、扩写、仿写等练习，这并不是独立于作品之外的写作，而是对作品内容、情感、逻辑等的深入体验。只有全身心地融入作品、理解作品，与作品发生共鸣，才能使所写的内容既忠于作品，又融入了自己的独特体验。所以，写作表达法是一种体验性写作，是对作品进一步的理解和创造。

3. 累积性

文学作品学习是一个循序渐进、不断积累提高的过程，写作是积累资料、留住记忆、梳理思维的最有效形式之一。通过写作，将阅读学习的感受和体会转化为外在的语言形式保存起来，弥补大脑记忆之不足。清代学者章学诚说：“读书不及时作笔记，犹如雨落大海没有踪迹。”形象地说明写作对于知识积累和储存的重要意义。

（三）写作表达法的作用

1. 有利于学习内容的巩固和强化

文学作品学习注重对作品的感悟体验、审美鉴赏，如果这一学习过程只是

"读"的活动，其感悟体验和审美鉴赏的心理过程和结果，往往会因时过境迁而淡忘。如果能及时地把独特的感悟体验记录下来，把审美鉴赏的要点和心得整理成文字，不仅使所学知识得到及时的巩固和强化，而且便于从中不断探索积累文学作品学习的经验。

2. 有利于阅读信息的加工和整合

写作表达法一般不是机械地照抄原文。对于所学习的文学作品，或撮要记录，或综合提炼，或批注评论，或创造性地写作等，这实质上是对阅读信息和有用材料的整合加工过程，是对学习内容的消化过程，这对阅读鉴赏是大有益处的。梁启超在研读《墨经》时，常常把读书时的所思所想，或校改订正之处写于书眉、边角、或缮写小条夹在书页中间，这样做不仅加深对作品的理解、体悟，而且也是对阅读信息富有创见的加工整理，他后来据此出版的《墨经校释》成为颇有价值的学术成果。

3. 有利于阅读学习的深化和创造

文学作品阅读学习是学生与文本的对话与交流，学生在阅读过程中要建构新的文本意义，这是一种创造性的阅读。写作表达法将学生在学习过程中产生的新思想、新发现，哪怕是一个新的"闪念"，用语言文字的形式记录下来，将思想和思维用书面语言外化、定型，不至于成为稍纵即逝的思想活动。这一方法对于文学作品阅读学习的深化和创造具有十分重要的作用。

二、写作表达法的学理

（一）言意转换理论

李维鼎先生积多年心血，研究语文教育，认定"语文课"就是"言语课"的基本事实，提出了"言意互转"是语文教育的基本性质，指明了展开言意互转过程是语文教育的基本途径。这一理论虽然目前尚为一家之言，但他提出的言意互转理论对文学作品学习不无启示，为写作表达学习法提供了必要的理论基础。

表达，在语言学或语言心理学中称为"言语的生成"，按我国传统的理论，就是由"意"到"言"的转换。这种转换之所以可能，是因为语言和思维有统一的一面，之所以需要转换，是因为语言和思维有差异。写作，是书面语的生成过程。在生成过程中，一般要经历三个阶段，实现两次转换。第一阶段是构思阶段，即在认知的基础上，因"交流需要"而作出选择，实现事象、物象、意象的聚合，初步形成"意"；第二阶段是转换阶段，即选择能够表达"意"的言语形式，利用合乎语法规则、文体规则的言语形式将要表达的内容转化为言语信息。作者心中的内容在言语形式的支持下变得更加显豁固定，也在言语形式的介入中得到增损和修正，并使“意”进入“呼之欲出”的境地。这实际上成为第一转换即内部语言的生成。第三阶段是执行阶段，即把头脑中的言语信息转换为文字符号系统，成为合乎规范的表达一定思想感情的书面语。

吸收，语言学或语言心理学称为言语的理解，按我国传统的理论，就是由“言”到“意”的转换。转换的动力仍然是“差异”。吸收是表达的逆行，语文学习的过程就是在表达与吸收之间不断实现着“言”与“意”的转换，并在转换的过程中，使语文能力和素养得到提高。

文学作品的创作是作家由“意”而“言”的转换成果，学生学习文学作品是由“言”而“意”的转换吸收。写作表达法是学生在学习文学作品过程中由“意”而“言”的再度转换，其目的不是为了再创作出新的文学作品，而是通过这一转换过程去体验作家创作作品的心理过程，增进对作品“言”与“意”的内涵的理解，同时锻炼书面表达的能力。如陆精康老师在教学《窦娥冤》一文时，设计了这样一个写作题目：为纪念关汉卿、弘扬地方文化，江苏省淮安市旅游局拟仿汉代“祭孝妇冢，因表其墓”的做法，立窦娥纪念碑一座。试代拟200字碑文镌刻碑阴。虽然就是否为窦娥立碑学生间颇有争议，但作为一个以学习作品为目的的设计，应该是值得肯定的。下面是一篇为多数同学认可的碑文：

元至元（1264-1294年）中，山阳民女窦娥横遭刑宪，屈打成招，为楚州太守冤杀。民间传云，时血溅旗幡，阴风悲旋，天降大雪。楚州且有三年之旱。至冤案昭雪，始天雨岁熟。窦娥由孤女而寡妇而死囚，其人生悲剧，感动天地，震慑人心。太医院尹杂剧班头关汉卿据以作《感天动地窦娥冤》一剧，民间传唱，家喻户晓，即入世界悲剧之林，亦无愧色。此亦我邑之人文一景也。今立此碑，当为历代治山阳者戒。

这段碑文，篇幅短小，却颇见写作功力。一是内容容量之大，二是思想观点之明，三是语言表达之精，较好地实现了由“言”而“意”和由“意”而“言”的转换。可看出该生在撰写之前对作品进行了充分的研读，对窦娥悲剧的意义有准确而深刻的把握。看起来是写段仅200字左右的碑文，但对于文学作品学习却起到一石数鸟的效果。

（二）“以读促写”“以写带读”辨

读与写的能力是语文能力的重要组成部分，这里的“写”主要是指写作能力，它与本节所说的“写”有共同之处，也有不同。本节所说的“写”是广义的“写”，它包括符合一定文体要求的写作，也指与文学作品学习有关的其他书面表达。在语文学习中，有不少老师提出“以读促写”或“以写带读”思路，也总结出一些经验。这些提法和做法暗合着读与写互相转换的特性和规律，具有一定的合理性。但是，二者又都存在着局限性，“以读促写”把学习的重心放在“写”上，将“读”的目的局限于为“写”服务，忽略其本身独立的意义、更广阔的范围和更深刻的影响，单纯靠阅读也不能完全解决“写”的问题；“以写带读”把学习的重心放在“读”上，将“写”的目的局限于为“读”服务，同样忽略了“写”本身的独立意义，且单纯地靠写作也同样无法解决“读”的全部问题。所以，“以读促写”“以写带读”不足以成为写作表达学习方法的理论依据，否则，必将损害真正的文学作品读写学习。

文学作品的阅读鉴赏和写作，是相互联系又各自独立的。相互联系是说二者之间具有一定的互逆性，在读写知识和能力的提高上可以互相促进；各自独立是说二者有各自的知识和能力体系，并不完全对等，学习文学作品并不单是为了读或写，根本目的在于提高学生文学的审美鉴赏能力，提高文学和人文的素养。

三、写作表达法学习指导

（一）指导原则

1. 写读结合

写读结合的原则是指在文学作品学习中的写和读始终要互相联系，写或是为了更好地促进阅读鉴赏，或是准确地对学习成果作出书面表达，而不是独立的作文练习。如郑逸农老师在执教《我与地坛》一文时，十分重视写读的结合，两课时的教学中学生有四次写作。第一次是课前短文写作，要求学生每人写一则二三百字的短文，以“校园一角”为话题，以校园中的景物为描写对象。其意图是让学生记下自己的语感图式，以便在课堂学习中与作者的进行比较。第二次是在学生对课文中三处语言描写涵泳五遍后，老师突然要求学生把前面两个片段默写下来，写完后两相对照，检查自己的语感图式被顺应的情况。第三次是老师在解释目的意图后，要求学生继续默写第三段。第四次是再写片段作文，仍以“校园一角”为话题，并提出了具体要求。可以说，“写”贯穿了学习的全过程，但每一次写都围绕对作品既创新又合乎规范的语言特点的体验和赏析，通过不同形式写的练习，一方面促进了学生对作品语言风格特点的领会，另一方面也使学生的语感图式发生了顺应，提高了语言表达能力，收到很好的效果。

2. 写思结合

写思结合原则是指文学作品学习中的写作要充分调动学生的学习兴趣，使他们的思维处于活跃灵动状态，语言与思维同步发展。如田卫华老师在执教《我的空中楼阁》时，要求学生阅读第三段，并完成以下练习：根据语境续写三个与课文不同的比喻句，然后与课文比较，看谁的更好。

世界上有许多很美的东西，还需要一些点缀。山也是。小屋的出现，点破了山的寂寞，增加了风景的内容。山有了小屋，好比__________；__________；__________。

这样的写作表达，将写与思结合起来，能够激发兴趣，活跃思维，展示才华，促进阅读鉴赏，提高思维能力和写作能力。

3. 写创结合

写创结合原则是指在文学作品学习中写作总是蕴含着创新的成分，而且应该鼓励创新，只有创造性的写作才能表达学生对文学作品的独特感悟和个性鲜明的语言风格。如成爱梅老师执教《采薇》一文时，要求学生用现代诗翻译《采薇》，这本身就具有理解鉴赏和创作的双重意义。学生只用了五分钟时间就写出了如下诗句：

（1）杨柳摇曳送我出塞，/雨雪纷飞迎我归来。/饥肠辘辘举步维艰，/心中悲切何人能知？

（2）当时出征，树恋；/如今归来，雪迎。/道路艰难，饥渴；/心中伤悲，谁知？

……

虽然这些诗句还很稚嫩，但这种创造性的表达展示了学生的文学才华。

（二）学习指导

1. 提要、提纲写作

这是用简明扼要的书面语言概括文学作品要点和纲目的写作表达方式。提要写作是从作品的整体出发，综合概括，归纳出全文或全书的基本内容和若干要点，并用自己高度概括的语言总结出来。要求做到内容精要、语言简洁、概括准确。小说、戏剧等叙事类作品提要，要抓住情节的线索，勾勒故事轮廓；诗歌、散文等抒情类作品提要，要侧重说明基本内容、情感色彩和艺术风格。如：

《迢迢牵牛星》抒写牛郎与织女隔河相望而不能团聚的相思之情。这首诗五句十行，层层深入，一气呵成，哀婉动人。连用六个叠音形容词，加上句句押韵，随韵成趣，自然而又深切地表现了景中情、情中景。

提纲是在基本依照作品自身次序和结构的前提下，极概括而简明地表达出作品的内容纲要或段落结构。提纲写作要求认真研读原文，准确反映作品的基本内容，语言力求简明扼要。

2. 批注、评点写作

批注评点是我国传统的读书方法，运用这种方法便于体味揣摩作品内容，并把所思所感随时记录下来，很有利于提高学习效率。批注是指在作品上写的批语和注释，包括眉批、旁批和在字句中间所写的批注。评点则着重于对作品内容的评论和感受。在实际写作中，二者往往难以准确区分。批注、评点写作源远流长，它发端于诗文，最早的评点出现在唐代，后来扩大到散文、小说，对推动文学传播和接受，促进文学批评理论的发展等起到重要的作用。如金圣叹在评点《水浒传》时，有这样一段话：

《水浒传》只是写人粗鲁处，便有许多写法。如鲁达粗鲁是性急，史进粗鲁是少年任气，李逵粗鲁是蛮，武松粗鲁是豪杰不受羁靮，阮小七粗鲁是悲愤无处说，焦挺粗鲁是气质不好。

批注评点的写作不拘一格，篇幅不限长短，关键要见解深刻，语言精辟。

3. 赏析、评述写作

文学作品赏析是读者通过语言的媒介，获得对文学作品中艺术形象的具体感受和体验，引起思想感情上的强烈反映，得到审美的愉悦和享受，从而使精神境界得到升华的文学审美活动。文学评述是对文学作品进行理性分析、评价和判断的文学批评活动。前者具有较强的主观色彩，着重于审美的感受和体验，以形象思维为主；后者以一定的文学批评理论为依据，侧重于客观冷静的文学分析，从而作出客观的评价和判断，以逻辑思维为主。二者在写作上既有联系又有区别，评述以欣赏为基础，但比欣赏更为客观。所以，赏析文章写作要在对作品充分的审美体验基础上进行；评述文章要在对作品充分的理性认识基础上进行。

4. 改写、续写、仿写写作

改写、续写、仿写等都是对作品的进一步创造。改写要求在忠于原文基本内容和思想的基础上，用不同的文体进行写作，如把小说改写为剧本，诗歌改写为散文等。续写主要是在文学作品的空白点，通过联想想象增补与作品风格、主题相一致的内容，以加深对作品的理解认识。续写可以从作品中间的某一环节切入，也可在结尾处续写。如学习《雷雨》，根据剧情发展的逻辑，补充写出当周朴园知道侍萍的真实身份之后，该有怎样的舞台语言。学习《项链》，续写出玛蒂尔德得知她用十年青春和心血偿还的竟然是一挂假项链之后，小说情节的发展。仿写是对作品全部或部分片段进行模仿写作，特别是对其中的好句佳段的仿写更为多见。如：

依照例句仿写三个对“文学”理解的比喻句。

例句：文学是滋味甘醇的美酒，让人回味无穷。

仿句：文学是________，让人______________。

文学是________，让人______________。

文学是________，让人______________。

5. 文学创作

严格地讲，文学创作已超越了文学作品学习而进入文学创造的领域，但如果在文学作品学习过程中能进行适当的文学创作的练笔，以切身的经历体验文学作品创作的全过程，并通过对自己作品的推敲润色，对文学作品的各个要素进行深入的认识和揣摩，这对于学习领会他人的文学作品会有更直接的帮助。所以，应该提倡中学生适当进行文学创作活动，并经常交流创作成果和心得体会。

第三节　探究性学习法

一、探究性学习法概述

（一）探究性学习法释义

探究，即探索研究，通过努力寻找答案，解决问题。探究活动复杂多样，大体上可以分为广义和狭义两种。广义的探究泛指人们独立解决问题的一切活动，既包括一般人的解决问题的活动，也包括科学家的专门研究活动；既包括成人深思熟虑地探索和解决问题，也包括儿童尝试性的摸索；既可以是新颖独创的，也可以是模仿的。而狭义的探究主要是指科学探究或科学研究。对此，美国学者韦尔奇等人作了简单的说明，他说：“探究是人类寻求信息和理解的一般过程。从广义上说，探究是一种思维方式。科学探究是一般探究的‘子集’（Subset），它的对象是自然界，是在某种信仰和假设的指导下进行的。”①

近年来，人们把科学探究引进教学领域，提出了探究学习的概念，旨在使学生通过像科学探究那样，在对问题的探究解决中获得知识，发展能力。但什么是探究学习，目前还没有统一的界定，国内外学者都给出了不同的定义，概括来讲，一般指学生以类似或模拟科学研究的方式进行的学习，也称作研究性学习。初、高中语文课程标准在教学建议部分都明确提出要“积极倡导自主、合作、探究的学习方式”。高中语文课程标准的课程目标更加强调学生“养成独立思考、质疑探究的习惯”，“培养探究意识和发现问题的敏感性”，“在探究活动中，勇于提出自己的见解，尊重他人的成果，不断提高探究能力，逐步养成严谨、求实的学风”。“探究”作为语文学习的新理念与方法，越来越引起师生的重视，也摸索出了不少成功的经验。

随着语文学习方式的改变，探究也成为学习文学作品的主要方法之一。文学作品学习中的探究是指学生在老师的引导下，按照一定的目标或任务，采用一定的学习策略，通过阅读鉴赏作品，深入研究和探讨某一方面的相关问题，形成富有新意的研究成果或结论。文学作品探究学习在肯定学生研究成果的同时，也重视学生在探究过程中独立获取知识、发展思维能力、提高文学鉴赏水平并得到思想感情的培育熏陶。

（二）探究性学习法的特点

1. 模拟性

文学作品探究学习与文学研究不同，前者以学习为旨归，目的在于通过模拟文学研究的方式方法，使学生在探究中提高文学阅读和鉴赏及其评论的能力。后者以创新研究成果为旨归，目的在于通过富有创造性的研究探索，获得不同于他人的成果或结论。探究学习从学生在学习过程中发现的问题开始，这些问题对于文学研究者或老师来说也许没有难度，但对于学生来说是未知的、有意义的。就探究得出的结论来说，未必超越了他人的成果，但对于学生是首次的发现。所以，探究性学习和文学研究相比，不是完全的文学研究，具有模拟性特点。

2. 自主性

文学作品探究学习是在老师引导下的学生自主学习。探究的问题既可由老师

---

① 转引自靳玉乐主编《探究教学论》，西南师范大学出版社，2001 年，第 2 页。

提出，也可由学生自己提出，学生在探究过程中要独立或合作完成材料信息的收集、要对材料进行阅读分析鉴赏、在分析鉴赏中有自己独特的体验、形成新的见解和看法，并且要用一定的形式表达出来。老师是学生探究学习的指导者或顾问的角色。甚至有些课外探究学习是由学生独立完成的。所以，文学作品探究学习与课堂教学形式的学习不同，充分体现了自主性的特点。

3. 开放性

学生在探究学习过程中，理想的做法是探究学习的问题始于发散性，终于聚合式。即用发散式的提问鼓励学生去积极探索，用聚合式提问让学生得出某种结论。文学作品是有待学生阅读创造的“空框结构”，探究性学习的问题必须是允许也能够作出多种可能解释或回答的问题，也只有这样的问题才能激发学生探究的欲望和兴趣。它要求学生能够提出发散性的问题进行探究，并不简单地要求作出某种结论。所以，文学作品探究性学习在提问的方式和探究的结论上都体现了开放性的特点。

（三）探究性学习法的作用

1. 肯定学生的主体地位

文学作品探究学习改变了传统的课堂学习模式，将课内学习与课外学习沟通起来，老师不再是学生学习的主导者，而成为指导者、帮助者、评判者。学生承担着探究的任务，成为自己学习的主宰。只有当学生真正成为学习的主人，他才可能积极主动地探索学习对象，在探究过程中，调整、更新、优化自己的认知结构，在情感态度方面发生积极的变化。探究学习充分肯定学生的主体地位，是对学生学习兴趣和内在潜能的最大的激发。

2. 培养学生的创新精神

培养学生的创新精神和实践能力是当前我国整个教育改革的灵魂。文学作品学习应围绕学生创新精神的培养，变革传统的学习方式。传统的学习比较重视学生的单向接受，探究性学习强调学生知识的主动建构，而文学作品的开放性和探究学习的开放性决定了学生知识建构中的创造性。如学生探究同一个题目“《荷塘月色》中‘我’的形象”，不同的学生因为知识、阅历、思想倾向以及占有资料和探究策略的不同，可能就有不同的结论。虽然在这些结论中会存在一些误解，但整个过程都渗透着一种创新的意识和精神，对于学生来说，这是最可珍贵的。探究本身就是对求知的领域的求索，探究性学习更有利于培养学生的创新意识和创新精神。

3. 锻炼学生的综合素质

探究性的学习是学生独立或半独立的自主学习活动，要在老师的指导下提出有价值的问题、并努力解决问题。在解决问题的过程中要搜集信息、分析处理信息，从大量的信息中提出具有新意的思想观点，能够用准确生动的语言将探究的成果或结论表述出来，或通过形象的再创造展现出来。有时需要和他人的合作交流，共同完成探究任务。整个探究学习的过程，对于锻炼学生提出问题、分析问题、解决问题的能力，发展学生的形象思维、逻辑思维和创造性思维能力，提高口头和书面的语言表达水平，培养与他人的合作精神和科学研究精神，以及在情感、意志、兴趣等非智力因素方面都有其他学习方法不可替代的作用。运用探究方法学习文学作品，除有利于学生的文学素养的提高外，也有利于学生综合素质的锻炼和提高。

二、探究性学习法的学理

（一）对科学的认识①

什么是科学？当代科学观与传统科学观有着截然不同的看法。传统的科学观可以上溯到古希腊时期，一直到现代的逻辑经验主义。这一科学观认为，科学是建立在经验基础上的真实的或至少是证实的知识，因此，科学具有客观性、中立性，是否可以证实是区分科学与非科学的标准。这一观点受到了质疑，首先是以波普尔为代表的批判理性主义。波普尔指出，逻辑经验主义者把科学看成是静态的真命题或真理的集合是错误的，任何理论都是试探性的假说，都可能有错误，因此，科学的过程是一个不断排除错误、逼近真理的过程。对于“可证实”标准，波普尔也提出了质疑，因为一方面任何理论都可以找到经验的证实，另一方面，又总有一时难以得到经验证实的理论。只有可证伪性或可反驳性、可检验性才是科学的特性，才能区分科学与非科学或伪科学，因为科学理论必定能推演出有可能在经验中受到检验或排除的结论，并且最终被证伪，被更好的理论所取代。第二是来自历史主义的批判。历史主义把焦点聚集在对科学的社会——历史考察上，吸收了社会学和心理学知识，认为科学是科学共同体所共有的信念体系，是一种“范式”，从某种程度上否定了科学的客观性。然而真正推翻科学神

① 参见靳玉乐主编《探究教学论》，西南师范大学出版社，2001 年。

话的是后现代主义。后现代主义者解构了“科学”的客观、中立的神话，认为科学知识是由人建构的最佳知识体系，是研究者彼此之间协调的结果，受社会、心理状况和政治信念很大影响。

从逻辑经验主义到历史主义，科学观出现了不同的面貌。而实际上，任何一种科学观都有其合理性的一面，也都有其片面之处。综合以上观点，我们认为，应以发展的、辩证的眼光来看待科学：从某一时期来看，科学知识体系是相对稳固的，从长期或根本上来看，任何阶段的科学都不可能是绝对真理，都可以找出缺陷。而正是由于缺陷的存在，科学研究才得以深入，才推动科学不断向前发展。从这个意义上，科学是具体的、历史的、不断发展变化的。

文学作品学习引入科学探究的思想和方法，正是基于对科学的正确的认识。当代科学观给文学作品探究学习提供了很好的理论依据，一是文学作品探究学习，既要充分尊重现有知识和研究成果，也不要被权威所吓倒，要敢于质疑、探索、创造；二是探究学习既要掌握一定的方法，也不要拘泥于一种方法，要敢于在方法上突破，探索独特的方法；三是文学作品探究学习是主观性和客观性的统一。作品一旦完成，它便成为一个客观存在，但文学作品本身带有作家的个性色彩，而且被不同个性的学生接受，必然带有主观性。文学作品学习既要尊重作品的客观性，同时也不可避免学习中的主观性。因而，文学作品学习要尊重学生学习的兴趣和动机，提倡学生在探究中创造。同时，也鼓励学生合作探究，在交往中学会尊重和质疑，学会宽容和关心。

（二）有意义学习理论

有意义学习理论是美国当代著名的教育心理学家奥苏伯尔提出的。作为认知派心理学家，他深受皮亚杰主客体相互作用思想影响，提出了有意义学习理论。他认为，有意义学习就是新知识与学习者认知结构已有的适当观念建立起非人为的和实质性的联系。在有意义学习过程中，主体表现为学习者认知结构中已有的适当概念，客体表现为要学习的新知识，知识的获得就是主客体在不断相互作用的过程中积极建构意义的过程。这个过程是一个动态的过程，是新知识在认知结构中进行“同化”的过程。同化的结果是原有的认知结构不断地分化和整合，使学习者获得了新知识清晰稳定的意识经验，原有的知识也在同化过程中发生了意义的变化。可以看出，新旧知识的同化过程实际上就是积极从事学习的过程，它强调新知识必须在学习者原有的认知结构中找到同化点，强调学习者积极主动的精神和学习心向。意义学习是相对于机械学习的，意义学习必须具备两个基本条件，即学习材料具有潜在意义，学习者具有有意义学习的心向。不具备这两个条件的学习则是机械学习。

文学作品探究学习属于意义学习，它是学生已有的文学作品认知结构和学生生活经验与将要学习的新知识、新经验之间相互作用，不断同化的过程。学生探究的问题一般来说是新的、未曾思考过的，探究的过程和结论都是有一定创意的，这些新的思考和认识就会纳入学生原有的认知和情感结构中，并对此进行调整、改变。当然，与此同时，学生会运用原有的知识和情感态度、思想观念，学习领悟新的知识和观念。对于文学作品的学习理解，更强调积累与发展，强调有意义学习。

三、探究性学习法学习指导

（一）指导原则

1. 提倡探究学习但不否定接受学习

探究性学习作为一种学习方式，是教师或其他成人不把现成的结论告诉学生，而是学生自己在教师的指导下自主发现问题、探索问题、获得结论的过程。提倡探究性学习并不能否定接受性学习，二者相辅相成，相反相成，相互促进。我们提倡探究性学习，并不是因为接受性学习不好，而是因为在传统的学习中过分注重了接受性学习，似乎只有上课听讲才是学习。探究性学习是以接受性学习为基础，学生没有充分的知识储备，是难以进行探究学习的。接受性学习便于高效、快捷地接受知识，对于一些知识的掌握更适合于运用接受性学习。所以，文学作品学习提倡探究的学习方式，但和接受性学习并不对立，它要在知识接受的基础上，通过观察思考提出问题，并内引外联、拓展延伸，探索问题，得出有创意的见解结论。

2. 强调学生自主但不排斥教师指导

在探究性学习中，教师和学生的角色都具有新的特点，教师从知识的传递者转变为学生学习的促进者、指导者，学生从被动的听众转变为学习的主人。探究性学习强调学生的主体作用，但并不排斥教师的指导作用。学生的主体作用要在教师的指导下得以充分发挥，教师的指导要充分尊重学生的主体地位，二者各得其所，又缺一不可。学生的主体作用表现为探究学习以学生活动为主要开展形式，强调学生的亲身参与、实践、体验、探求、获得，将学生的需要、动机和兴趣置于核心地位，使学生成为学习探究和解决问题的主体。教师的指导作用表现为教师要及时了解学生探究活动中遇到的困难以及他们的需要，注意观察每一个学生在品德、能力、个性方面的发展，给予适时的鼓励和指导，帮助他们建立自信并进一步提高学习的积极性。教师要适时点拨、指导，但不是把学生的探究引向已有的结论。师生双方都要找准位置，把握分寸，理清角色关系。

3. 重视思维创新但要立足文本

探究，指探讨疑点难点，有所发现和创新。探究性学习要培养学生的探究意识和创新精神，必须重视思维的创新，要敢于在没有疑点处质疑，敢于突破习惯思维，敢于挑战权威，在思维方法上有所创新。但在文学作品学习中，提倡思维创新，有些学生就脱离文本，将对文学作品的过度阐释或一味的标新立异当作创新，认为只要出语惊人或与众不同就是创新，一些见解观点并非出于对文本细致深入的研究，或者用非审美的标准衡量鉴赏文学作品，或者完全主观地自说自话，违背了文学作品鉴赏学习的规律去探究。也有将文学作品探究学习演变为专门的文学或文化研究等。所以，指导学生进行探究性学习既要重视思维创新，更要防止学生脱离文本的随意探究。

（二）学习指导

1. 提出探究问题

问题，是思维的发动机，也是探究的起点。基于问题的学习，在接受性学习中也普遍采用，但通常是由老师提出问题，学生学习的任务就是寻找预设好的答案。学习过程由老师主宰，学生没有探究的自主权。文学作品探究性学习首先要提出有探究价值的问题，唤起学生的探究意识，激活学生的思维活动。学生运用探究法学习文学作品，不能满足于一般理解，也不能急着吸收他人的成果，要细读文本、鉴赏品味，善于质疑发现、批判创新。学生在不同的学习阶段，质疑提问的能力不同，随着年龄和学识的增长，学生要学会提出探究的问题、自主探究问题。在初中阶段，如果学生难以提出具有探究意义的问题，可以由老师直接提出来。不管谁来确定探究的问题，都应使问题具有以下特质：一要具有高效能，问题关联到作品的重要内容，提纲挈领，举重若轻，通过对问题的探讨，能够达到对作品意蕴深层的把握；二要具有包容性，给学生较广的思索、想象、创新的空间。探究问题提出的方法多样，可以是针对作品的主旨内容提出；可以从作品的矛盾之处提出；可以就作品的重点词句、语段的隐含意义提出；可以在参照比较中提出，等等。如学习鲁迅先生的《孔乙己》，最后一段的“我到现在终于没有见——大约孔乙己的确死了”，其中的“大约”和“的确”在语义上是矛盾的，

"孔乙已到底死了没有?""为什么作者用了自相矛盾的词语来叙述孔乙己的死?"这些问题就很有探究的必要，也是发现和提问的很好的切入点。

2. 选择探究策略

确定了探究的问题之后，紧接着是对问题探究的进一步展开。选择怎样的方法策略更有利于理解鉴赏，把握问题的实质，锻炼学生的思维，要结合学生自身的情况，包括知识积累、经验阅历、鉴赏能力等，同时也要考虑文学作品的具体特点和现有学习条件，将老师指导和学生自主探究结合起来，独立探究和合作探究结合起来，课内探究和课外探究结合起来。一般来说，文学作品探究学习可以选择创设探究环境策略、文献参阅比较策略、集体研讨交流策略等。

创设探究环境策略主要是指创设探究的问题情境或模拟情景，将学生带入特定的学习探究情境中展开的探究学习活动。如，张慕元老师在引导学生学习李商隐的《锦瑟》时，设计了玫瑰诗竞猜活动的学习情境。学生在课前收集诗人的有关资料，了解诗人的生平事迹、情感历程等，通过品读感悟，理解了诗意。之后，进入了在特定情境中学习探究的过程：在情人节这天，四位女士分别收到 ABCD 四位男士的玫瑰花，花中各附有两句诗，分别是《锦瑟》中的一联：A. 锦瑟无端五十弦，一弦一柱思华年。B. 庄生晓梦迷蝴蝶，望帝春心托杜鹃。C. 沧海月明珠有泪，蓝田日暖玉生烟。D. 此情可待成追忆，只是当时已惘然。要求：1. 解释诗句；2. 猜测男士们想借诗句表达什么；3. 他们之间曾经发生过怎样的故事？在这一模拟的情境中，学生展开想象和联想，极大地激发了学生探究作品的兴趣，体现出较强的创造性，取得了很好的学习效果。

文献参阅比较策略主要是指通过广泛阅读与探究问题相关的资料，包括背景资料、他人研究成果等，在比同辨异中，拓展思维，提出具有创意的看法。如苏轼诗文中多次写到月亮，那么，月亮在苏轼诗文中有何特定的意义？古代诗文中的月亮意象常有哪些寄托？李白也钟情月亮，他们二人所抒发的感情是否一样？这些都是很值探究的问题。要探究清楚这些问题，只凭单篇课文是难以全面概括的，必须阅读有关作者的生平资料、诗文作品以及他人的评论文章。同时，还应广泛阅读其他写月亮的作品，进行深入的分析比较，最终明确苏轼笔下心中独有的明月之意和特别的明月之情。

集体研讨交流策略主要是指师生共同探究，形成教师、学生、作品之间的对话交流，在相互对话中，实现思维的碰撞，视野的融合，共同建构出具有创造性的新意。如张若虚的《春江花月夜》是我国古代文学中的经典，被闻一多先生誉为“诗中的诗”、“顶峰上的顶峰”。因此，探寻这首诗的艺术魅力之所在成为历代读者的共同诉求。但不同的人探究的视角不同，审美鉴赏的感悟和想象也各不相同，甚至于在感情的共鸣点上也各有侧重。由此，就可以在文本细读的基础上，运用集体研讨交流的策略探究该诗的艺术魅力，和而不同，既追求独特的感悟，也要探寻接近诗歌本真的情感和哲理意义，把握该诗美的规律和本质。

3. 形成探究成果

探究性学习法吸收了科学研究的思想和方法，但又不完全等同于科学研究。后者通过对假设的验证，得出正确的结论，目标指向研究的最终成果。文学作品探究性学习并不特别强调最终形成的成果，作为学习方法之一，更注重在过程中对学生思维、认知、思想、审美等知识能力素养的促进，鼓励学生善于发现，善于质疑，善于创新。所以，界定学生探究性学习的成果并不能以最终结论作为唯一的依据，其内容和形式应是多样的。学生探究学习的成果，可以是在思维力、想象力、审美力、创造力等方面的发展，也可以是在合作力、表达力、探究力等方面的提高，还可以是在情感、态度、价值观、人格境界等方面的改变和升华，这些进步最终通过学生口头的或书面的表述体现出来。所以，运用文学作品探究性学习方法，在评价学习成果时，要作全面的考察分析，要肯定学生在探究中取得的每一点进步和成绩。

第九章　不同体裁文学作品学习

中学语文教材中的文学作品，主要是按照体裁进行选择和分类的，以便于学习者理解和把握不同体裁文学作品的性质和特点，运用不同的方法学习鉴赏作品，提高学习的效率。本章按照文学作品的一般分类，分别介绍不同体裁文学作品的学习要点，并通过适当举例帮助学习者学会学习。

第一节　诗歌作品的学习

一、品读语言，感受情思意味

语言是作者思想感情的载体，从本质上说，语言与思想感情是一个完整连贯的心理反应，是部分与整体的关系。人的思想感情是丰富复杂的，要准确地传达出个体独特的审美感受，对于一般人而言，常常会言不尽意，而对于诗人来说，就必须突破固定的思维模式和惯常的表达方法，对诗歌语言进行符合目的性的内容改造和形式变形，才能充分地表达思想感情，使其蕴含着远比日常语言丰富的意义，达到“言有尽而意无穷”、“韵外之旨”的艺术效果。从这个意义上说，学习诗歌首先是对诗歌语言的突破和超越，从语言的表层意义进入到深层意义，感受其中的情思意味。

（一）词句的锤炼与诗味

古今中外的诗人都十分重视语言的锤炼，一首诗往往因为一语传神而全篇精彩。诗人经过锤炼而独具匠心的词语运用，是最有表现力的语言，也是最有诗味的语言。学习诗歌要善于体味这些经过锤炼的词句，从而了解诗人的用心和诗歌的妙处。如白居易《忆江南》："江南好，风景旧曾谙。日出江花红胜火，春来江水绿如蓝，能不忆江南。"首句"江南好"，以一个既浅切又圆活的"好"字，摄尽江南春色的种种佳处，而作者的赞颂之意与向往之情也尽在其中。全词紧紧围绕"好"字展开，因为作者曾出牧杭州，亲身体验和感受了江南"日出江花红胜火，春来江水绿如蓝"的春之美景，所以如此明丽"好"景怎能让作者不忆江南。一个"好"字，不仅提携全篇，而且蕴含着作者对江南春色的无限赞叹与怀念，由此引发的忆念，又造成一种悠远深长的韵味，把读者带入余情荡漾的境界中。《渔隐丛话》云："古今诗人，以诗名世者，或只一句，或只一联，或只一篇。虽其余别有好诗，不专在此，然播传于后世，脍炙于人口者，终不出此矣；岂在多哉？如'池塘生春草'，则谢康乐也；'澄江静如练'，则谢宣城也；……"

（二）语序的调整与诗味

为了表情达意的需要，诗歌语言往往打破语法规则，改变语序或调整结构，使诗意就在这种反常的变化中传达出来，使诗句更加耐人寻味，诗意绵绵。如张若虚《春江花月夜》"昨夜闲潭梦落花"，叙述语序为"昨夜梦花落闲潭"。白居易《长恨歌》"行宫见月伤心色，夜雨闻铃肠断声"应是"行宫见月色而伤心，夜雨闻铃声而肠断"的倒装。诗人借助语序的倒装，不仅仅是诗句精炼，音韵和谐，更是造成一种新鲜而奇异的效果，吟咏中，悠悠韵味，不绝如缕。

（三）成分的省略与诗味

相对于其他体裁文学作品而言，诗歌的语言更简洁、凝练，更注重情感的贯通，并不拘泥于严密的语法规范。"诗歌由于其语言的高度凝练与大胆丰富的想象、跌宕起伏的情感相结合，使得其内容难以遵循日常经验的逻辑按部就班地展开。在诗歌中，结构所遵循的是情感和想象的逻辑，因而常常省略掉语言中的过渡、转折和联系交代的词语，甚至打破语法规则，以求满足情感与想象飞跃变化的需要。"① 语言成分的省略留足了情感与想象的空间，诗味愈加浓厚。最为经典的例子莫过于马致远的《天净沙·秋思》中"枯藤老树昏鸦，小桥流水人家，古道西风瘦马"三句，严格地讲并不是句子，只是一连九个名词性偏正词组并列，但读者并不以为它有什么不妥，而在眼前出现了鲜活的三幅画面，接连引起读者

① 童庆炳主编《文学概论》，武汉大学出版社，1989年，第209页。

头脑中交叠出现的多层次的感受和印象，深浓的情味萦绕在画面连接的空白之中，孤独和苍凉挥之不去。

（四）佳词妙语与诗味

优秀的诗人往往根据表达感情的需要，使一些平常的语言或词汇获得奇绝的效果，带给读者新活鲜丽的美感。诗歌的语言追求新颖、独特、富有表现力，并不一定是只有深奥的词语能有这样的效果，反而是一些平常的词语，甚至是那些陈旧的、锈迹斑斑的语词，由于运用巧妙，由于句型及整体章节的特定性观照和衬托，也会顿时变得新鲜起来，发出奇异的绚丽色彩，成为令人回味无穷的佳词妙语。如李清照的“知否？知否？应是绿肥红瘦”，“肥”与“瘦”是再平常不过的字眼，单独讲是没有任何美感和韵味的，但是在李清照的诗句中，一个“肥”字形象地把风雨后绿意盎然的勃勃生机展现于读者眼前，但同时一个“瘦”字，又是一番风折雨摧、花落凋零的景象，字里行间流露出女词人爱花惜花，为花悲喜，为花憎风恨雨的情感。再仔细吟味，伤春惜花的背后，更有为美好事物年华痛惜的幽幽情怀。

（五）声韵和谐与诗味

诗歌是有声音的，它的语言十分讲究节奏和韵律。学习诗歌，要从和谐的声韵中体会诗歌的意味。诗歌从诞生之日起就是和音乐相伴随的，《诗经》常常采用重章叠句的形式，造成一唱三叹的效果。为了获得声韵上的美感，大量使用双声、叠韵、叠字的语汇，表达丰富细腻的感情。在后来诗歌的发展中，其音乐性的特点始终不曾削弱，在特定的阶段甚至得到加强。所以，学习诗歌不能不欣赏其音乐的美。

二、把握意象，领悟内容蕴含

文学作品借助形象反映生活和人的内心。诗歌中的形象，也即意象，它是融入了主观情意的客观物象，或者是借助客观物象表现出来的主观情意。学习诗歌作品，只有把握意象，才能领悟丰富的蕴含，领悟诗人的人格和情趣，领悟作品美的意境。

（一）意象与趣味

学习一首诗，先要明确诗人选取了哪些意象。其中，“象”是什么，也就是诗人选取了哪些事物作为诗歌之“象”；“意”是什么，也就是诗人在“象”中融入了怎样的情思意趣，赋予了怎样的艺术生命。意象和趣味是不可分割的，意象只有蕴含着美的趣味，包括情趣、理趣、谐趣等，才能具有内在的生命，趣味只有附丽于意象才能具有外在的形象。二者完全的融合才能成为美的诗歌。因而，意象因其“意”与“象”之间的契合度不同，具有了高下的区别。所谓把握意象，就是捕捉意象、品味意象、领悟意象之蕴含的过程。如曾卓《悬崖边上的树》：

不知道是什么奇异的风/将一棵树吹到了那边——/平原的尽头/邻近深谷和悬崖上

它倾听远处森林的喧哗/和深谷中小溪的歌唱/它孤独地站在那里/显得寂寞而又倔强

它的弯曲的身体/留下了风的形状/它似乎即将倾跌进深谷里/却又好像是要飞翔……

——曾卓《悬崖边的树》

“悬崖边上的树”是这首诗的一个中心意象，这棵树在平原的尽头，在邻近深谷的悬崖上，枝杆弯曲，但绝不是一个简单的自然之树的形象，它是一棵经过诗人生命激情的浸润完全人格化了的“树”，它熔铸着特殊年代里一代人的苦难、意志、信念和振翮一搏的渴望，成为身遭厄运而决不沉沦，对生活、对理想、对未来怀抱坚定信念的那一代人灵魂的雕塑。

（二）意象与意境

在诗歌中，往往不止一个意象，而是一个意象群。意象的组合创造出美的艺术境界，即意境。学习诗歌不能仅停留在意象层面，而要把握诗的整体意境。意境超越了意、象或情、景、意这些个别元素，所展示的是诗人对宇宙、人生更深层次的，感性与理性交融的生命体验。学习鉴赏诗歌，重在体会诗句是否达到了意与境谐，景与情融的艺术境界。如张若虚的《春江花月夜》：

春江潮水连海平，海上明月共潮生。滟滟随波千万里，何处春江无月明！江流宛转绕芳甸，月照花林皆似霰。空里流霜不觉飞，汀上白沙看不见。江天一色无纤尘，皎皎空中孤月轮。江畔何人初见月？江月何年初见人？人生代代无穷已，江月年年只相似。不见江月待何人，但见长江送流水。……

—— 张若虚《春江花月夜》

诗人以“月”为中心，统摄多个意象，在皎皎月光的笼罩下，温馨宁静的春夜、浩瀚辽远的春江、芬芳亮丽的春花构成了一幅美丽缥缈的图画，把读者带入亦真亦幻的美的艺术境界，引发着哲理的沉思和美的遐想。这是交融着诗情与哲理的美的意境，这一意境绝不是单个的某一意象所能表达出来的。

（三）意象与风格

把握意象有时是困难的，有些意象由于长期的审美和心理的积淀，本身具有了固定的审美意蕴，成为“原型意象”。如“黄昏”意味着思念，“松柏”意味着坚强等等。但更复杂的是，往往同一物象在不同的诗人笔下具有不同的审美意义，或者说不同的诗人在选取和运用意象时有他鲜明的个人印记，更能见出诗人的风格。所以，学习鉴赏诗歌，还要通过意象领略诗人的风格。最典型的例子如李白和杜甫，李白豪放飘逸，杜甫沉郁顿挫，这两种截然不同的风格突出地表现在他们建立的不同的意象群上。李白以大鹏、江河、仙与酒、侠与剑、明月等为意象；杜甫以病柏、孤舟、落木、瘦马、高江急峡等为意象。前者多显飘逸之风，后者多含沉郁之气。即使是同样的事物，在两人的笔下也呈现出不同的意境风格。如同样是写长江黄河，李白是：

“君不见黄河之水天上来，奔流到海不复回。”（《将进酒》）

“黄河落天走东海，万里写入胸怀间。”（《赠裴十四》）

“登高壮观天地间，大江茫茫去不还。黄云万里动风色，白波九道流雪山。”（《庐山谣》）

他心中笔下的江河有奔腾不息、波涛汹涌、一泻千里的气势，豪放飘逸之风扑面而来。

杜甫是：

“无边落木萧萧下，不尽长江滚滚来。”（《登高》）

“高江急峡雷霆斗，古木苍藤日月昏。”（《白帝》）

“江间波浪兼天涌，塞上风云接地阴。”（《秋兴》）

他笔下的江河在奔腾咆哮中更多地笼罩着阴郁凄凉的色彩，有一种沉重悲怆的气氛，少了一泻千里的奔放，多了翻滚回荡的跌宕，沉郁顿挫之气凝聚其中。

三、揣摩技巧，欣赏艺术魅力

学习诗歌还要注重掌握诗人所运用的艺术手法和技巧，只有深入地理解艺术手法在具体的诗歌创作中的运用，才能更深入地感受诗歌的艺术性和正确理解诗句的内涵。诗歌的艺术手法和技巧是多种多样的，这里只能举其常用的几种加以说明。

（一）赋、比、兴

赋、比、兴是中国诗学对诗歌艺术表现手法的概括，也是诗歌最基本的表现手法。

"赋"，是直接叙述，所谓"敷陈其事而直言之者也"。如《诗经·氓》、屈原的《国殇》、汉乐府《孔雀东南飞》和《木兰辞》、杜甫的《三吏》和《三别》等都是成功运用赋的手法的典范。它使诗歌结构完整，情节曲折，叙事和抒情有机结合，充分地表现主题。

"比"，是比喻，所谓"以彼物比此物也"。这种手法在诗歌中运用极其普遍，使抽象的思想感情变为具体生动的艺术形象。好的比喻往往成为极具审美价值的意象，令人回味无穷。如李煜的"问君能有几多愁，恰似一江春水向东流"《虞美人》，以流水喻愁，新颖贴切，形象地写出了绵延不断、无穷无尽的忧愁，成为抒情名句为人传颂，也使"流水"成为表达思念和愁绪的特定意象。

"兴"，是起兴，所谓"先言他物以引起所咏之词也"。"比"的本体与喻体之间有明显的相似性，而"兴"的本体与喻体之间的关系较隐蔽，重在触发，以引起联想，一般在表面上看不出明显的关联。如汉乐府《孔雀东南飞》以"孔雀东南飞，五里一徘徊"起兴，引出焦仲卿与刘兰芝的爱情婚姻故事，二者之间本没有明显的关联。但"兴"的触景生情、寄情于物的联想，不仅用形象的方式来表现感情，增添了诗意，也暗含着审美的意义。

当然，在诗歌中，赋、比、兴往往不单独使用，而是相互配合或与其他艺术手法综合使用，共同完成抒情言志、表达思想的任务。

（二）象征

象征是一种暗示，诗人通过塑造一种形象而隐蔽地去描绘另一种形象，达到深沉委婉地抒发感情或表达思想的目的。在中国诗学中，象征也叫寄托，即借托客观事物，以隐喻构成艺术形象，从而诱发读者产生超越艺术形象表层意义的更深刻的想象和联想，指向更普遍、更本质的深层意蕴的特殊表现手法。学习诗歌，要穿越语言的表层，达到象征寄托所要表达的深层意蕴，而其意蕴又往往不是确定的，这又给学习者留下了欣赏读解的空间，也赋予了诗歌以巨大的艺术魅力。如臧克家的《老马》：

总得叫大车装个够，

它横竖不说一句话。

背上的压力往肉里扣，

它把头沉重地垂下。
这刻不知下刻的命，
它有泪只往心里咽。
眼里飘来一道鞭影，
它抬起头来望望前面。

马——一度是北方农民不可缺的生产工具，诗人笔下的“老马”，任劳任怨、忍辱负重，默默地忍受着苦难。但诗人并不单纯是为了写一匹这样的老马，“老马”是一个象征，文学史家历来认为，它象征了中国农民吃苦耐劳、沉默寡言、逆来顺受、坚忍不拔的性格特征。其实，“老马”作为一个诗歌形象，除了让人联想到农民，还给不同的读者以不同的联想和启示，具有丰富的象征意味和审美空间，这正是诗歌象征艺术手法的独特魅力。

（三）反讽

反讽是指诗歌语言的“所言非所指”，即表层意义与其深层意义之间有着相反的关系，在充满悖论和反讽的诗歌语言中，完成诗歌复义主题的表达。反讽手法在诗歌创作中经常运用，给诗歌增添了无穷魅力。如李商隐的两句诗：“锦瑟无端五十弦，一弦一柱思华年。”锦瑟，这种珍贵华美的乐器，据说能够演奏出凄怨动听的优美音乐。诗人起笔就对此发出诘问，表面上是在问：锦瑟为什么会是五十弦呢？这种诘问看起来实在是无理无由，但仔细品读，实质上诗人问的并不是锦瑟，而是这凄美的音乐所勾起的对往昔岁月的无限回忆，这种回忆又是多么的不堪回首和令人伤感！所以，所谓“无端”实则是“有端”，看似“无理”，实则是“有理”，这便是典型的反讽。再如闻一多的《死水》，用反讽语言描写丑的事物，曲折地表达了诗人的思想感情。

（四）拟人

拟人手法，就是把物当作人来写，赋予物以人的思想感情和行为。从审美体验的角度看，拟人的本质是人在审美观照时产生的移情作用。拟人的手法使诗歌形象人格化，容易激起情感的强烈共鸣，从而产生丰富而深刻的情感体验，加深对诗歌主题的认识。如明代于谦的《石灰吟》：“千锤万击出深山，烈火焚烧若等闲。粉骨碎身浑不怕，要留清白在人间。”原本无生命的石灰石，被诗人赋予了“要留清白在人间”的意志和人格，成为一个历经磨难和考验仍坚强不屈的斗士形象，这完全是诗人于谦的人生思想的写照，表达了他决不向恶势力屈服，誓死捍卫高洁品格的浩然正气。

（五）夸张

夸张也是诗歌常用的艺术手法，是诗人以现实生活为基础，抓住对象的某些特点进行想象，对对象作超过正常界限的夸大或缩小的描写，以突出和强调事物的本质特征。这在李白的诗歌中尤为常见，写蜀道之难，即是“难于上青天”，写愁绪之浓，即是“白发三千丈”，写人生易老，即是“朝如青丝暮成雪”等等，夸张之事物虽与生活真实不符，但为诗人深挚激切之情，出于情性之本真，更符合艺术的真实，给读者留下鲜明深刻的印象。

（六）用典

用典就是借用典故来表情达意，往往收到言简意深、尺幅千里的表达效果。学习诗歌，既要明白典故的来历，又要理解典故在诗中所蕴含的深意。有的典故比较明显，有的典故比较隐蔽，但不管隐或显，在诗意表达上不留斧凿之痕才是好的用典。

诗歌的艺术手法多种多样，不一而足，这里只能作有限的例举，我们应在诗歌学习实践中不断地总结。当然，学习诗歌的目的并不是为了总结和研究艺术手法，但了解了各种艺术手法的运用和意义，可以使我们更好地欣赏艺术作品，提高诗歌的审美鉴赏能力。

第二节　散文作品的学习

散文是一种历史悠久的文学体裁，也是中学语文教材中选文比例最大的文学体裁。虽然至今我们仍然难以准确地划定它的范围，表述它的概念，但它的真实、精致、深厚、优美赢得一代又一代中学生学习者的喜欢。它把作者的情感、品格、气质、才学、风度等清楚地袒露出来，激起人的共鸣，使人回味无穷。

一、领会散文的意蕴

这里用了“意蕴”一词，而不是“主题思想”或“主旨”，因为散文作为极具个性的文体，是作者真实思想感情的自然流露，并不仅仅是为了单纯地表达某种思想或观点，而往往具有多重蕴含。好的散文，为读者预设广阔的读解空间。似乎“意蕴”更能概括散文丰厚的深层内涵，包涵了“主题思想”或“主旨”

及其之外的更多的内容。散文中有些意蕴是较明显的，作者以直接抒情或议论的方式表达情感和思想，有些是较为含蓄的，需要学习者品味揣摩，才能领会。

（一）情感意蕴

小说家王安忆说："散文，真可称得上是情感的试金石，情感的虚实多寡，都瞒不过散文。"① 又说，情感是散文的生命。散文要有情感，而且要有真情实感。学习散文首先就是要穿越语言的表层，去把握情感的意蕴。如史铁生的《我与地坛》（节选），这篇散文不是一般的纪游之作，地坛对于作家来说也不是一般的人文景观，它已成为作者的精神家园。地坛的一草一木，一砖一瓦都浸润着他的感情，是对母亲无限的感怀和敬意，是对生命深沉的热爱和思索。

摇着轮椅在园中慢慢走，又是雾罩的清晨，又是骄阳高悬的白昼，我只想着一件事：母亲已经不在了。在老柏树旁停下，在草地上在颓墙边停下，又是处处虫鸣的午后，又是鸟儿归巢的傍晚，我心里只默念着一句话：可是母亲已不在了。把椅背放倒，躺下，似睡非睡挨到日没，坐起来，心神恍惚，呆呆地直坐到古祭坛上落满黑暗然后再渐渐浮起月光，心里才有点明白，母亲不能再来这园中找我了。

这是作者发表了第一篇小说，在文坛快要碰撞开一条路的时候，再次来到地坛的见闻感想的一段文字。仍是一整天待在这里，见到了仍是熟悉的风景，但心情却与往日完全不同。作者的叙写似乎很平静，却暗涌着情感的波涛。一连用了四个"又"，让人自然感到了"人面不知何处去，桃花依旧笑春风"的物是人非的忧伤和悲哀；在内心里反复回荡的"母亲已经不在了"的声音，又让人感到了怎样的遗憾和伤痛。这种深沉的情感就这样不可抗拒地流溢在字里行间，震撼着人的心灵。我们学习散文，在最初接触文字的刹那，要寻找的正是这种能够不期而来的感情共鸣。

（二）哲理意蕴

散文所蕴含的情趣能够打动人心，而散文蕴含的理趣能把人引向更深远的思考。学习散文，要深刻领会作品的哲理意蕴，理性地感悟作品所承载的或所启示我们的哲学沉思。仍以史铁生的《我与地坛》（节选）为例：

剩下的就是怎样活的问题了。这却不是在某一个瞬间就能完全想透的，不是

① 王安忆：《情感的生命——我看散文》，《名作欣赏》2006 年第 3 期。

能够一次性解决的事，怕是活多久就要想它多久了，就像是伴你终生的魔鬼或恋人。所以，十五年了，我还是总得到那古园里去，去它的老树下或荒草边或颓墙旁，去默坐，去呆想，去推开耳边的嘈杂理一理纷乱的思绪，去窥看自己的心魂。十五年中，这古园的形体被不能理解它的人肆意雕琢，幸好有些东西是任谁也不能改变它的。譬如祭坛石门中的落日，寂静的光辉平铺的一刻，地上的每一个坎坷都被映照得灿烂；譬如在园中最为落寞的时间，一群雨燕便出来高歌，把天地都叫喊得苍凉；譬如冬天雪地上孩子的脚印，总让人猜想他们是谁，曾在哪儿做过些什么，然后又都到哪儿去了；譬如那些苍黑的古柏，你忧郁的时候它们镇静地站在那儿，从你没有出生一直站到这个世界上又没了你的时候；譬如暴雨骤临园中，激起一阵阵灼烈而清纯的草木和泥土的气味，让人想起无数个夏天的事件；譬如秋风忽至，再有一场早霜，落叶或飘摇歌舞或坦然安卧，满园中播散着熨贴而微苦的味道。味道是最说不清楚的，味道不能写只能闻，要你身临其境去闻才能明了。味道甚至是难于记忆的，只有你又闻到它你才能记起它的全部情感和意蕴。所以我常常要到那园子里去。

这不是一般的景物描写，作者用了一连串的“譬如……”写到了园里的落日、雨燕、脚印、古柏、暴雨、早霜等，这是作者对“怎样活”的问题的形象化的思索，也为这个问题的答案作了最好的注脚。落日仍可以有它的灿烂，雨燕仍可以在寂寞中把天地叫喊得苍凉，雪地上也曾留下孩子们的脚印，古柏傲视着人世的沧桑，暴雨总会激起草木和泥土的清香，落叶的飘舞或安卧并不意味着生命的凋零……处处、时时，都洋溢着生命的律动。正是这种难以言说的包孕着永恒与瞬间、古老与新鲜、沉静与涌动、博大与纤细的双重境界给了作家的心灵以强烈的震动。也正是这种种的情景唤起了作者强烈的生命意识，即使是残疾的躯体也要顽强地开辟出一条走向自己幸福的路。

（三）人格意蕴

佘树森说：“散文对读者的吸引力，来自作者人格与心灵的坦白。在那里，作者的心灵总是向我们敞开着，使人得以自由出入，聆听他倾诉衷肠。不论是刻画自己，或者描叙人世，他都毫不隐蔽地融进自己的个性，灌入自己的热情。”① 阅读散文，仿佛与作者进行推心置腹的交流，读懂的不仅仅是文字，而是作者的

① 佘树森：《散文的艺术魅力》，《全日制普通高级中学教科书（试验修订本·必修）语文》（第三册），人民教育出版社，2000 年。

人格精神。仍以史铁生的《我与地坛》（节选）为例，这篇散文带有浓厚的自传、自省、自诉的色彩，作者在二十岁时下肢不幸瘫痪，美好的青春陷入了苦不堪言的困境，使他一度精神几近崩溃，就在这个时候，他走进了地坛，发现了地坛。地坛不是独立于他生命之外的一处消遣栖息之地，而是他生命不可或缺的部分。是地坛让一个身体有了残缺的人懂得了时间与生命、生存和死亡的真实意义，是地坛让他重新获得了生活的热情和信心，是地坛让他拥有了常人难以体验的顽强意志，也是地坛让他深深地感悟了人世间最伟大的母爱。读其文如晤其人，作者史铁生历经磨难而自强不屈的人格形象赫然在目，令人感佩不已！至此，学习者便是在与作者的灵魂对话，也是在与自己的灵魂对话。

二、把握散文的构思

也许有人说，散文是短小灵活，写法随意的“纪实”性文体，作者观赏一片诱人风光，身历一件感人事件，或心里有什么感触，形诸文字，即成文章。其实不然，凡是好的散文，看似作者信笔写来，妙手天成，实则包含着构思的艺术匠心。作为中学生学习者，探寻作者构思的技巧，不仅有助于审美鉴赏，而且有助于学习好的写作方法技巧。

（一）立意新颖，以小见大

“一粒沙里看世界，半瓣花上说人情”，一定程度上说明了散文这种文体的特点。佘树森说：“散文，就像这山谷的‘岩滴’，道旁的‘野花’，引人从一个极小、极细的‘平凡处所’，走进一个丰富而深邃的‘极乐世界’。”又说：“不过，散文家这位‘魔术师’，凭靠的并不是什么‘点金术’，而是‘有伶俐的耳目，有沉着的心思’（《小品文作法论》），使他独独能够透过事物的表象，而洞察其中的真谛和生命，并从仪态错综中发现事物间复杂、隐曲而又独特的联系点，从而打通了由‘平凡处所’通向那‘极乐世界’的深邃大门，同时也就把我们读者带入其中，出其不意地领略到那里的无限风光。”[①] 要达到这样的效果，重要的就是如何立意，立什么意，这也是构思的关键。如丰子恺的散文《梧桐树》，文章写了寓楼窗前的几株梧桐树，从春尽夏初新桐初乳的光景，到夏天绿叶成荫的光景，再到一个月后梧桐叶落光景的整个梧桐树叶的生长过程。然而，在这细腻的

① 佘树森：《散文的艺术魅力》，《全日制普通高级中学教科书（试验修订本·必修）语文》（第三册），人民教育出版社，2000 年。

观察中，作者悟出了“人生如树”之理。文中写道：

回黄转绿世间多，但象征悲哀的莫如落叶，尤其是梧桐的落叶。落花也曾令人悲哀。但花的寿命短促，犹如婴儿初生即死，我们虽也怜惜他，但因对他关系未久，回忆不多，因之悲哀也不深。叶的寿命比花长得多，尤其是梧桐的叶，自初生至落尽，占有大半年之久，况且这般繁茂，这般盛大！眼前高厚浓重的几堆大绿，一朝化为乌有！“无常”的象征，莫大于此了！

丰子恺笔下的《梧桐树》虽不乏中国文学中的“悲秋”意味，但并没有一味沉浸于悲情之中，而是以一种相对平静的态度对待“无常之恸”，惋惜哀痛之余，更把人生无常看作是无可规避的自然运化规律。“无常”只是人生的一段曲折，并不能因此抹杀人生的无限生趣：童年的天真稚拙，青年的蓬勃向上，中年的深沉宽厚，似乎都可以在梧桐树从春到秋的生长过程中真切地感受到。用树的生命解读了人的生命，具有深刻的哲学理趣和审美气韵。

（二）线索清晰，剪裁精当

散文作者往往借一事而生发，浮想联翩，涉及的材料特别丰富。但这些材料并不是简单堆砌到一起的，而是意脉相连，融为一体的。因为作者经过了精心的构思，围绕主题选择和剪裁材料，并将这些材料用线索贯穿起来。学习散文，找到贯穿全文的线索，也就找到了文章结构的技巧。一般情况下，常见的线索有以下几种：一是以“情”为线索，二是以“理”为线索，三是以事件、人物或事物为线索，四是以时间为线索，五是以空间为线索。当然，线索在文章中的体现并不是简单机械的，有时是单线存在，有时是双线或多线存在。后者的存在方式，有时是明暗并行的，有时是多线交织的。如《五月卅一日急雨中》就有三条线索交织一起。第一条是以时间的推移为线索，写了作者到惨案发生地老闸捕房后的所见、所闻、所思，顺着他走出去时一路的见闻和感受向人们倾诉。第二条是用“急雨”把全文贯穿起来，作者用“恶魔的乱箭似的”比喻来形容急雨，用“急雨”象征紧张的政治气氛和暴力。第三条是以“我满腔的愤怒”为隐伏的暗线，即以“情”为线索组织全篇。使文章既有清晰的事实，又饱含强烈的感情，甚为震撼人心，这就是构思的成功。

（三）行文如水，收放有度

苏轼在《答谢民师书》中说：“大略如行云流水，初无定质，但常行于所当行，常止于所不可不止，文理自然，姿态横生。”好的散文都是沛然从肺腑出，并不拘泥于什么样的写作格式。我们一方面讲散文精巧的构思，同时也更欣赏作者真情实感不加雕饰的自然流露。一些散文初看起来多有闲笔，但仔细琢磨，却又是闲笔不闲。这种不留痕迹的构思正是作者行文的高明之处。如周作人、梁实秋、林雨堂、杨绛、季羡林等作家的散文，可谓行文如水，收放有度，体现大家风范。仅举一段为例：

希腊哲学家 Diogenes 经常睡在一口瓦罐里，有一天亚历山大皇帝走去看他，以皇帝的惯用口吻问他："你对我有什么请求吗？"这位玩世不恭的哲人翻了翻白眼，答道："我请求你走开一点，不要遮住我的阳光。"

这个家喻户晓的小故事，究竟涵义何在，恐怕见仁见智，各有不同的看法，我们通常总是觉得那位哲人视尊荣犹蔽屣，富贵如浮云，虽然皇帝驾到，殊无异于等闲之辈，不但对他无所希翼，而且亦不必特别的假以颜色。可是约翰逊博士另有一种看法，他认为应该注意的是那阳光，阳光不是皇帝所能赐予的，所以请求他不要把不能赐予的夺了去。这个请求不能算奢求，却是用意深刻。因此约翰逊博士由"光阴"悟到"时间"，时间也者虽然也是极为宝贵的，而也是常常被人劫夺的。

——节选自梁实秋《谈时间》

三、欣赏散文的意境

散文同诗歌一样属于抒情文学，吸收诗歌精髓，也注重审美意境的创造，特别是散文中唯美色彩浓厚的文章，如借景抒情、托物言志类散文尤其讲究意境美。因此，学习散文，欣赏其优美的意境也是重要的内容之一。

（一）学习散文意境的营构

散文相对于诗歌而言，意境的展开比较缓慢，从意境的初展到拓展有明显的铺垫或渲染过程，而且较少拘束，有着广阔的纵笔天地，作者常常在娓娓倾谈之中，意与境会，心与物契，营构出美的意境。如郁达夫《故都的秋》中这样写道：

……在北平即使不出门去吧，就是在皇城人海之中，租人家一椽破屋来住着，早晨起来，泡一碗浓茶，向院子一坐，你也能看得到很高很高的碧绿的天色，听得到青天下驯鸽的飞声。从槐树叶底，朝东细数着一丝一丝漏下来的日光，或在破壁腰中，静对着像喇叭似的牵牛花（朝荣）的蓝朵，自然而然地也能感觉到十分的秋意。说到了牵牛花，我以为以蓝色或白色者为佳，紫黑色次之，淡红色最下。最好，还要在牵牛花底，叫长着几根疏疏落落的尖细且长的秋草，使作陪衬。

就文中描写的“风景”，在一般人笔下是很难发现诗意的，但正是这多数人感到索然无味的地方，作者却用他的细腻、敏感把它描绘得那样耐人玩味，清静淡雅的秋景成为绝色的风景。而这风景已不是纯自然的再现，已融入了作者超越了日常世俗趣味的文人雅趣，也流露出了作者直面生命衰败悲凉的感觉，启示着对生命周期的思索，别有一番意境情趣。

（二）感悟散文的象外之境

意境并不在意象本身，而在意象之外，好的意境不在于逼真无误地刻画实境，而在于实中有虚，象外传神，所以，学习散文最重要的是捕捉神韵，感悟散文的象外之境。如严阵的《峨眉清音》中夜宿清音阁，“听峨眉”的意外收获：

那是在清音阁佛寺住过的那个夜里。当万籁俱寂云雾四合的午夜，一种势不可挡的声音突然把我从梦中惊醒。它沸腾辽阔，犹如万马自天而过，又像一场遥远的暴风雨正在拍击着震撼着这隆起的山地，和这山地的每一朵花，每一棵草，每一片叶子！这就是清音阁下日夜奔流不息的黑白二水的声音。我从它们彻夜不息的声音里，深切地感觉到它那可贵的力，那冲击力、弹跳力和爆发力，以及它那不错过一分一秒永远奔腾向前的开拓精神、创造精神，和它那置弃一切于不顾的追求精神！

作者虽然未能亲自登临峨眉览胜，但却在夜间“听”到了峨眉之“声”，这种彻夜不息的声音里所有的冲击力、弹跳力和爆发力，以及体现出来的开拓精神、创造精神，和它那置弃一切于不顾的追求精神，才是峨眉的精神，才是本文超越了自然意义上的象外之境。学习这篇散文，并不是单纯地和作者听一听清音阁下黑白二水午夜之声，而是要和作者一同感悟声音之外的意义和境界。

（三）探寻景、情、理相融的艺术境界

散文从表现手法上，常常将描写、抒情、议论等表现手法交互使用，这样也就将使景、情、理等诸种艺术要素相辅相生，从而构成一个景、情、理相融的完美的艺术境界。学习散文，当我们流连于描绘的美景，陶醉于一片至情，彻悟于理性哲思时，意味着学习进入了最佳的状态。古往今来，被人传诵不衰的散文往往具有景、情、理相融的审美特质。如柳宗元的“永州八记”，欧阳修的《秋声赋》、苏轼的《赤壁赋》等均是佳篇杰作。学习此类作品，只有探寻到景、情、理相融的艺术境界，才能有真正的收获。

四、品鉴散文的语言

散文的语言和其他形式的文学体裁是不同的，表现在其他文学体裁的语言可以虚构，是再造的语言，而散文则完全是自然的生态，使用的是通常形式的文字。但我们把散文仍称作是美文，这是因为，散文的语言在无所凭依的情况下，它只能做到打造自身，好了再好，最终靠情感的真挚和语言的优美吸引读者，感染读者。学习散文，它的语言就成为我们品鉴玩味的内容。

（一）精炼畅达

散文语言是提纯了的日常语言，拈取的是其中最有表现力、最精粹的部分，所以它首先表现为精炼畅达。精炼就是表达的恰到好处，以最少的文字表达最丰富的内容，最深远的意境。畅达指语言流畅通达、言尽其意。叙述性的语言隽永含情，描写性的语言形象生动，抒情性的语言真挚感人，议论性的语言精辟严谨，但都要言不繁，陈言务去。如萧红的《回忆鲁迅先生》结尾写道：

十九日，夜的下半夜，人衰弱到极点了。天将发白时，鲁迅先生就像他平日一样，工作完了，他休息了。

这段叙述性语言十分朴素，却又异常奇警。没有任何夸饰，只真实地记录了鲁迅久病体弱、渐渐逝去的平静状态。但读来却又打动人心，给人留下很多联想的艺术空间。既包容着作者对鲁迅先生的崇敬和爱戴，也包容着作者对鲁迅先生品格的极高评价，还包容着对鲁迅精神永久昭示意义的透视。确实做到了精炼畅达，平淡中隽永含情。

（二）节律优美

散文的语言和诗歌一样也讲究节奏韵律之美。特别是我国古典优秀散文，受汉赋和骈文的影响，语句参差错落，长短句结合，整散句结合，多运用对偶、排比等修辞手法，节奏韵律和谐优美。如王羲之的《兰亭集序》、王勃的《滕王阁序》、苏轼的《前赤壁赋》、杜牧的《阿房宫赋》等，均是节律优美的杰作。现代散文中也有不少富有节奏韵律美的散文，尤其是界于散文和诗之间的散文诗，兼采诗文语言之长，读来美不胜收。如高尔基的《海燕》、顾拜旦的《体育颂》、韩少华的《记忆》、屠格涅夫的《门槛》等。

（三）风格多样

散文的魅力更突出地表现在语言的个性风格中。从表面看来，信笔而书，但仔细品味，就会发现其苦心经营的妙笔，或劲健、或雄浑、或冷峭、或纤柔、或淡远、或奇诡、或婉曲、或朴素、或华丽，呈现出各不相同的美。如冰心的散文纤柔优美，文字考究而不浓艳，感情细腻动人而不激烈，试举一例：

十九日黄昏，已近神户，两岸青山，不时有渔舟往来。日本的小山多半是圆扁的，大家说笑，便道是“馒头山”。这馒头山沿途点缀，直到夜里。远望灯光粲然，已抵神户，船徐徐停住，便有许多人上岸去。我因太晚，只自己又到最高层上，初次看到这般璀璨的世界，天上微月的光，和星光，岸上的灯光，无声相映。不时的还有一串光明从山上横飞过，想是火车周行。……舟中寂然，今夜没有海潮音，静极心绪忽起：“倘若此时母亲也在这里……”我极清晰的忆起北京来，小朋友，恕我，不能往下再写了。

——《寄小读者·通讯七》

作者用清淡纤细的笔墨勾绘出船近神户，黄昏时两岸的风光。白话中夹杂着文言，显得雅致和谐，别有风格。不必修辞的渲染，已是十分动人了。

第三节　小说作品的学习

小说是在其他文学体裁之后产生和兴起的文学品种，但却能以很快的速度赢得人们喜爱，并产生巨大影响。因为小说能够更加广泛、具体、深入地描绘人物的生活环境，多角度、多方面地刻画人物性格，全面细致地反映复杂的社会生活。学习小说作品，最基本的就是要抓住小说的特点，欣赏和领会其独特的艺术魅力。

一、剖析人物形象

小说作为广泛、细致地表现人与人生的文学样式，把创造人物形象作为重要的艺术使命，更为重视对人物形象塑造的完美。学习、鉴赏小说必须抓住人物形象作具体深入的剖析。

（一）丰满、逼真、富有生命活力

小说中的人物形象不是照相式地再现生活中的人物，也不是作家主观臆造出来的，而是以生活原型为基础，经过艺术的加工和创造而产生的。成功的人物形象，首先必须是丰满的、逼真的、富有生命活力的，能够使我们听到他们的声音、感觉到他们的呼吸、洞察到他们的内心。他们活在每一位读者的心理，表达着喜怒哀乐，交流着思想感情。就像生活中的真人一样，可以喜欢他，也可以不喜欢他，但他是一个“真实”的存在，让无数的读者认识他、感受他、思考他。如堂·吉诃德、安娜·卡列尼娜、林黛玉、阿Q等人物形象，之所以艺术生命常青，就是因为不是作家图解事物的工具，也不是传播某种思想的符号，而是有血有肉、有喜有忧、“活”着的“人”。

（二）具有丰富的思想性、社会性和典型性

人物形象是小说形象地反映生活的手段，在创造之初，就赋予了他丰富的思想性、社会性，“活”不仅仅是一种生命气息，更重要的是人物身上蕴含着的思想价值、情感价值和人性的价值，浓缩着的时代气息和社会信息，他与生活中的人相比，是典型的、深刻的，具有代表性的。创造典型，才是小说艺术更高的追求。高尔基说过：“如果你们描写小店老板，那么就要做到：在一个小店老板身上写出三十个小店老板，在一个神甫身上写出三十个神甫，使人们在赫尔松读到这部作品时，就会看见阿尔查玛斯的神甫。”① 这“一个”就是典型人物。如当代作家路遥的中篇小说《人生》塑造了高加林这一典型的人物形象，他一直想冲出生他养他的狭小天地，一直想铸就一个辉煌人生。为了达到目的，他违背自己的意愿去走他素所憎恶的“后门”，他不惜抛弃巧珍金子般的爱情，他不惜迁就自己“卑鄙的意识”。他进城后，为实现自己的崇高理想和追求拼命地工作，顽强地奋斗。他有值得同情与讴歌的一面，又有一些应该谴责和批判的行为，他是一个充满矛盾的人物。正是这种矛盾的性格使他成为一个不可多得的文学典型，其典型意义就在于：他的矛盾的性格折射出社会在变革中和经济快速发展中的中国社会矛盾，是中国当代发生的伟大历史运动中各种复杂关系的投影。他的性格深处蕴藏着非常丰富的社会内涵、历史内涵、心理内涵和哲学内涵。

（三）赏析人物生活的典型环境

人物总是生活在一定的环境中的，典型的人物形象必然有他生活的典型环境。作家在塑造典型人物时离不开对他所生活的环境的描写刻画，环境给人物提供了充分展示思想性格的机会和场所，也揭示了其性格形成的原因。学习鉴赏小说，要注意环境描写在表现人物、揭示性格、推动冲突中的作用。如《红楼梦》

① 高尔基：《文学论文选》，人民文学出版社，1958年。

中对探春卧房的环境描写：

探春素喜阔朗，这三间房子并不曾隔断。当地放着一张花梨大理石大案，案上堆着各种名人法帖，并数十方宝砚，各色笔筒，笔筒内插的笔如树林一般；那一边设着斗大的一个汝窑花囊，插着满满的一囊水晶球的白菊。西墙上，当中挂着一大幅米襄阳《烟雨图》。左右挂着一幅对联，乃是颜鲁公墨迹。其联云："烟霞闲骨格，泉石野生涯。"案上设着大鼎，左边紫檀架上放着一个大观窑的大盘，盘内盛着数十个娇黄玲珑大佛手；右边洋漆架上悬着一个白玉比目磬，旁边挂着小槌。

探春的卧房里完全是一派清雅的陈设，书香四溢的布置，与其说是小姐的闺阁，不如说像公子的书房。这种高旷开朗、令人忘俗的气象，正显示了探春的不同凡响，她的不庸俗、不纤弱，少有脂粉气，有胆有识，敢作敢为，是一个具有政治家风度的女性。

小说中的典型环境，还可以渲染气氛，形成和作品风格相一致的情调，或者蕴含某种象征意味，更好地突出人物，凸现主题。

（四）赏析塑造人物形象的表现手法

表现手法是文学作品的形式因素，作家要塑造典型的人物形象，必须准确地、纯熟地、精练地调动各种艺术表现手法。因此，学习小说作品，不应忽视对人物形象表现手法的赏析，如肖像描写、行动描写、语言描写、心理描写等。这些表现人物的手法，在前面已介绍过，故不再赘述。但小说中刻画人物和其他文学体裁刻画人物有所不同，在小说中，只要对艺术地表现人物有帮助，都可以自由运用各种手法，以丰富地细致地表现人物，而其他文学体裁则不同程度地受到限制，只能突出某一方面来刻画人物。小说能长久不衰地受到人们的喜欢，原因之一就是，小说不受时空限制，综合运用多种表现手法塑造丰满、逼真的典型人物。

二、把握情节和结构

小说的情节是由一系列能够展示人物及环境的关系的事件、细节组成，结构是对人物与事件的组织安排，二者联系密切又有一定区别。

（一）情节

情节是人物思想性格形成和发展的历史，小说的情节越完整、复杂，人物的思想性格就越能得到全面、细致的表现。学习鉴赏小说的情节，可从以下几点入手：

1. 情节的完整与截断

传统小说的情节因篇幅长短的不同，有的较单纯，有的较复杂，但都要求完整。完整的情节包括开端、发展、高潮、结局四个阶段，稍复杂的情节在开端前有引子，在结局之后有尾声。如干宝的《三王墓》（又称《干将莫邪》），是初创时期志怪小说的代表作，篇幅不长，却生动曲折地讲述了干将之子赤比为父复仇的故事，以干将莫邪夫妇铸剑开始，干将藏剑、赤比寻剑推动情节发展，托头自刎达到高潮，客杀楚王、挥剑自刎为结局。完整的情节展示了一个惊心动魄的复仇过程，突出了楚王的残暴和“客”抗暴除恶的英雄气概。对于长篇小说，往往是许多的事件交织一起，情节纵横交错，但不管怎样，每一情节必须保持完整，有始有终。

作家在情节的设置上，也在不断创新，有些非情节小说就不一定追求完整。有的只截取情节的一个横断面，突出强调人物内部情感世界的奇异。如契诃夫的《渴睡》，大部分在写小孩苦苦地和自己瞌睡的生理本能搏斗，在不能战胜的情况下，最后果断地把被她照看的孩子掐死了，然后甜美地睡去。作家截取了一个片断，但给心灵的震撼十分强烈。有的省略了情节的一些环节，如契诃夫的《万卡》、莫泊桑的《项链》就在高潮时戛然而止，恰是这种结局的空白增添了小说无穷的艺术魅力。

2. 情节的曲折与突转

文似看山喜不平。情节曲折起伏、跌宕有致的小说作品往往更容易吸引人。“情理之中，意料之外”是情节艺术魅力的最高表现。有的小说情节一波三折，峰回路转，在进入高潮之前有多次曲折，不断地造成悬念，吸引读者；有的小说设置多条情节线索，明暗结合，隐显结合，巧妙地埋伏与呼应，既体现事理的逻辑，又不留痕迹。情节如果只朝一个方向发展，则不能令读者充分着迷。曲折就是情节发生突转，出乎读者的预期之外，向相反的方向变了过去。如都德的《最后一课》，写平时最头疼法语课的小弗郎士，在得知这是最后一节法语课后，突然感到法语是这样美好，对法语的情感产生了改变，情节发生突转，正是这一折一转，深刻揭示了小主人公在内心深处对祖国语言的热爱。学习小说，在被曲折的情节所吸引的同时，更要把握情节背后的艺术逻辑和深厚意蕴。

3. 情节的安排根据主题的要求和刻画人物的需要

我们常把情节和故事合二为一，实际上是一种误解。故事中含有情节，但更注重完整性和曲折性；情节中有故事，但更注重表现主题和刻画人物的需要。情节的设置和安排要有利于深刻揭示小说主题的深刻内涵和人物情感的深层结构。如茹志鹃的《百合花》，小通讯员向新媳妇借被子，不但没有借到，还闹了别扭。如果就这样闹下去，不仅单调，人物感情也不会有什么发展。作者安排小通讯员牺牲了，要入葬时，新媳妇却坚持把自己的被子填入他的棺中。这样人物的感情就得到了充分的表现，新媳妇的善良和内心复杂的感情让人回味无穷，军民鱼水情也得以深刻揭示。小说作品中，情节的每一次转折和突变，都体现了作家的艺术匠心，作为学习者，最重要的就是能够解读这种变化的意义。

（二）结构

1. 结构的完美和谐

一篇小说是一个艺术整体，如何选取和组织安排人物、事件，如何调度情节、安排环境，哪是主干，哪是枝叶，何处埋伏笔，何处作照应，使其成为有机整体，这就是结构问题，也是一个很重要的艺术表现问题。具体地说，就是小说的剪裁和布局。完美的结构表现为剪裁得当、布局合理，给人以和谐、匀称、浑然天成的艺术美感。如《红楼梦》中写了四百多个人物和大大小小的许多事情，但小说以贾、王、史、薛四大家族为背景，以贾宝玉、林黛玉的爱情悲剧为主要线索，着重描写荣、宁二府由盛到衰的过程，将众多人物、众多事件组织起来，然而又不露痕迹，可谓规模宏大、结构严谨。鲁迅的小说《药》采用明暗双线结构，以买药——吃药——议药为明线，以革命者夏瑜的就义——血被吃——被议为暗线，以茶馆为联接点，使明暗线交织并相互映衬，表现了深刻的主题。正是这样巧妙的结构艺术，使《药》虽是一个短篇，却能容纳下丰富深刻内涵，给人以无穷的启示和极大的震撼。

2. 结构的技巧

结构的技巧一定程度上就是布局的技巧，小说的结构布局体现了作家独具的匠心。常见的布局技巧有聚焦法、蓄势法、剥笋法、波折法、寒暑易节法、穿线连珠法等。[①] 聚焦法是聚焦于一点的结构组织方法。如沙汀的《在其香居茶馆里》将各种人物、矛盾都集中在茶馆里展开，“兵役问题”成为“焦点里的焦点”。蓄势法是将小说情节推向高潮前常用的手法。如《红楼梦》中第三十三回写宝玉挨

①《文学作品的鉴赏理论与实践》课程纲要：见 http：//www. hateacher. net。

打，就是通过层层蓄势，由宝玉因金钏自尽，茫然中与贾政撞了个满怀，使贾政生了三分气，再又证实宝玉和琪官确有来往，使贾政气得目瞪口歪，却又有贾环诬告宝玉逼死金钏，最终使贾政气得面如金纸，宝玉挨打成为必然，产生强烈审美效果。剥笋法是先设下埋伏和悬念，然后如同剥笋，逐层展开。波折法是把情节写得曲折多变，引人入胜，耐人寻味。寒暑易节法是指情节安排的张弛有致和动静结合。如《三国演义》第四十八回“宴长江曹操赋诗，锁战船北军用武”，在写赤壁鏖战之前，先写宴饮赋诗，既使节奏舒缓有致，又充分表现了曹操性格的两面性，这一安排十分精妙。穿线连珠法是将丰富、琐碎、复杂的内容用一根线索贯穿起来，使其成为一个有机的艺术整体。

3. 结构安排要服从表现主题和刻画人物的需要

主题是作品的灵魂，塑造人物是小说创作的中心任务。小说的结构必然要为更好地突出和表现主题服务，使主题能放出光彩。同时也要根据人物性格发展的逻辑，从人物性格塑造的需要来构思、安排，保证人物有充分显示自己性格特点的条件、情节和环境。如欧·亨利的《最后一片叶子》，作者从休易正面着笔，借她的眼睛和嘴巴，让读者体验情节和人物的发展变动，包括画家老贝尔曼的和生病的乔安西一系列活动和心理。最精彩之处更在于把悬念和思想的焦点放到了最后一句：“亲爱的，那是贝尔曼的杰作，在最后一片叶子落下来的晚上，他又在墙上补上了一片。”这种结构安排，既给读者留下了想象和思索的空白，又出人意料地揭示了故事的谜底，使人物突然被思想照亮，前面的故事有了新的意义，对人物的评价也发生转变，贝尔曼从一个穷困的画家而成为崇高的英雄。

三、多维透视主题意义

小说主题是构成小说内容的重要因素，是统帅全篇的灵魂。我们看一部小说的思想意义、美学倾向、社会作用，主要就是看它的主题是否深刻。学习小说，必须深入挖掘作品的主题。

（一）主题蕴含于形象体系中

小说作为以塑造人物形象反映人生和社会生活的叙事性文学样式，作者一般不会直截了当表白自己的创作观点或意图，他只通过形象进行含蓄的表达。小说的主题意义是蕴含于具体、鲜明的各种人物关系、生活事件、各个生活侧面的描绘之中，通过完整、生动的艺术形象显示出来。学习小说作品时，应当从作品显现出来的总体艺术形象去把握它的主题。如巴金的《家》，描写了二十世纪二十年代初四川成都一个四世同堂的官僚地主高公馆内部的故事。围绕高家第三代觉新、觉民、觉慧三兄弟的恋爱婚姻展开情节，塑造了三代人的系列典型形象。作者通过这些人物的矛盾冲突和斗争，以及青年男女不同的命运遭遇和人生选择，揭露封建制度和礼教传统对青年一代的戕害，表达了作者对旧制度、旧家庭的强烈控诉，替失去青春的青年一代发出了深挚的呼吁。表面上我们看到的是高公馆的人和事，但在这人和事的背后却蕴含着深刻的主题。因此，学习小说，不能想当然地给作品加一个并不存在更不正确的主题，一定要在形象体系中领悟和把握。

（二）变换视角挖掘主题

小说作品反映的社会生活丰富多彩，具有多侧面、多层次和多元性，显示多方面的思想情感意义。再者，小说反映生活的形象性，必然带来理解上某种程度的不确定性和模糊性。有时作家思想感情的复杂性和矛盾性也会自觉不自觉地反映到作品中，使作品意义和作家观念之间产生差异等等。这些因素都会使作品主题表达呈现多角度。因此，学习鉴赏小说，不一定要拘泥于学习参考书或者老师的理解，要进行多角度的挖掘和认识。特别是一些名篇，更具有多重的认识价值。如钱钟书的《围城》，既表现了作者对中西文化交流撞击后的畸形社会的辛辣讽刺，也包含着作者对人生价值和人性本质的深刻思考，体现一种悲剧意识。具有社会的、人性的、哲学的、美学的多重价值。

（三）对主题的主动创造

阅读，作为一种审美再创造的艺术实践活动，具有鲜明的个性差异。同时，由于读者所处的时代不同，其生活经历、审美经验、思想观念不同，使读者阅读作品成为创造性活动。从接受美学的理论看，任何阅读都是读者对作品的再创造。就小说主题的学习鉴赏，也是创造内容之一，所谓“作者未必然，而读者未必不然”。所以，小说主题的学习，要尊重学习者的主动创造，尽管这种创造有时是一种“误解”，也要肯定其中合理的成分，并逐步引导学习者对主题作出尽可能符合实际的解释。

第四节　戏剧作品的学习

戏剧是一种舞台表演的综合艺术，包括文学、导演、表演、音乐、美术、舞蹈等多种艺术成分。戏剧作品主要是指剧本，即戏剧的文学成分。剧本是文学作品的一种特殊形式，作为以语言文字为媒介的艺术品，是可供学习欣赏的审美对象。戏剧文学作品因时代的不同，而有所区别。在中国古代，是以“戏”和“曲”为主要因素的戏曲，现代戏剧是指从西方传入的话剧、歌剧、舞剧等。中学语文教材中的戏剧文学作品主要是指中国古代戏曲和现当代话剧的剧本，包括外国话剧剧本。戏剧受舞台演出的限制，戏剧文学要在有限的时空里，达到反映生活，感染观众，表现深刻主题的目的，在情节、人物、语言等方面都表现出它的独特性。

一、了解戏剧情节

戏剧要吸引观众，首先要在情节上下工夫，追求情节的新奇独特。学习鉴赏戏剧作品，同样先要了解情节脉络，找到情节的新奇独特之处，看它如何做到“既出寻常视听之外，又在人情物理之中”，给人耳目一新之感的。一般情况下，在情节内容上，要选取生活中鲜为人知的或并不常见的事件，如莎士比亚的《威尼斯商人》，夏洛克和安东尼奥之间的契约是围绕债主从借债者胸部割下“一磅肉”而展开的，单这一点就牵动观众的心。在情节的安排上，多表现为“巧合”。“巧合”会产生一种出乎意料的新奇之感，会特别引发观众的兴趣，如《雷雨》中的侍萍早年遭到周朴园的遗弃远走他乡，本想埋葬这段痛苦的记忆。不料三十年后女儿四凤竟又来到周家作女佣，且重蹈她的覆辙，爱上了大少爷周萍，而周萍又是她的亲生儿子。正是这一连串的“巧合”使情节离奇曲折，所揭示的矛盾冲突耐人寻味。有些戏剧情节带有明显的浪漫主义色彩。剧作者为表现主题或感情的需要，表明理想追求的现实合理性，想象出非现实的情节内容，在情感上更强烈地打动观众。

还有的戏剧并不以情节取胜，作者受某种创作思想的支配，有意淡化情节，而突出其他的创作要素，同样可以使作品具有丰富深刻的审美价值。如荒诞派戏剧《等待戈多》就几乎没有情节，作者贝克特认为：“只有没有情节，没有动作的艺术才算得上是纯正的艺术。”剧中人物只有无边的等待和无聊，使戈多的“等待”具有了普遍的象征意义。

二、抓住戏剧冲突

戏剧冲突，也就是戏剧的矛盾冲突。戏剧作为叙事性文学，和小说一样要有故事情节，但由于文体的不同，小说的情节可以不受时间和空间的限制，叙述复杂的故事情节。戏剧情节的展开则受到舞台表演的限制，因而要求矛盾冲突更尖锐、集中，要在较短时间内将戏剧冲突推向激化和解决，只有这样才能产生强烈的戏剧效果。戏剧中的冲突往往是由必然中的偶然性因素造成的，偶然性因素的成功运用会使剧情起伏跌宕，引人入胜。当然，偶然性因素中只有包含着必然性，才能激起观众强烈的兴趣，进入审美鉴赏状态。

学习鉴赏戏剧冲突，一般可以从人物之间的冲突、人物自身的内心冲突、人物与环境的冲突三个方面入手。人物间的冲突，主要表现为人物之间的性格冲突和意志冲突。一般说来，人物性格越鲜明，不同性格和意志之间引起的冲突就越尖锐、集中、强烈、曲折。如易卜生著名的社会问题剧《玩偶之家》，剧中娜拉和丈夫海尔茂之间的冲突并不是一般家庭琐事的争吵，而是两种自由意志的冲突，娜拉追求的是夫妻平等，海尔茂却是在竭力维护现存的法律、宗教、伦理、道德的标准，正是两人意志的冲突导致了矛盾冲突的不可调和，最终使家庭走向破裂、娜拉出走。人物自身内心的冲突，多见于抒情性戏剧中，主要表现为人物内心深处思想感情激烈的矛盾斗争，用情感的力量打动观众。如《哈姆莱特》中主人公哈姆莱特王子在发现父亲被害的真相后，内心冲突就非常激烈，剧中以独白的方式充分展示了他内心的斗争，让观众真实地感受到他复杂动人的内心世界，为之后的复仇行动提供了依据。人物与环境之间的冲突，主要表现为剧中人物的思想、性格、意志、理想、愿望与他们所处环境间的不相容造成的冲突。如《雷雨》中的繁漪，如果单纯从道德上看，是一个自私、邪恶的女人。但看完全剧后，观众并不把她当作坏人。原因之一就在于繁漪的思想追求和她处的环境之间有着尖锐的冲突，她追求自由和真爱，然而，她却被周朴园死死地禁锢着，她常常压抑着自己，因而变得病态和疯狂。她的所作所为，源于她与环境间的强烈冲突，繁漪和她处的环境都具有典型意义。

总之，戏剧冲突是戏剧艺术的生命，抓住冲突来认识和感受戏剧艺术的魅力，对提高戏剧文学的学习效果和鉴赏能力有重要作用。

三、品味戏剧语言

戏剧语言一般由两部分组成，一部分是人物语言；一部分是舞台说明。人物语言，也就是台词，包括剧中人物的对话、独白和旁白。它是戏剧作品的核心因素，高尔基认为："剧本是最难运用的一种文学样式，其所以难，是因为剧本要求每个剧中人物用自己的语言和行动来表现自己的特征，而不用作者提示。”“剧中人物之被创造出来，仅仅是依靠他们的台词即纯粹的口语，而不是叙述的语言。明白这一点是很重要的，因为，要使剧中人物在舞台上，在演员的表演中，具有艺术价值和说服力，就必须使每个人物的台词具有严格的独特性和充分的表现力。”① 因此，动作性和个性化是戏剧对人物语言必然的内在的要求。舞台说明，是戏剧语言不可缺少的组成部分，是一种叙述性语言，和人物语言相比，它只是一种辅助手段。因此，品味戏剧语言，主要是品味人物语言。

（一）通过人物语言，把握人物的内心活动、情感意向和行为动机

从本质上说，语言是人心灵世界的自然流露，动作是人思想情感的外显。剧作家通过台词塑造人物，人物内心深处的所有信息包含在台词中。如《雷雨》第二幕开始，当侍萍要离开周朴园的房间时，有一段台词：

鲁侍萍　哦。——老爷没有事了？

周朴园　（指窗）窗户谁叫打开的？

鲁侍萍　哦。（很自然地走到窗前，关上窗户，慢慢地走向中门。）

周朴园　（看她关好窗门，忽然觉得她很奇怪）你站一站。（侍萍停。）

语言极其简略，但两人的内心活动、情感意向和行为动机却微妙地表现出来。鲁侍萍已认出了眼前的老爷就是三十年前和她有过恩怨的周家少爷，说话时欲言又止的神态正是她内心情感波涛汹涌的流露。周朴园一句“窗户谁叫打开的?”背后潜藏着他复杂的感情世界，他似在珍藏着一段美好的记忆，又分明在竭力抹杀自己的罪恶。

（二）通过人物语言，把握人物之间的矛盾冲突

剧中人物对话并不是一般交流，而是要通过对话显示人物间动态的关系，矛盾运动，从而推动情节的深化和发展。如曹禺《日出》第四幕中，李石清升任银行襄理后不免忘乎所以，却不知潘月亭已经准备解雇他。这一过程就表现在下面的对话中：

潘月亭　哦，我忘了你这两天做了襄理了。

李石清　经理，您这句话是什么意思？

潘月亭　也没有什么意思。你知道我现在手下这点公债已经是钱了吗？

---

① 高尔基：《论文学》，人民文学出版社，1978年，第57-58页。

李石清　自然。

潘月亭　你知道就这么一点赚头已经足足能还金八的款吗？

李石清　我计算着还有富余。

潘月亭　哦，那好极了。有这点富余再加我潘四这点活动劲儿，你想我还怕不怕有人跟我捣乱？

李石清　我不大明白经理说的话。

潘月亭　譬如有人说不定要宣传我银行的准备金不够？

李石清　哦？

潘月亭　或者说我把银行房产都抵押出去。

李石清　哦……

潘月亭　再不然，说我的银行这一年简直没有赚钱，眼看着要关门。

李石清　（谄笑）不过，经理，何必提这个？这不——

潘月亭　我自己自然不愿意提这个。不过说不定有人偏要提，提这个，你说这怎么办？

潘月亭话中有话，十分尖刻，句句直逼李石清的内心，强化了矛盾冲突，增加了戏剧冲突的紧张性。

（三）通过人物语言，把握丰富的潜台词

丰富的潜台词是戏剧语言艺术的又一特征。戏剧语言在表层意义之下，蕴含着多种潜在的意义，即所谓“弦外之音”、“言外之意”。正因为如此，戏剧语言才具有丰富的表现力。如老舍的《茶馆》第二幕开始：

王淑芬　（看李三的辫子碍事）三爷，咱们的茶馆改了良，你的小辫儿也该剪了吧？

李三　改良！改良！越改越凉，冰凉！

这一幕写的是民国初年军阀混战时期。这时裕泰茶馆渐趋衰落，茶馆主人王利发积极迎合潮流实行改良，却仍然难以维持下去。李三的话一方面有对掌柜王利发的不满，更有对时局幽默的讽刺，内战纷争，军阀割据，使老百姓不能有安定富足的生活。仅仅这一句台词，就把人民与社会之间深刻的矛盾揭示出来了。

（四）欣赏抒情优美、雅俗共赏的中国古代戏剧曲词

中国古代戏剧除了戏剧的基本要素和遵循戏剧创作的基本规律之外，曲词也是其不可缺少的重要组成部分，而且构成了独特的语言风格。因此，学习中国古代戏曲，除了要学习情节、冲突、语言、人物、主题外，主要还有对曲词的学习

鉴赏。

一是曲词的抒情性。戏剧曲词用于演唱，往往直接抒发人物的思想感情，因而特别富有抒情意味，也特别讲究音韵的和谐优美。学习鉴赏曲词，要仔细吟味，体会其中丰富的思想感情。同时还要欣赏曲词的音韵美，从曲词的字数、用韵、平仄、衬字、对仗等方面领会节奏和韵律之美。如洪升的《长生殿·闻铃》一出中唐明皇的一段唱词：

“淅淅零零，一片凄然心暗惊。遥听隔山隔树，战合风雨，高响低鸣。一点一滴又一声，一点一滴又一声，和愁人血泪交相迸。对这伤情处，转自忆荒茔。白杨萧瑟雨纵横，此际孤魂凄冷。鬼火光寒，草间湿乱萤。只悔仓皇负了卿，负了卿!”

化用白居易《长恨歌》中“夜雨闻铃肠断声”的诗意，对景物进行了更细腻的描写，对人物的心理活动进行了更细致的刻画，写得情景交融，语言优美，抒发了唐明皇失去杨贵妃后内心的极度痛苦，有很强的艺术感染力。再如汤显祖的《牡丹亭》全剧具有浓郁的抒情诗的色彩，处处充满诗的意境。他采用抒情诗的手法，倾泻人物内心的感情。许多曲词将抒情、写景、刻画人物，紧密结合在一起，文采斐然，美不胜收，达到了传神的境地。如《惊梦》开始的两支曲子：

[绕池游] 梦回莺啭，乱煞年光遍。人立小庭深院。炷尽沉烟，抛残绣线，恁今春关情似去年?

[步步娇] 袅晴丝吹来闲庭院，摇漾春如线。停半晌、整花钿。没揣菱花，偷人半面，迤逗的彩云偏。步香闺怎便把全身现!

这抒情诗般的曲词，把深闺少女愁闷孤独的感情和顾影自怜的娇羞神态，与摇漾的春色融合为一体，意象表现得尽善尽美。这样的曲词，即使没有音乐，也仍然给人以强烈的艺术感染。

二是曲词的雅俗共赏。戏曲是文人创作，但它的观众甚为广泛，如李渔在《闲情偶寄》中所说：“戏文做与读书人和不读书人同看，又与不读书之妇人小儿同看。”所以，戏曲的语言一般具有通俗易唱，雅俗共赏的特点。学习时，应结合具体曲词进行鉴赏，如关汉卿、王实甫都是元曲大家，驾驭语言的高手，他们创作的戏剧曲词根据人物身份、地位、性格的不同，当俗则俗，宜雅则雅。如王实甫的《西厢记·长亭送别》一折里莺莺的一段唱词选择和融化古代诗词里优美的词句和提炼民间生动活泼的口语，熔铸成自然而华美的曲词：

[滚绣球] 恨相见的迟，怨归去的疾。柳丝长玉骢难系，恨不倩疏林挂住斜

晖。马儿迍迍的行，车儿快快的随，却告了相思回避，破题儿又早别离。听得一声“去也”，松了金钏；遥望见十里长亭，减了玉肌。此恨谁知？

［叨叨令］见安排着车儿、马儿，不由人熬熬煎煎的气；有甚么心情花儿、靥儿，打扮的娇娇滴滴的媚；准备着被儿、枕儿，则索昏昏沉沉的睡；从今后衫儿、袖儿，都揾做重重叠叠的泪。兀的不闷杀人也么哥，兀的不闷杀人也么哥！久已后书儿、信儿，索与我恓恓惶惶的寄。

［滚绣球］和［叨叨令］两支曲子朴素自然而具有浓厚生活气息，口语、俗语、衬字等的运用，十分通俗易懂，犹如面对面的倾诉。但又多用对仗、排比、重叠等修辞手法，增添几分文采雅意，言语流转如珠，雅俗共赏，真实生动地表达出莺莺与张生分别时的复杂心情，具有很强的语言感染力。

四、鉴赏人物形象

戏剧和小说一样都注重塑造人物形象，在学习鉴赏时有些方法是相同的，但戏剧更主要的是通过人物语言来刻画人物，个性化和动作性的语言是戏剧塑造人物的主要艺术手段。因为用人物自己的语言来表现自己，更具有立体感和艺术审美的空间。所以，鉴赏戏剧中的人物形象，主要是紧紧围绕人物语言的品味，把握人物的主要性格特征和精神品质。如莎士比亚《哈姆莱特》中一段对话：

哈姆莱特　哈哈！你贞洁吗？

奥菲利娅　殿下！

哈姆莱特　你美丽吗？

奥菲利娅　殿下是什么意思？

哈姆莱特　要是你既贞洁又美丽，那么你的贞洁应该断绝跟你美丽的来往。

奥菲利娅　殿下，难道美丽除了贞洁以外，还有什么更好的伴侣吗？

哈姆莱特　嗯，真的；因为美丽可以使贞洁变成淫荡，贞洁却未必能使美丽受它自己的感化；这句话从前像是怪诞之谈，可是现在时间已经把它证实了。我的确曾经爱过你。

奥菲利娅　真的，殿下，您曾经使我相信您爱我。

哈姆莱特　哈哈！你贞洁吗？

奥菲利娅　殿下！

哈姆莱特　你当初就不应该相信我，因为美德不能熏陶我们罪恶的本性；我没有爱过你。

奥菲利娅　那么我真是受了骗了。

这段对话是在哈姆莱特面对父亲被谋杀，而母亲却与谋杀父亲的叔父结婚的残酷事实背景下，与奥菲利亚的对话，在他一半真疯，一半假疯的话语中，反映了他极其复杂的心理。他的内心为复仇进行着激烈的斗争，他对爱情产生了极度的失望，他对奥菲利亚的心情又是极其复杂，一个忧郁王子的形象跃然纸上。

五、把握主题意义

戏剧不是为了娱乐消遣，无论是悲剧，还是喜剧，都担负着引导人们形成正确观念和行为的使命，也就是说戏剧作品都蕴含着积极而深刻的思想内容。学习鉴赏戏剧作品，在了解戏剧情节，抓住戏剧冲突，品味戏剧语言，赏析人物形象的基础上，更要深入领会和把握戏剧的主题意义。如老舍的《茶馆》站在历史发展的高度，浓缩了中国近半个世纪的社会变化图景，指出了旧中国人民受难、国家衰败的真正原因。易卜生的《玩偶之家》通过日常家庭生活矛盾的描写，揭露和批判了资产阶级婚姻及其伦理的虚伪性。娜拉的出走，象征地体现了女性的觉醒和对传统伦理道德观念的大胆挑战。因此，只有准确把握戏剧积极的主题意义，学习者才能站在一个高度上鉴赏文学作品，获得对作品的深度认识和深刻启示，思想上得到升华。

第十章　文学作品学习评价

评价是课程实施的一个非常重要的环节。文学作品作为语文课程的重要组成部分，要保证学习过程和结果的优化，以评价促进发展，必须树立科学的文学作品学习评价的理念，了解文学作品学习评价的特点，探索适合于提高学习者文学素养和鉴赏能力的评价途径与方法，正确认识和处理文学作品学习评价与应试的关系。

第一节　文学作品学习评价的基本理念和特点

一、文学作品学习评价的基本理念

《义务教育语文课程标准》（2011 年版）在“评价与建议”部分提出了语文课程评价全新的理念。文学作品学习评价既要体现语文学习评价的新理念，但又不能将语文学习评价完全等同于文学作品学习评价，文学作品学习评价还应有它独特的内涵。

（一）文学作品学习评价应以学生发展为本

《义务教育课程标准》（2011 年版）指出：“语文课程评价具有检查、诊断、反馈、激励、甄别和选拔等多种功能，其目的不仅是为了考察学生达到学习目标的程度，更是为了检验和改进学生的语文学习和教师的教学，改善课程设计，完善教学过程，从而有效地促进学生的发展。应发挥语文课程评价的多种功能，尤其应注意发挥其诊断、反馈和激励功能。”王光龙先生就此概括为“三个发展”，即“为了学生的发展，为了教师的发展，为了课程的发展。”① 文学作品学习的评价在这一基本精神指导下，同样立足于“三个发展”，其根本是学生的发展。

文学作品学习评价的目的首先不是为了甄别和选拔出文学水平高的优等生，淘汰差等生，而是为了促进学生通过文学作品的学习达到全面发展，在文学作品学习的兴趣爱好方面、阅读与鉴赏能力方面、提升思想境界和塑造健康人格方面等都得到很好的发展。文学即人学，文学作品学习最根本的目的就在于拥有一个审美人生。以学生发展为本的评价观，使文学作品学习评价与学习目的本身取得了一致，符合文学作品学习的本质要求。

（二）文学作品学习评价应突出整体性

语文课程目标根据知识与能力、过程与方法、情感态度与价值观三个维度设计，在课程的评价上要从三个维度出发，突出评价的整体性和综合性。文学作品学习评价同样要体现三个维度，改变过去只重视知识与能力考核，把过程与方法、情感态度与价值观排除在评价之外的做法。《义务教育语文课程标准》（2011年版）指出：“培养学生高尚的道德情操和健康的审美情趣，帮助学生形成正确的价值观和积极的人生态度，是语文教学的重要内容，这与语文能力的提高、语文学习过程和方法的形成是融为一体的，不应把它们当作外在的附加任务。应该注意熏陶感染，潜移默化，把这些内容贯穿于日常的教学过程之中。”文学作品具有极强的人文色彩，伴随着文学作品学习，培养高尚的道德情操和健康的审美情趣，形成正确的价值观和人生态度，深化热爱祖国语文的感情，体会中华文化的博大精深、源远流长。这些学习动机、兴趣、情感、态度、性格、价值观念等方面的变化是文学作品学习评价非常重要的维度。

文学作品学习是文学素养不断提高的过程，学习过程中，采取什么样的学习方法，如何运用有效的方法提高学习效果，这对于学好文学作品非常重要，学习的过程是探索学习方法的过程，因此，评价还有过程与方法的维度。也就是说，要充分重视学习文学作品的过程，关注文学能力和素养的形成，运用了什么样的学习方法，这些学习方法的优劣怎样。兼顾了三个维度的文学作品学习评价，才能真正发挥评价的积极作用。

（三）文学作品学习评价应重视形成性

形成性评价和终结性评价对于学习评价都是必要的，但在过去的文学作品学

① 王光龙：《语文学习概论》，当代中国出版社，2003年，第286页。

习评价中，较注重学习结果的评价，忽视形成性评价。从内容上，以文学常识、名句佳段、词句意义等的记忆结果为评价内容；从形式上，以考试作为评价唯一方式，且只重视考试结果。导致丰富多彩的文学作品学习成了没有思维、没有想象、没有个性、没有创新的对知识被动的接受，学习的结果是扼杀了文学素养，而不是提高了文学素养。

文学作品学习是一个十分复杂的活动，充满了想象力和思维的创造性。学习的方式由过去被动机械的接受转为自主、合作、探究，新的学习方式更有利于锻炼和提高学生选择材料、筛选信息、创意阅读、对话合作、综合表达等学习能力。文学作品学习能力的提高和素养的形成是在过程中实现的，正如我们登临绝顶是在一步一个脚印的攀登中实现的一样，攀登的收获不单纯是一个是否登上顶峰的结果，而更多地在于一路的观赏和体验。所以，应重视形成性评价，对文学作品学习进行过程记录，读了什么作品、读了多少、何种方法、有何体验或创新见解、形成什么书面材料、自我认识如何等过程内容，更能真实客观地反映学习情况。通过形成性评价更有利于激发学生学习的兴趣和热情，对促进学生发展更有助益。

（四）文学作品学习评价应保护学生的创造性

受“现代评价理论之父”泰勒和他的学生布鲁姆等的目标价值取向的影响，在语文学习评价中一度注重标准考试和量化评价，包括文学作品学习评价也多在如何量化上努力。这种一味地追求量化的做法与文学作品学习的特点并非完全一致，文学作品学习带有很强的主观色彩，阅读鉴赏文学作品尤其反对用所谓标准答案扼杀学生的创造。在文学作品学习中，答案的丰富多彩与标准唯一的定量评价充满了矛盾，强调后者必以放弃前者为代价，这与文学作品学习的目标是背道而驰的。因此，文学作品学习应定性评价与定量评价相结合，同时，更强调定性评价，突出对学生创造能力的评价。

对文学作品学习进行定性评价，要求学校和教师要掌握学生文学作品学习的第一手资料，建立学习档案，并对资料和考试结果进行认真分析，客观地描述学生的学习状况和水平差异，用最有代表性的事实来评价学生，针对进步与不足提出合理建议，鼓励和保护学生的创造性。

（五）文学作品学习评价应体现多元化

评价除了对课程的实施结果进行考察外，还有课程诊断、比较、修订、完善等多项功能。要最大限度地实现评价的各项功能，就必须实行评价主体的多元化，评价方式的多样化。评价主体多元，就是注意将教师的评价与学生的自我评价和相互评价以及家长评价相结合，加强学生的自我评价和相互评价。在过去的文学作品学习中，一般只有教师的评价，缺少学生的自我评价与相互评价，学生对于自己的学习行为和结果缺少应有的话语权，只能被动地接受教师的评价意见，即使有不同看法，也不能或不敢提出来。一旦教师的评价失真，就有可能挫伤学生的积极性而不知，学生消极抵触导致学习成绩的下降。

文学作品学习是由教师的“教”和学生的“学”共同完成的，也是由课内的学习和课外的学习共同实现的，在方式上既有个体学习，也有合作学习。学习评价主体的多元化，有利于增进评价者和被评价者的交流互动，使评价成为主动参与、自我反思、自我教育、自我发展的过程。特别是学生参与到评价中，和教师建立一种平等、友好、民主的评价关系，不仅能愉快地接受评价结论，而且乐意反省和纠正自己学习中的不足，得到更快的进步。

二、 文学作品学习评价的特点

文学作品学习由于它自身因素的特殊性，使评价具有以下特点：

（一）文学作品学习评价的主观性

文学作品学习欣赏，需要驱遣想象，调动感情，运用形象思维，要“有自己的情感体验”，“联系文化背景做出自己的评价”，“感受形象，品味语言，领悟作品的丰富内涵，体会其艺术表现力，有自己的情感体验和思考”。“体验”“评价”“感受”“品味”“领悟”“体会”等词汇，充分说明了文学作品学习欣赏是一种主观活动。主观世界的活动有时并不是具体清晰的，很难以用客观的标准去衡量。如唐代诗人张继的《枫桥夜泊》：“月落乌啼霜满天，江枫渔火对愁眠。姑苏城外寒山寺，夜半钟声到客船。”末句写传到客船的夜半钟声，悠悠的钟声仿佛勾起了诗人难以言表的离愁别绪。诗句在读者心中所唤起的具体思念完全可以因人而异：有人可能感慨自己漂泊无定的人生，也有人可能在思念娇妻老母以及幼小的儿女；有人也许为友情的离弃而痛苦万分，也有人也许因贫病交加而焦急地等待朋友的援手……这种体验和情感完全是主观的，不同的人之间有明显的个性差异。因此，不能搞“一刀切”，评价者依靠自己的主观判断，做出定性的评价，然后才能在一定的范围内给予量化。而对于一些作品意义富有创意的观点，更需要评价者的慧眼独识，做出合理评价。如下面一例中考题：

语文课程标准提出“每学年阅读两三部名著”。三年来，同学们在课外一定阅读了不少文学名著，收获不小，体会很多，你一定愿意将你的阅读感受与同学一起分享吧。请将你感受最深的一部文学名著推荐给你的同学，并简要谈谈你推荐的理由。

对于此题答案的评定，虽然会有一些宏观的要求，但无论如何，都会有评价者的主观喜好渗透其中。因此，文学作品学习评价包含着评价者和被评价者的主观色彩，具有主观性特点。

（二）文学作品学习评价的开放性

语文课程标准在吸收国内传统阅读教学理论与实践经验的基础上，借鉴西方文学理论中对话理论、接受理论，提出阅读就是对话的新理念。文学文本作为作家创造的语言产物，具有含蓄性、多义性、朦胧性、模糊性，充满大量的“空白”，需要读者凭借自己的想象进行填空、对话。不同时代的不同读者，由于阅读经验、期待视野的不同，对一个文学文本的鉴赏体验又有很大的差异性和个体性。文学文本是开放的，针对于它的鉴赏体验也是开放的、变化的，这就要求相应的评价也具有开放性。

文学作品学习评价的开放性还在于文学作品借助于形象反映生活，形象的多义性决定了读者对文学形象及其社会意义理解的不确定性，这种不确定性的理解体现了文学作品理解欣赏的开放性，使评价标准也具有开放性，因此，不能用一个固定的答案为标准简单地做出是与非的评价。如鲁迅小说《故乡》中杨二嫂这个人物形象，下列几种说法都是正确的，只是认识的程度上有差异。

① 文章写了杨二嫂把“我”母亲的手套塞在裤腰里拿走了，后来又拿了“我”家的“狗气煞”，说明杨二嫂有贪小自私的心理。

② 杨二嫂的贪小自私的言行同她不参加劳动的坏习气有关。原先她开豆腐店时，就“擦着白粉”，“终日坐着”，招徕顾客，所以写杨二嫂，是对她好逸恶劳的坏习气进行嘲讽。

③ 过去的杨二嫂“颧骨没有这么高”，“嘴唇也没有这么薄”，也没有现在这样的“圆规”的姿态，生活比较宽裕。现在变成了“圆规”，说明作者在对她讽刺、批判的同时，还寄托着一种同情。

④ 我认为文章写杨二嫂主要是为了突出闰土。像杨二嫂这样早先开豆腐店的小商人都变成这个样子了，那闰土的生活就更不用说了。

⑤ 写杨二嫂这个人物，是为了全面地反映辛亥革命前后农村衰败、萧条、日益破产的悲惨景象……

文学作品学习要鼓励学生广泛搜集资料，参阅比较，进行创造性学习，发展创造性思维。创造性思维就是打破常规，就是标新立异，就意味着文学作品学习本身不是寻找标准，而是动态的、变化的，不断求新求异的。如2004年高考全国试题甲卷古诗词鉴赏要求考生赏析张籍的《秋思》，试题设问是："张籍此诗写了生活中的哪个'寻常'细节？表达了他什么样的情感？"命题者提供的答案是："诗中作者写了这样一个细节：家书要发出时，又觉得有话要说，故'又开封'。作者客居洛阳，见秋风起，从而引起对家乡亲人无限深切的深切思念，所以又打开信封补写。"原诗只写到"又开封"为止，之后是补写还是没有？这是留给读者一个想象的空间，但答案却作了唯一限定，不仅所答非所问，也扼杀了学生的创造性思维和想象力。这个实例从反面说明文学作品学习的评价具有开放性特点，不应人为地扼杀或限制。

（三）文学作品学习评价的阶段性

文学作品学习和自然科学学科学习相比，具有非逻辑性，表现在学习内容的选择上没有确定的层级关系，能力的划分上也不是单一的线性关系。学生对文学作品的理解和鉴赏与其年龄特点、智力发展水平和人生阅历有直接的关系，所以，评价学生文学作品学习的水平，应以发展的眼光看待。如同样是李清照的诗《绝句》："生当作人杰，死亦为鬼雄。至今思项羽，不肯过江东。"幼儿时就读得兴高采烈，朗朗上口，但不能够辨识其味；青年时，知晓了一些历史，了解的项羽其人，再读时能明白其中的意思，但为什么作为女词人的李清照会写出这样的诗句，仍领会不够；思想成熟些后，才能辨出其中真味，诗并不只是为了称颂项羽，而有作者在失去家国之后的深沉感慨和思想识见，就会读出清照的情感和个性，读出她厚重的人生。中学语文教材的选文，也常常有重复现象，初中教材入选，高中教材仍入选，或原先高中教材中的选文，有不少入选到初中教材中。这并不是由于编者糊涂，相反正是作者按照文学作品学习规律有意为之。同样的作品，不同学段的学习要求是不一样的。因此，当我们用同一个作品来评价学生的学习水平时，必须考虑到学生所处的学段，考虑到学生正处于不同的成长阶段，评价的标准要求不能过高或过低，要在不同的学段，根据学生不同的身心发展阶段和学习目标要求，体现文学作品学习评价的阶段性特点。

语文课程标准对不同学段的文学作品学习评价分别作了规定，《义务教育语文课程标准》（2011年版）指出："根据文学作品形象性、情感性强的特点，可着重考察学生对形象的感受和情感的体验，对学生独特的感受和体验应加以鼓励。"《普通高中语文课程标准》（实验）指出必修课程文学作品学习评价："要重视评价学生对作品的整体把握，特别是对艺术形象的感悟和文本价值的独到理解，鼓励学生的个性化阅读和创造性的解读。要重视评价学生对不同文体作品的阅读鉴赏能力，以及借助有关资料评介作品的能力。"选修课程文学作品学习评价"要注意考察他们的阅读兴趣和文化视野。以学生的审美能力、艺术趣味和欣赏个性作为评价的重点"。从新课标对文学作品学习的评价建议中，清晰地看出文学作品学习评价在不同学段的递进发展的线索。

第二节　文学作品学习评价的内容与方法

一、文学作品学习评价的内容

(一)"三个维度"评价的内容

所谓"三个维度"，即指"知识和能力、过程和方法、情感态度和价值观"，语文学习评价即围绕这"三个维度"展开。文学作品学习作为语文学习的重要内容，同样适用于此。

1. 知识与能力评价的内容

知识与能力是文学作品学习的基本内容，也是评价的基本内容。过去的语文教学中，对文学作品学习的重视程度不够，文学作品只是作为学生掌握语文基础知识和基本能力的一般材料，忽视其作为文学作品的文学因素，因而知识与能力成为文学作品学习的评价核心内容。这样的评价内容严重影响了学生文学水平的提高，削弱了语文课程的人文性。

新的课程标准把知识与能力作为文学作品学习评价的维度之一，而且在具体的评价内容上作了进一步规定，这是文学作品学习评价的一大进步。知识的评价内容包括：①能够区分写实作品与虚构作品；②了解诗歌、散文、小说、戏剧等文学体裁的基本特征及主要表现手法；③理解作品的思想内容，探索作品的丰富意蕴，领悟作品的艺术魅力；④了解作品所涉及的有关背景材料；⑤了解课文涉及的重要作家作品常识、文化常识、文学史常识和文学理论基本知识；⑥背诵积累一定数量的古代诗文；⑦文学作品的阅读量达到一定要求等。能力的评价内容包括：①提高文学鉴赏能力，核心是能有自己的情感体验和思考；②形成与文学鉴赏相关的能力，如审美能力、想象能力、思辨能力、批判能力等；③发展探究能力和创造能力；④提高作品评价的能力；⑤提高写作赏析、评论文章的能力等。

2. 过程与方法评价的内容

文学作品学习是过程和结果的统一，文学作品学习是在大量的反复的文学活动，包括阅读鉴赏、表达运用、背诵积累中，实现知识的掌握和能力的提高，达到陶冶性情，涵养心灵的。学习的过程也是方法的探索和总结提炼的过程，好的学习方法不仅使当下的学习事半功倍，而且也是宝贵的学习财富，所以，掌握方法比学习本身更重要、更有价值。文学作品学习评价要充分重视学生经历文学作品学习的过程，关注学习方法的掌握。

根据语文课程标准的规定，文学作品学习过程的评价包括：①能利用图书馆、网络搜集自己需要的信息和资料；②能制定阅读计划，广泛阅读各类读物；③注重合作学习，养成相互切磋的习惯。乐于与他人交流自己的阅读心得，展示自己的读书成果；④朗诵或表演精彩片段；⑤尝试比较研究或专题研究；⑥积累创作素材，尝试文学创作；⑦组织文学社团，展示和交流成果等。文学作品学习方法的评价包括：①熟练运用各种阅读方法，扩大阅读范围，拓展视野；②能借助注释和工具书学习古代诗文；③掌握发现问题和提出问题的方法；④学习诗歌、散文、小说、戏剧的基本鉴赏方法等。

3. 情感态度与价值观评价的内容

文学作品学习伴随着学生强烈的情感活动，他们在学习中会自觉不自觉地被作品吸引，沉浸于作品创造的艺术世界中，在潜移默化的熏陶感染中，学习的态度、自我的价值观念也得以改变或形成。培养学生高尚的道德情操和健康的审美情趣，形成正确的价值观和人生态度，这是文学作品学习的重要内容，而不是附加的任务，因此，文学作品学习评价不可忽略情感态度与价值观的引导与考查。

语文课程标准十分重视情感态度与价值观的培养和评价，具体包括：①受到高尚情操与趣味的熏陶，发展个性，完善人格，丰富自己的精神世界；②提高欣赏品位和审美情趣；③体味大自然和人生的多姿多彩，激发珍爱自然、热爱生活的感情，加深对个人与国家、个人与社会、个人与自然关系的思考和认识；④形成一定的传统文化的底蕴；⑤具有积极的鉴赏态度；⑥热爱文学，激发学习文学作品的兴趣，养成自觉学习的良好习惯；⑦学会与他人合作；⑧提高道德修养，提升人生境界，树立正确的人生价值观等。

（二）四大文体学习评价内容例说

1. 诗歌作品学习评价内容例说

诗歌学习评价一般包括表现内容、表现手法、表达效果、观点评价等内容。

（1）表现内容

① 把握意象：可以意象选择、意象分析、意象比较等形式考查。如：

阅读下面两首唐诗，然后回答问题。（2006 年高考湖北卷）

丹阳送韦参军　　严维

丹阳郭里送行舟，一别心知两地秋。

日晚江南望江北，寒鸦飞尽水悠悠。

暮春浐水送别　　韩琮

绿暗红稀出凤城①，暮云楼阁古今情。

行人莫听宫前水，流尽年光是此声。

［注］①凤城：京城。

两首送别诗都写了“水”，各有什么寓意？请作简要说明。

② 鉴赏意境：可以分析景与情的关系、分析描绘的画面等形式考查。如：

阅读下面一首唐诗，然后回答问题。（2005 年高考全国卷一）

春行即兴　　李华

宜阳城下草萋萋，涧水东流复向西。

芳树无人花自落，春山一路鸟空啼。

古人在谈到诗歌创作时曾说：“作诗不过情、景二端。”请从“景”和“情”的角度来赏析这首诗。

③ 领会情感：可以分析某句诗所表达的思想感情、比较不同诗的感情等形式考查。如：

阅读下面一首唐诗，然后回答问题。（2005 年高考全国卷二）

邯郸冬至夜思家　　白居易

邯郸驿里逢冬至，抱膝灯前影伴身。

想得家中夜深坐，还应说着远行人。

［注］冬至：二十四节气之一，唐朝时是一个重要的节日。

简析“抱膝灯前影伴身”一句，并说出作者当时怀有一种什么样的心情。

（2）表现手法：主要评价辞格识别、艺术手法等内容。如：

柳梢青·送卢梅坡　　刘过

泛菊[1]杯深，吹梅[2]角远，同在京城。聚散匆匆，云边孤雁，水上浮萍。教人怎不伤情？觉几度、魂飞梦惊。后夜相思，尘随马去，月逐舟行。

［注］①泛菊：饮菊花酒。②吹梅：吹奏《梅花落》。

作者在表达感情时主要运用了什么手法？请结合全词内容具体说明。

（3）表达效果：主要评价词或句的欣赏。可以找出“诗眼”、分析某词在全诗中的妙处、句意赏析、分析句子在结构上的作用等形式考查。仅举一例，如：

葛溪驿　　王安石

缺月昏昏漏未央，一灯明灭照秋床。
病身最觉风露早，归梦不知山水长。
坐感岁时歌慷慨，起看天地色凄凉。
鸣蝉更乱行人耳，正抱疏桐叶半黄。

诗人的心绪集中体现在“乱”字上，全诗是怎样表现的？请简要分析。（2007年高考四川卷）

（4）观点评价：主要是结合原诗对他人的观点予以评价。如：

望庐山瀑布　　李白

日照香炉生紫烟，遥看瀑布挂前川。
飞流直下三千尺，疑是银河落九天。

庐山瀑布　　徐凝

虚空落泉千仞直，雷奔入江不暂息。
千古长如白练飞，一条界破青山色。

苏轼《东坡志林·记游庐山》：“仆初入庐山，山谷奇秀。……是日有以陈令举《庐山记》见寄者，且行且读，见其中云徐凝、李白之诗。……旋入开元寺，主僧求诗，因作一绝云：‘帝遣银河一派垂，古来惟有谪仙辞。飞流溅沫知多少，不与徐凝洗恶诗。’”

你是否同意苏轼对李、徐两诗的评价，请结合作品谈谈自己的看法。（2005年高考上海卷）

（5）作家、作品、文学常识、诗句积累等内容，多采用填空的形式考查。

2. 散文作品学习评价内容例说

散文学习评价一般包括理解作品内容、对重要词句在语言环境中意义和作用的推敲体味、对作品感人情境和形象的独特体验、文学艺术鉴赏、作品评价等。

（1）理解作品内容，如2005年高考语文（全国卷二）现代散文《春天的梦》（苏叔阳）阅读试题之一是：作者感受到的家乡的春天是什么样的？请简要概括。

（2）体味和推敲词句，如2005高考语文（全国卷三）现代散文《张家界》（卞毓方）阅读试题之一是：文章开头说："张家界绝对有资格问鼎诺贝尔文学奖，假如有人把她的大美翻译成人类通用的语言。"请解释这句话的含意。

（3）独特体验，如2006年高考语文（北京卷）现代散文《给"书虫"当夫人》（肖融）阅读试题之一是：文章的结束句"而我则在向他倾诉之中审视了自己，赢得了自信"，深化了作者给书虫"当夫人"的感受。联系最后一段的有关内容，谈谈你对这句话的理解。

（4）鉴赏能力，如2005年语文高考（湖南卷）现代文散文《贝多芬：一个巨人》（何为）阅读试题之一是：

从下列题目中任选一个，写一篇300字左右的赏析短文。

1. "巨人"的述说——简析《贝多芬：一个巨人》的语言描写

2. "老狮"的画像——谈谈《贝多芬：一个巨人》的肖像描写

3. 他者的视角——试析《贝多芬：一个巨人》的侧面描写

（5）作品评价，如2004年中考语文（山西卷）现代散文阅读试题之一是：请仔细品读文章，找出你喜欢或不喜欢的一处文字，并说明理由。（词语、句子、语段均可。如果是语段，请写出语段序号）

（6）情感态度与价值观渗透在各评价内容中。

3. 小说、戏剧作品学习评价内容例说

小说、戏剧学习评价的内容主要包括人物形象、主要情节、作品评述、表达艺术、独特感悟、文学知识等。

（1）人物形象，如2005年广东课改区语文中考试题之一是：班上准备开展题为"话说英雄"的综合性学习活动，请你阅读参考资料《感动中国2004年颁奖词》（节选），按后面要求做好准备。

感动中国2004年颁奖词（节选）

任长霞——她是中原大地上的一个女英雄。扫恶打黑，除暴安良，她铁面无私；嘘寒问暖，扶危济困，她柔肠百转。十里长街，白花胜雪，挽幛如云，那是流动在百姓心中的丰碑！

一个弱女子能赢得百姓的爱戴，是因为，在她的心里有对百姓最虔诚的尊重！

① 请你从读过的文学名著中推荐一位令自己感动的英雄人物。

人物：————　　　　　　作品名称：————

② 写一段简短的话，向同学们介绍这位令你感动的英雄人物。要求像“颁奖词”一样简洁流畅，既能概述其主要事迹，又能反映人物的性格。

（2）主要情节，如“孙悟空三打白骨精”是哪部古典文学名著的情节，请写出书名、作者，并概述这一情节。（不少于60字）

（3）作品评述，如2005年北京海淀区中考试题之一是：某出版社要出一套“中学生喜爱的中外名作”丛书，请你从下面列出的篇目中选择一部（篇）推荐给出版社，并写出推荐理由。

《背影》《西游记》《从百草园到三味书屋》《热爱生命》《汤姆·索亚历险记》《“诺曼底”号遇难记》

（4）表达艺术，如2006年山东日照市中考语文试题之一：

下面是《红楼梦》第三回中林黛玉谢绝邀请的一段话。请仔细揣摩黛玉的回话，从委婉、得体的角度作简要分析。

邢夫人苦留吃过晚饭去，黛玉笑回道：“舅母爱惜赐饭，原不应辞，只是还要过去拜见二舅舅，恐领了赐去不恭，异日再领，未为不可。望舅母容谅。”邢夫人听说，笑道：“这倒是了。”……于是黛玉告辞。

（5）独特感悟，如2006年南京市中考语文试题之一：

为了搞好这个专题（“书香南京”）活动，小晴想到了撰写名著阅读心语投寄给《南京日报》进行宣传的形式。她撰写了《骆驼祥子》的阅读心语：

祥子，一个旧北京的人力车夫，像骆驼一样耸起脊背，拉着一辆黄包车在胡同中奔跑。风雨中的哆嗦，烈日下的喘息，让我读出了下层劳动人民的辛酸苦难。

你从《西游记》《水浒》《繁星·春水》中选择一部，也撰写一段阅读心语。

（6）作家、作品等文学常识。

二、文学作品学习评价的方法

（一）考试评价法

考试是以命题形式对学生学业水平进行考核的方法。不管时代如何变迁，考试的内容、标准和要求如何不同，考试作为一种测试方法始终是最重要、最广泛、最具有公信力的评价方法。就文学作品学习评价而言，目前最主要的方法仍是考试。

通常来说，考试与评价的核心目的是考查学生实现预期学习目标的程度。但是，学生学习目标涉及的知识与能力、过程与方法、情感态度与价值观以及学科的共通能力等领域的内容是十分丰富广泛的，我们无法就某一领域中所有内容和任务进行考查，只能抽取一些有代表性的样本去评价学生，然后依据学生在样本上的表现推测其学习状况和发展水平，作出有关解释与决策。这种抽取样本进行检测评价的方法就是考试。因此，运用考试这种方法，要做到客观真实地反映学生学习水平，必须重视考试的效度、信度、难度和区分度。

效度，是指评价的有效性程度。就学习评价来说，主要是指内容效度，即测验题目在多大程度上有效测量了特定目标和全部内容。高内容效度是良好测验与评价最重要的特征之一。文学作品学习考试的高内容效度，一是题目样本的选取要涵盖所有学习领域，不出偏题、怪题；二是题目样本的选取不能超过文学作品学习评价的范围，不出非文学类题；三是题目样本能有效测量要评价的特质，出题要认真研究题目与测量目标之间的符合度；四是分值分配要合理，恰当反映测量内容的比例权重，避免评分标准的主观性；五是尽量减少其他因素对效度的影响，如题干描述含混不清、题目编排不当、学生不良心理等。为确保内容高效度，出题人员要具备一定的教育测量学知识，同时要重视对试题内容效度的审查。内容的高效度是保证考试质量的前提和基础。

信度，是指评价结果的一致性程度。信度涉及考试测验是否准确可靠的问题。测验的信度是用信度系数来表示的。教师可以编制平行测验试题，即用 A 卷和 B 卷分别进行测验，求出两次得分之间的相关系数。相关系数越大，说明信度越高。也可以隔时对学生进行测验，计算两次得分间的相关，相关系数的稳定性越强，说明信度越高。或者，通过一系列相关的小测验，估价得分一致性系数，越趋于一致，说明信度越高。

效度与信度密切相关，但有时并不完全一致。效度表明测验的正确性、有效性；信度表明测验的一致性、稳定性。信度高未必效度也高，效度高也不决定信度一定高，但信度或效度低，相应的效度或信度必低。在考试中，我们尽量减少其他无关因素的影响，提高效度与信度的一致性。

另外，与评价效度、信度相关的还有测试题目本身所具有的难度与区分度。难度是指测验中各个题目的难易程度，可由回答的正确率表示，也可由平均分数来表示。一般主观性试题用正确率表示，客观性试题用平均数表示。一份试卷中不同难度的题目应根据测验的目的来分布，学业水平的测试，各题目难度值应较大；选拔性测试，应以中等难度题目占一半，较难和较易各占四分之一为宜。

有效测验除了保证测试的效度与信度外，还应通过难度适当的试题对学生的能力和水平进行最大限度的区分，即要有区分度。区分度主要是用测验分数的分布情况来表示的，分数密集，则区分度不高；分数稀疏，则区分度较高。当然，一次有效测验，其分数应有足够高的上限，能够把优秀的学生区分出来。一般呈正态分布测验分数能较好地反映学生学习的真实情况。

目前文学作品学习评价仍以考试评价法为主，而且根据新课程标准精神，在考试的效度、信度、难度、区分度等方面做了大量的研究探索。减少客观性试题，增加主观性试题，在试题及答案的评判上开放性越来越大，对于学生文学作品学习能力和水平能作出较客观的评价。当然，仍存在诸多不足，特别是中、高考这样的高利害考试，无形中成为一根强有力的指挥棒，使考试在现实中几乎成为学习评价的唯一方法，考试异化为学习的目的，这种危害也是不浅的。重要的任务是如何使考试评价制度越来越科学、完善，发挥它评价的积极作用，抑制消极作用。

（二）成长记录袋评价法

“成长记录”是语文课程标准关于评价建议的新理念，《义务教育语文课程标准》（2011 年版）在“评价建议”中提出：“可采用成长记录袋等各种方式，记录学生的成长过程。”并强调了定性评价，指出：“学校和教师要对学生的成长记录和考试结果进行分析，评价结果的呈现方式除了分数或等级以外，还可用最有代表性的事实来客观描述学生语文学习的进步，并提出建议。”《普通高中语文课程标准》（实验）指出：“成长记录能较全面地评价学生的情感态度和实践能力。”“语文学习的档案资料”和“成长记录”表达了同一个意思，即把学生学习分数的成绩档案与定性的评价资料收集起来，共同作为评价的依据。由此，我们提出了成长记录袋评价法。

成长记录袋评价法，就是通过搜集、记录学生每一项学习任务从开始到结束全过程的活动资料，自己、教师或同伴的评价及其他相关的证据与材料，以此来评价学生语文学习表现的方法，主要适用于定性评价。这种评价方法也适用于单独对文学作品学习的评价。

成长记录袋评价，为语文课程评价提供了新的视角和方法，也为文学作品学习评价开辟新的思路。量化的评价总是力图把评价对象或现象简化为数量，然后通过数量的比较与分析，推断评价效果。这在一定程度上，忽视了许多非量化的重要信息，降低了评价的效度。尤其是对于文学作品学习内容本身，有许多是无法量化的。成长记录袋正可以弥补量化评价的不足，将那些无法量化的内容也纳入评价，提高文学作品学习评价的效度。同时，成长袋评价对于教师而言，将评价融入到课程教学的实施过程中，形成一个动态的互动关系；对于学生而言，能够参与到评价中，看到自己学习的进步与不足，在成长记录中成长。

成长记录袋有多种类型，理想型成长记录袋更适合于文学作品学习评价，它记录的是学生在学习文学作品过程中每一个学习任务完成的过程和结果，内容一般由三部分构成：一是作品产生过程的说明，二是系列作品，三是学生的反思。作品产生过程的说明，是学习计划产生和编制的文件资料记录。从中展示出学生文学作品学习的目标和设想。系列作品，是学生学习文学作品的成果，如学习中的表现、学习笔记、参加文学活动的记录、创作的文学作品、历次考试的成绩、学习策略、学习体会、有关的书评赏析文章等，展示了学生对学习计划的执行过程和结果，也反映出他们情感态度和价值观的形成与变化。反思记录，是学生对整个学习过程各环节的自我反省和评价，这对于学生自我认识、自我教育、自觉提高有很大帮助。成长袋的意义在于显示出所有的文学作品学习过程，反映学生文学作品学习的能力与潜质，留下的是学生文学作品学习的深深浅浅的脚印，有思想感情的历程，有学习的成败得失，有一份份凝聚着心血的成果。

成长记录袋是学生学习过程的记录，所有资料的收集、编排、保存等工作都应由学生完成，完成的过程本身就是一个很好的学习和反思的过程，不应由教师代替，但教师要对整个过程给予指导和督查。

成长记录袋的评价，一是确定每项任务记录的构件，对每个构件制定等级标准；二是评价的时间以阶段性评价为主，不可过于频繁；三是评价形式要灵活，评分采用等级制和写评语结合的方法，特别要重视评语写作，多用鼓励的、建议性的语气；四是评价主体多元化，教师、本人、同学、家长都可参与评议，发表意见，取长补短，互相促进。

成长记录袋评价，是一种新的评价方法，如何在实践中正确使用，如记录哪些内容、怎样记录、怎样评价、评价结果与文学作品学习水平的相关性如何分析等，还需要在实践中不断探索和完善。

（三）面试考察评价法

面试是常用的一种评价形式，多用于干部考核、人员聘用。文学作品学习评价也可以借鉴采用这一形式，评价者和被评者能有一个面对面的、直接的互动交流，通过观察、提问、查阅学习档案资料等，对被评者有一个更直观的了解把握。这种评价方式体现新课程标准所要求的对学生个体差异的尊重，对学生不同兴趣、不同表现、和不同学习需要的关注，有利于促进学生对课程的自主选择，促进每个学生的健康发展。

面试考察法的实施，主要包括评价项目、评价方式、评价标准、评价主体、结论分析等。评价项目的确定上，可以分为必测和选测两类。必测项目由教师根据学习目标要求确定，如诗文背诵、课外文学作品学习的数量和质量、学习方法和策略、学习心得等的问答交流，查阅学生提供的反映学习过程和结果的档案资料等。选测项目可以由学生参与确定，主要是能够反映学生兴趣、学习需要的有关内容。评价方式，必测项目可采取问答式和查阅资料式，教师事先要拟好问答题目，题目要有一定的规定性，也要有开放性。资料要现场查阅并进行现场点评。选测项目要由教师提供一个选题范围，给学生选题以适当引导，具体内容由学生自主选择，然后进行口头回答。评价标准采取等级制，并制定等级标准。问答部分要有较大的开放性，在面试各环节的整体表现上制定具体标准，在内容上不可限制过死。资料部分可以作为等级划分的佐证依据，不必作硬性规定。评价主体要尽可能多元化，吸收学生、非任课教师、教育或文学研究者、家长等有关方面代表参加。在面试考察结束后，要重视结论分析，着重分析面试考察的效度、信度、难度和区分度，认真总结面试过程的经验和不足，促使其规范化，提高测试的实效性。

面试考察法是一种新的方法，仍处于尝试阶段，目前一般不作为一种主要的评价方法使用，而是辅助性的评价。但作为文学作品学习形成性评价和定性评价方法的新探索，具有十分积极的意义。

第三节　文学作品学习评价与应试

一、标准化考试中的文学作品学习评价

（一）文学作品学习考试评价的回顾

文学作品学习评价是语文学习评价组成部分，但由于不同时期，语文教育中对文学教育的重视程度不同，文学作品的学习和评价也就随之而或加强或削弱。语文学习评价历史经历了古代、现代和新时期三个阶段，文学作品学习评价在这三个不同的阶段也有不同的内容和形式。

在我国古代没有专门的语文教育，在语文独立设课之前，语文学习的内容包含在以儒家经典为核心的读经教育中，其评价就是科举考试。唐代以前，科举考试以诗赋取士，考察应试者的诗赋创作能力，推动了学子们的文学作品学习，但其阅读鉴赏的能力并不作为一个专门内容测试。宋代以后，取消了诗赋取士制度，这一阶段以四书五经为核心内容的学习，虽然也包含一些文学作品学习，如《诗经》等，但并不是把它作为真正意义上的文学作品来学习，而是作为经书学习。所以在科举考试中，基本不涉及文学作品学习的评价。应试者文学素养的高低可能在一定程度上影响着答题的质量，但试题及答案的文学性也不是评价的内容。

1904年语文独立设科后，语文学习始从几千年的混合学习中独立出来，有了现代意义上的语文学习评价。而文学作品学习则在语文教育沉浮起伏的变化中，处于若隐若现的状况，特别是在“语文工具论”主宰语文教育的时代，文学作品学习居于极次要的地位，在语文学习的评价中，文学作品学习除了检测基本的阅读理解能力外，鉴赏能力几乎排除在评价之外。

进入新时期，语文学习得到了迅速发展，实行以语文高考改革为主导的语文学习评价，文学作品学习作为语文学习的内容之一纳入语文高考评价体系。考试的试题形式、内容、比重和评分标准等均作了规定。这是文学作品学习和评价的一大进步，但按照标准化考试要求，把具有丰富人文内涵，生动活泼的文学作品学习简化为ABC的选择，或设定为不可置疑的标准答案，又极大地制约了文学作品学习鉴赏能力的发展提高。直到进入21世纪，随着语文课程新标准的颁布实施，文学作品学习和评价才逐步回归到文学的意义上，并取得了可喜的成绩。

（二）文学作品学习标准化考试的弊端

标准化考试的一个重要标志就是试题答案客观化、唯一化，这和文学作品学习评价的主观性、开放性、发展性的特点是极其矛盾的，因而这样的考试必然存在弊端。周正逵先生对标准化考试弊端的批评可谓一针见血，他说：“标准化考试是机器阅卷。机器阅卷有两个限制，一是不能出主观题，必须是客观题。而客观题必须有标准答案，如果没有，它就没法阅卷。……这样一来，问题就出来了。有的内容是可以的，比如读音、字形，但是一到了‘义’就没有标准，比如说划分段落，还有段落大意、主题思想；到文艺鉴赏就更没有标准，它本身就是见仁见智的。越高级的能力就越没有标准答案。结果就出现两种情况，第一，凡是没有标准答案的他就不好出；第二，如果实在不能避开这个内容的就人为地创造标准答案，其结果一是错，甚至荒谬，二是束缚学生创造力。而学生为了适应这一套，就只好放弃自己的独立思考，既抹杀了个性，又抹杀了创造力，这一点恰恰跟我们新世纪的教育相违背。这是标准化考试最大的弊端。”①

文学作品学习采用标准化考试，要服从于有标准答案的机器阅卷，一是导致考试内容上重视客观知识的考查，如文学常识、背诵积累等。甚至于把学生有创意的多角度的理解鉴赏简单化为死记硬背的知识，只需记忆，不需思考；二是重量化评定，忽略质性评定，导致削弱了以感悟形象、品味语言、个性阅读为特征的文学鉴赏能力考查，或者把文学鉴赏搞得支离破碎，只为了迎合所谓的标准答案；三是把充满审美情趣的文学作品学习导向了题海战术，使原本极具魅力的文学作品学习变得索然无味，思维机械呆板，丧失悟性灵气，缺乏个性创见，等等。总之，标准化考试使文学作品学习背离了文学的本真，改革的呼声越来越大，终使文学作品学习评价日渐走上正确轨道。

二、当前文学作品学习考试评价的成功与不足

（一）当前文学作品学习考试评价的成功

进入21世纪，随着新的语文课程标准的相继颁布，文学作品学习在语文学习中受到前所未有的重视。根据新课标的语文学习评价理念，文学作品学习评价改革随之取得了较大的成功 。

1. 文学作品学习的考查受到重视，阅读选文质量提高。在中、高考语文考试中，文学作品考查的内容范围加大，选文的数量和质量都有很大提高，古代诗文的积累和鉴赏，现代散文的阅读和鉴赏、文学名著的学习都成为考查的重点内容，占有较大的分值比例。选文注重典范性、文质兼美、富有文化内涵和时代气息，同时也注重了情感态度价值观的引导。

2. 注重通过主观题的命制来考查学生对文学作品的整体把握、独特的感悟和体验以及创造性的理解。试题中文学作品学习考查主观题的分值逐步加大，考查的形式多样化。在主观题中，有的要求学生结合自己的阅读感受或生活体验谈自己的看法；有的要求展开想象和联想，续写原文结尾；有的要求学生根据示例对作品阅读加批注，等等。

3. 注重从“三个维度”对文学作品学习的考查。文学作品学习的考查改变过

① 转引自李镇西《从批判走向建设——语文教育手记》，四川少年儿童出版社，第212页。

去以知识和能力为主的评价，增加了“过程和方法”“情感态度和价值观”的评价维度。如通过示例给予方法的引导，通过评分标准，体现对学习过程的关注，通过对精选阅读选文和答案评分对情感态度价值观进行引导等，使试题显现评价的整体性，人文色彩愈加浓厚。

（二）当前文学作品学习考试评价的不足

1. 评价内容尚有缺失

文学作品学习的内容十分广博，如何把握文学作品学习评价的效度，在内容的选择上既有代表性，又有广泛性，是考试命题首先要关注的。当前就文学作品学习考试内容来说，一是文学作品四大体裁的考查不均衡，只重视古诗文和现代散文的考查。在高考语文试题中，对现代诗歌、小说、戏剧的鉴赏学习考查微乎其微，外国文学作品也难见踪影，而这些内容都是文学作品学习，或者说是语文学习的重要内容。二是文学鉴赏仍以学生的理解性阅读为主，多角度的、有创意的阅读考查不足。尽管试题中有考查学生独特感悟和体验的题目，但所占比例极小，有的试卷则没有此类题目。三是对文学名著的考查内容多停留在篇名、作者、情节和人物方面，深层次的理解和鉴赏未能触及。如果仅止于这样的内容，可能导致考查失去真正意义，因为学生不必阅读名著，通过影视、漫画、他人讲述或作品介绍就可能掌握这些知识，回答问题，而没有真正去阅读优秀的文学名著。四是对选修课各模块的考查重视不够，仍处于争议阶段，未能与考试联系起来。当然，在此只是仅举几例，对于文学作品学习考查内容范围的确定，考点的选择，试题的形式等今后还需要做更全面的探索。

2. 开放性程度尚需增强

文学作品学习考试评价的开放性受到重视，特别是文学作品学习的考试方面，作了大胆探索。但是目前往往只注重试题答案的开放，而忽视了其他因素，如选取材料的开放性、命题点的多样化，以及试题答案和试题呈现形式的开放性。只有这些要素体现出来，真正的开放性试题才会应运而生。在追求开放性的同时，如何正确把握开放性试题的评价也是需要探索的问题。有时给足了学生自由创造的空间，但未必与众不同的就是有创意的，就是正确的。此类试题的评价仍有似是而非、标准模糊的现象。

3. 试题的命制水平尚待提高

文学作品学习考查的主要形式是作品的阅读鉴赏，在命题方面要解决好两个问题，一是文章的选择，二是试题的设计。目前主要的问题是选文不精，有的选文本身虚假，经不起推敲；有的选文本身存在一些“事实不准，判断有误”的硬伤；有的选文是经命题者删改过的，致使内容连贯性不强，或丢失了重要信息内容，等等。如果就这样的选文考查学生，必然会影响答题的质量。再者，试题的设计上，对认知水平的分布注意不够，高认知水平的题目较少，难度把握不准。还有一些试题设计脱离阅读文本，题干内容与选文关系不大，学生即使不阅读选文，也可以回答问题。也有一些试题题干表述模糊，使学生答题时难以准确理解题目要求，导致答非所问，等等。

三、探索文学作品学习评价与应试的完美结合

（一）文学作品学习考试评价的发展趋势

按照语文课程标准的新理念，考试不再是评价的唯一形式，但作为新课程评价的主要方式之一，仍有其积极作用和存在价值。文学作品学习考试改革呈现出如下一些趋势。

1. 重视文学鉴赏能力考查

文学教育是语文学习的重要任务，文学审美是体现语文学科区别于自然科学学科的一个重要领域。语文教材里文学作品选文占有较大比例，但由于语文教育中长期以技术训练为主导，文学作品的学习与考查突出读写训练，文学鉴赏能力未能得到应有的重视。

文学鉴赏能力是文学作品学习的核心目标，是感受、品味、领悟、体验、思考：“能感受形象，品味语言，领悟作品的丰富内涵，体会其艺术表现力，有自己的情感体验和思考。”文学作品学习考试的重点逐渐从知性分析转移到文学鉴赏能力的考查上来。表现在：一是命题形式尽量不采用客观选择题，避免以命题者对文本的理解代替学生自身体验与判断，而将读写结合起来，给学生表达的空间；二是试题设计分为一般阅读能力和鉴赏能力不同层次，突出对鉴赏能力的考查；三是在题干表述上，感受、品味、领悟、体验、思考等词语取代了中心思想、词语解释、主题意义等词语，把鉴赏能力放在首位，体现鉴赏要求；四是在试题答案的评价上，更注重学生的审美体验和学生个人的人格境界、情感世界，注重学生思维能力和品质。这些变化充分体现了文学作品学习考试对文学鉴赏能力的重视。

2. 主观性和开放性试题增加，鼓励创造性和求新性

主观性是相对于客观性而言的，主观性试题需要学生自己组织语言答题，不强调答案的唯一性，可以反映学生思维的过程和结果以及语言表达能力，在评分

上没有客观的答案。而客观性试题不需要学生自己组织语言，多用选择题、判断题、符号题、填空题等题型，只反映学生思维的结果，强调答案的唯一性和客观性。开放性是相对于封闭性而言的，开放性是指答案的不确定性，鼓励学生的发散性思维，对问题提出自己的看法，敢于表达自己的独特体验，从学生对文本的多元解读中反映学生的知识、能力、方法、思维、审美、情感、态度、创造潜能等文学鉴赏能力和文学素养。封闭性是指答案是固定的、唯一的，不容许学生有个性化解读，千方百计猜测和寻找命题者认为正确的标准答案，扼杀了学生的创造潜能。当然，开放性试题并不是指学生可以随意作答，文本虽是一个多层面的未完成的开放结构，但又是有一定限制的，文本的规定性严格制约着读者的阅读活动。主观性和开放性试题的评分，要求阅卷老师有相当高的文学素养，善于发现并尊重学生富有创意的理解，而不要囿于偏见，挫伤学生，也不能凡是不同见解就肯定，要防止脱离文本的“过度阐释”。所以，主观性和开放性试题的增加，鼓励了学生创造和求新，但同时也要恰当把握答案的多样可能性与相对确定性的统一，把培养创新思维、想象能力和科学的阅读思维、鉴赏能力结合起来，确保考试的正确导向和公平严谨。

3. 更加强调激励学习和促进发展的功能

《普通高中语文课程标准》（实验）指出：“课程评价具有检查、诊断、反馈、甄别、选拔、激励和发展等多种功能，正确的评价能真实地了解学生的学习过程和学习状况，准确地判断学生的学业水平与发展需求。评价的各种功能都不能忽视，但首先应充分发挥其诊断、激励、和发展的功能，不应片面强调评价的甄别和选拔功能。”这是对语文课程，也是对文学作品学习评价功能的科学阐述。考试评价具有极强的导向性，尤其是在当今以考试为主衡量学生学业成绩的今天，它的“指挥棒”作用更不可忽视。目前，就文学作品学习考试评价来说，还存在着许多不足，加之作为考生和家长都不敢也不可能将考试置之一旁，学习与考试仍是不可分割的整体。考是为了促进学，但学并不是单纯为了考。考试不应该是目的，而应该是促进学习和发展的手段。这些新的理念，逐渐渗透到文学作品学习与考试中，在试题内容的选择、难度的把握、试题设计等方面，越来越体现出考试的激励和发展功能。

（二）建立以考试为主的多种方法并用的评价体系

文学作品的人文性、文学作品学习的审美性、文学作品内容的广泛性、文学作品学习过程的潜移默化缓慢渐进等诸多的因素，决定了对文学作品学习既难以绝对地量化评价，也难以绝对地作出质化评价。无论何种方法，无论多少次测验，对文学作品学习评价也只能是相对的，但这并不妨碍我们去探索更加接近真实的、相对科学合理的评价方法和尝试建立一个完整的评价体系。

语文课程标准提出："形成性评价和终结性评价都是必要的，……但应加强形成性评价。""定性评价和定量评价相结合，更应重视定性评价。""实施评价，应注意教师的评价、学生的自我评价与学生间互相评价相结合。""根据各学段目标达成的要求，抓住关键，突出重点，进行全面、综合的评价。"从形式、主体、要求等方面对语文学习评价提出建议，这些新颖的理念，也是文学作品学习评价的基本精神，也是探索文学作品学习评价方法，建立合理评价体系的指导思想。

摆在我们面前的事实是，文学作品学习评价仍以考试为主要方式，甚至是唯一方式。根据新课标精神，课改实验区开始打破这块坚冰，以成长记录袋或面试考察等方式评价学生的文学作品学习能力和水平，但在操作的层面上还不是很完善，如成长记录袋记录什么、谁来记录、谁来评价、如何评价、评价发挥了怎样的作用等，尚需要在实践中进一步探索，并进行理论的提升。面试对于文学作品学习评价有多大的效度和信度，又应该怎样去操作，包括内容的选择、标准的制定、评价主体的选拔等，尚无被普遍认可的办法。尽管如此，这些都是文学作品学习形成性评价和定性评价行之有效的方法，需要在实践中不断完善。

也许现在提出建立文学作品学习评价的体系为时过早，但在以考试为主要评价方式的今天，建立更加符合新课标要求的考试制度，改革和优化试题命制的质量，适当引进成长记录袋等定性的、形成性的评价方法，探索文学作品学习评价与应试的完美结合是更现实的选择。

第十一章 文学作品的课外学习

许多成功者的经验证明，课外的文学作品学习，不仅有助于学生语文素养的提高，更对学生高尚思想人格的塑造有积极的意义。就文学作品学习本身而言，毋庸置疑，课外学习是一条必不可少的重要途径。

第一节 课外学习是文学作品学习的重要途径

一、文学作品课内学习与课外学习的关系

（一）课内为课外提供学法指导

中学语文教材中，文学作品占了很大比重，通过教材学习是中学生学习文学作品的主要途径，但并不能取代课外的阅读学习。课内的学习毕竟数量有限，时间有限，与浩瀚的优秀文学作品比，若九牛之一毛、冰山之一角。如此有限的学习，对学习者的文学熏陶也十分有限。要真正提高学习者的文学素养和水平，必须将课内外的学习同时并重。课内学习，有经过多位专家精心编制的教材作为学习范本，选文典范，更有老师的精心讲授和指导，学习者可以在对名篇佳作的精读学习中，激发起浓厚的学习和探究兴趣，掌握不同体裁作品的学习规律，尝试不同的读解理论和方法，夯实学习基础。教材作为“例子”，其意义和价值也正在于此。

（二）课外是课内的延伸拓展

文学作品课外学习是一个无限广阔的空间，是伴随着人的一生的。中学生学

习者在课外学习文学作品主要是作为语文学习的一个必不可少的内容，将课内与课外衔接，延伸拓展出文学的美丽风景。延伸，是纵向的扩大；拓展，是横向的丰富。“窗含西岭千秋雪，门泊东吴万里船”，文学作品的课外学习正是这“窗”和“门”带来的跨越时空的境界和天地。

（3）课外对课内是反哺滋养

课内学习和课外学习，如同鸟之双翼，都不可偏废。得法于课内，得益于课外。如果没有课内规范的、系统的、深入的学习实践，课外的学习就会盲目随意，事倍功半；如果没有课外广泛的、丰富的、全面的涉猎思考，课内的学习就会孤立片面，缺少底蕴。课外学习是对课内学习反哺滋养。一个如饥似渴地阅读文学作品的学生，他的感受力、理解力、想象力、思维力等远超过单纯学习教材的同学，课内的文学作品阅读和写作对他会变得轻松自如，这是不争的事实。

二、文学作品课外学习的基本要求和管理

（一）课程标准对课外阅读的基本要求

《义务教育语文课程标准》（2011 年版）在阅读目标中，要求“养成读书看报的习惯，收藏并与同学交流图书资料”，“扩展自己的阅读面”，“扩大阅读范围，拓展自己的视野”，“广泛阅读各种类型的读物”。同时，还对每一个学段提出了阅读数量的要求，第四学段（7-9 年级），要求背诵优秀诗文 80 篇，阅读总量不少于 260 万字，并明确规定“每学年阅读两三部名著”，在附录中提出了关于课外读物的建议。

《普通高中语文课程标准》（实验）在“课程目标”第 10 条中规定了课外阅读的要求：“具有广泛的阅读兴趣，努力扩大阅读视野。学会正确、自主地选择阅读材料，读好书，读整本书，丰富自己的精神世界，提高文化品位。课外自读文学名著（五部以上）及其他读物，总量不少于 150 万字（可参考附录一《关于诵读篇目和课外读物的建议》）。”在“教学建议”中指出：“课外阅读活动是阅读教学的重要组成部分。应根据不同学生的具体情况，适时推荐文化品位高、难易程度适当的课外读物。鼓励学生开展多种活动，如写书评、读后感，举办读书报告会、作品讨论会等，分享阅读乐趣，交流阅读成果，共同提高阅读能力。”

两个课程标准都十分强调课外阅读的重要性，不仅提出了总的要求，而且规定了量化的指标，提出了具体的诵读篇目和课外阅读书目。虽然，课标是对“课外阅读”的规定和要求，但其阅读的具体指向，主要是文学作品和文化典籍。

（二）文学作品课外学习的管理

新课标尽管规定了明确的课外学习目标和任务，但对于许多家长、老师和学生来说仍是一个难题，有人形象地描述了这一状况："高考是决定命运的，读书则是改变人生的，在这样两难境地的夹挤下，高中读不读书简直成了一个为期三年的痒，还是长在了伤口上的痒疙瘩，真是挠也不是，不挠也不是。"① 如果善于安排，这并不一定是不可消除的困境，这就涉及文学作品课外学习的管理。语文学习管理包括学习计划、学习总结、学习环境、学习资源的管理②等。就课外的学习来说，最重要的有以下几点：

1. 正确认识课外学习文学作品的意义

说到课外学习文学作品，恐怕会引发众多的议论。有人认为中考、高考是决定人生的考试，应该把所有的时间用在考试上。读课外书，尤其是文学书，与考试关系不大，甚至是浪费时间。即使是语文学习，读大部头的作品也来不及，不如多做一些题见效快。这只是一种简单的认识判断，随着新的语文课程标准的颁发和深入的实施，阅读量小、阅读面窄的学生在考试中日显捉襟见肘。如 2004 年福建省的高考作文题："以下列人物或文学形象写一篇不少于 800 字的文章，文体不限。人物或文学形象包括孔子、苏轼、曾国藩、鲁迅、霍金、曹操、宋江、薛宝钗、冬妮亚、桑提亚哥。"如果仅靠学一点教材上的内容，是很难完成好这样的作文题的。所以不必讲文学与人生的更深刻的道理，仅就能有一个很理想的学习成绩而言，没有课外学习的补充也是不行的。可以用张俊秋老师的一句话概括课外学习文学作品的意义，那就是"得阅读者得天下"！

2. 合理制定学习的计划

《义务教育语文课程标准》（2011 年版）要求学生"学会制订自己的阅读计划，广泛阅读各种类型的读物"，文学作品课外学习的计划应包括目标任务、方式方法、时间进程、保障措施等。目标任务就以课标规定的为基本任务，首先完成课标建议阅读的书目，然后根据老师的指导，完成推荐书目的阅读。在学习方式方法的选择上，由于中学生时间紧、任务重，可以将教师指导和学生自学结合，充分发挥教师指导作用；可以将个人学习和与他人讨论交流结合，多方面地获取信息，开启和活跃思维；可以将精读与泛读结合，保证经典著作的精读学

① 徐启健：《这三年的痒》，《中国教育报·读书周刊》2005 年 9 月 15 日。

② 王光龙：《语文学习概论》，当代中国出版社，2005 年，第 332 页。

习。在时间安排上，可以有效利用睡前饭后的时间，也可以利用课间或假日休息时间。只要想学习，就会根据实际情况挤出读课外书的时间。在保障措施方面，一是家长和老师要给予理解和支持；二是学校或家庭要在书籍的借阅、购买或订阅上给予保证，图书馆要方便借阅，或建立班级图书角，或自购图书等；三是始终应有教师的引导，推荐书目，组织讨论，指导写读书笔记等。如果有这样一个详细的学习计划，一定会掀起一个文学作品学习的热潮。

3. 充分利用有效的学习资源

文学作品的课外学习并不只是读书，书籍是最常用、最便捷的学习资源，也是学习的主要信息载体。随着现代信息技术的发展和社会、学校对文学教育的重视，课外学习文学作品的资源越来越丰富，如报刊、电影、电视、广播、网络，报告会、演讲会、研讨会、辩论会、戏剧表演，图书馆、博物馆、纪念馆、展览馆等，都可以成为文学作品的信息资源。特别是近年来网络的发展，改变了人们的学习方式。《义务教育语文课程标准》（2011 年版）在第四学段（7-9 年级）阅读学习的目标中指出："能利用图书馆、网络搜集自己需要的信息和资料。"Java 培训师王松涛先生提出网络时代的学习宣言是："学习紧系网络，网络就是学习。"① 网络已进入我们每一个人的学习生活，但怎样有效利用网络，开发网络蕴藏的丰富的学习资源，还需要我们努力探索。

4. 掌握监控策略，学会自我监控

监控策略是指学生对自己学习过程的有效监视和控制，也叫元认知策略。多数学生把学习当作是完成老师布置的任务，整个过程按着老师的要求去做就行了，至于自己应该怎样完成，在完成过程中做得怎样，却很少去关注和反思，自我监控的意识较差，因而在学习的方法和效率方面收效甚微。掌握监控策略，学会自我监控，是学习管理的重要组成部分。学生在课外学习文学作品，没有了老师的严格要求和监督，如果再没有很好的自我监控，学习计划就容易成为无法实现的一纸空文。监控策略具体有领会监控、策略监控、注意监控三个方面，也就是在学习过程中，始终要对是否领会、是否运用学习策略、是否集中注意进行反省认知。

① 王松涛：《网络时代的学习宣言》，《阅读的欣悦》，中国人民大学出版社，2004 年，第 415 页。

三、文学作品课外学习习惯的养成

习惯，是由于多次重复，自然而然养成的一种比较稳固的、不易改变的行为倾向。它是后天形成的，可以进行培养和训练。习惯是一种力量，久而久之，可以改变一个人，可以塑造一个人。《义务教育语文课程标准》（2011 年版）在总目标中强调要“养成语文学习的自信心和良好习惯”，叶圣陶先生也曾说，语文学习说到底，还是要归结到良好习惯的培养上。语文学习的良好习惯就包括了课外学习文学作品的习惯。

（一）爱书的习惯

热爱是最好的老师，唯有“爱”才能有强烈的兴趣去学。热爱文学、热爱文学书籍、热爱学习文学作品，有时分不清何为原因，何为结果，却共同体现“爱”是学习文学作品最重要的习惯。爱书，就会藏书、读书，孜孜以求，学而不厌。语文课程标准在第一学段就提出了“喜爱图书，爱护图书”的要求，提倡从小就习惯于与书为友，与书结缘，以致喜爱终生。

（二）读写的习惯

契诃夫曾在一篇小说中写过这样一个故事：银行老板和一个人打赌，如果那个人关在一间房子里，只是看书，能一直住满十五年，他愿意输给他二百万卢布。起初，此人看的都是娱乐性、消遣性的图书；接着，他阅读古今文学作品；往后他读历史，读哲学，读经济；再往后，他读书的范围变得很不固定，各种书交叉阅读。经过十五年的苦读深思，他悟出了人生的道理，在期限届满的时候，他不愿领取银行老板的巨款，留下字条一走了之。这说明，十五年的阅读所给予他的远超过了银行老板的巨资。同时，也告诉我们，能有良好的阅读习惯，对于一个人是多么重要，可以提升人格与精神。除了读的习惯，还要培养写的习惯，写读书笔记、写阅读日记、写文学评论，甚至尝试文学创作。课余闲暇，兴之所至，命笔而写，练表达、抒性灵、传感情，诸用皆有，何乐不为。

（三）趣味学习的习惯

课外学习文学作品，一定程度上由着学习者的趣味和爱好，不必像做阅读理解题那样，时刻想着会问什么问题，怎样回答等，而只需似朋友、若长者，与书中人物娓娓而谈、倾诉心曲。文学作品的课外学习应克服急功近利的思想，如有的学生只看名著的介绍，快餐化阅读，或考什么就看什么，心里只有学习任务，而全然没有乐趣在其中。这不但无益于文学作品学习，也不会培养出学习文学作品的好习惯，反而会消磨掉对文学的热情，视文学作品如鸡肋。所以，文学作品的课外学习要提倡学生的自由阅读，不为什么而读，只为心灵的需要而读。只有心灵需要才渴求读书，只有自由阅读才能享受读书的趣味，只有有趣味的课外文学作品学习，才能养成习惯。

第二节　课外学习与文学经典

一、亲近文学经典

（一）文学经典的涵义

经典，《现代汉语词典》解释为：指传统的具有权威性的著作。然而，什么是“传统”？什么是“权威性”？又很难有一个确定的标准。对于经典著作的衡量，一直是仁者见仁、智者见智。复旦大学朱立元教授认为，文学经典应该是具有权威性、典范性的作品，又往往是某一时代文学成就和审美理想的标志，也是文学接受中经得起检验的和支撑文学史框架的作品。上海大学董乃斌教授认为文学经典就是文学史上的各种经典文本，是文学史本体之文本中尤为精粹的部分。从文学史的角度厘定，经典即那些总是能够入史的历代文学作品。陕西师范大学尤西林教授则认为，文学经典的魅力是让我们回归到一种可靠的文学阅读经验，一部作品吸引读者的魅力不是针对个别人而是超越了时间、空间的普遍阅读认知，我们就可以直觉地将它把握为文学经典。① 三位教授的描述，都不同程度地强调了经典所共有的一些内涵：一是经过了一定的时间的检验；二是具有多重价值和意义；三是具有跨越时空的动人力量；四是具有普遍的认同性等。除此之外，他们对文学经典的认识，更看重文学史的价值，因为经典构建了历史，历史淘沥出经典。对于中学生学习者而言，探讨什么是文学经典的理论问题也许并不重要，能选择并学习载入文学史的各种名著才是有意义的。

（二）亲近文学经典原因探析

在当今知识爆炸、信息剧增、文学的生产能力突飞猛进的时代，课外的文学

① 刘生良、王荣整理《文学经典的承传与重构学术研讨会综述》，《文学评论》2006 年第 5 期。

作品学习“弱水三千，取哪一瓢而饮”?《普通高中语文课程标准》(实验)明确提出：“学会正确、自主地选择阅读材料，读好书，读整本书，丰富自己的精神世界，提高文化品位。”中国有句古话叫做：“取法其上，得乎其中。取法其中，得乎其下。”在浩如烟海的文学作品中，什么是“好”书?什么为“上”?毫无疑问，文学经典必定是首要的选择。我们用“亲近经典”，而不用“读经典”，因为“亲近”是既包含了选择，又伴随着喜爱的接触。学习经典，要投入身心，而不要急功近利。

文学经典是有多重价值和意义的作品，它以更大的开放性与读者进行着更广泛的对话与交流，使不同的学习者都能富有创意地建构出文本的意义，发现文本的独特蕴含，给学习者以极大的艺术审美享受。当代作家李锐说：“‘经典’这两个字不是叫人跪下来膜拜的，也不是把人引向封闭和窒息的；经典是把人引向开放和生长，引向历史限定之外的无限可能性。所以，真正的经典不会站死在尘封的书架上，而是活跃在许多人此时此刻的阅读中。”① 文学经典提出的总是永恒的问题，使学习者永远充满了思考探究的兴趣和新的发现。学习这样的作品，更有利于提高学习者的文学鉴赏能力，提升学习者的精神境界。一部好书就如同人生的圣坛，里面珍藏着由深刻的思想所发掘的精髓。一部坏书犹如恶魔和地狱，对人有着巨大的损害和摧残作用。爱默生说：“书本用得好，可以成为最出色的东西，反之，则会成为令人诅咒的东西。”

学习文学经典同时也是实现文化传承和借鉴的需要。文学经典也是文化的经典，积淀着本民族深厚的文化传统。学习我国古代的优秀作品，为形成一定的传统文化底蕴奠定基础；学习外国优秀作品，增进对人类文化的了解，并学习借鉴外族先进文化。朱自清先生认为：“在中等以上的教育里，经典训练应该是一个必要的项目。经典训练的价值不在实用，而在文化。”“再说做一个有相当教育的国民，至少对于本国的经典，也有接触的义务。”② 虽然他说的是广义的经典，但包含了文学经典在内，朱先生站在文化和教育的高度，把经典学习当作国民的义务来提倡，可见，他对经典价值的发现与看重。钟能文老师说得好：“无论我们走到哪里，只要有机会，都不要忘了对经典尽可能的亲近。唯有如此，我们才有可能记住我们血脉的印记，守住我们的精神家园。也只有如此，我们的民族才可

① 李锐：《“我初次看到一个人!”——再读〈白痴〉》，《读书》2007年第7期。
② 朱自清：《经典常谈·序》，北京出版社，2004年，第1页。

能不失去自己雄厚的文化根基。”①

（三）语文课程标准关于课外读物的建议

1.《义务教育语文课程标准》（2011 年版）关于课外读物的建议

《义务教育语文课程标准》（2011 年版）要求学生九年课外阅读总量达到 400 万字以上，阅读材料包括适合学生阅读的各类图书和报刊。对此提出如下建议：

童话：《安徒生童话》、《格林童话》、中外现当代童话等；

寓言：《伊索寓言》、《克雷洛夫寓言》、中国古今寓言等；

故事：成语故事、神话故事、中外历史故事、中外各民族民间故事等；

诗歌散文作品：如鲁迅《朝花夕拾》、冰心《繁星·春水》等；

长篇文学名著：如吴承恩《西游记》、施耐庵《水浒》、老舍《骆驼祥子》、笛福《鲁滨逊漂流记》、斯威夫特《格列佛游记》、罗曼·罗兰《名人传》、高尔基《童年》、奥斯特洛夫斯基《钢铁是怎样炼成的》等；

当代文学作品，建议教师从“茅盾文学奖”获奖作品以及近年来发表的各类中外优秀作品中选择推荐；

科普科幻读物和政治、历史、文化各类读物可由语文教师和各有关学科教师商议推荐。

2.《普通高中语文课程标准》（实验）关于课外读物的建议

课外读物包括适合高中学生阅读的各类图书和报刊。对此提出如下建议：

文化经典著作：如《论语》、《孟子》、《庄子》等；

小说：如罗贯中《三国演义》、曹雪芹《红楼梦》、鲁迅《呐喊》、茅盾《子夜》、巴金《家》、沈从文《边城》、塞万提斯《堂·吉诃德》、雨果《巴黎圣母院》、巴尔扎克《欧也妮·葛朗台》、狄更斯《匹克威克外传》、列夫·托尔斯泰《复活》、海明威《老人与海》、莫泊桑短篇小说、契诃夫短篇小说、欧·亨利短篇小说等；

诗歌散文：如郭沫若《女神》、普希金诗、泰戈尔诗、鲁迅杂文、朱自清散文等；

剧本：如王实甫《西厢记》、曹禺《雷雨》、老舍《茶馆》、莎士比亚《哈姆莱特》等；

语言文学理论著作：如吕叔湘《语文常谈》、朱光潜《谈美书简》、爱克曼

---

① 钟能文：《经典——我们灵魂的依托》，《中国教育报》2005 年 8 月 31 日。

《歌德谈话录》等；

当代文学作品，建议教师从近年来发表的各类中外优秀作品中选择推荐；

科学与人文方面的各类读物，可由语文教师和有关学科教师商议推荐。

二、亲近文学经典的途径

文学经典如何去学？这是比文学经典是什么更重要的内容，“学”才是真正的落实和提高。

（一）从老师引领到自由阅读

目前中学生课外学习文学经典情况较为复杂，一是课外学习课内化，老师把课外学习的任务当作课内任务，课外学习具有规定性，甚至强迫性要求，不注重阅读兴趣培养，只要求记忆名著知识；二是一些学生对经典名著排斥，远不如魔幻、侦探、青春类作品吸引人，有同感；三是盛行经典名著的快餐阅读，学习名著导读多，读原著少，看影视剧多，文字阅读少。导致学习者游离在经典之外学习经典，没有真实的感受，没有心灵的震撼，只有一些支离破碎的印象。要改变这种状况，老师积极、正确的引领是关键。

学生的人生阅历、文学素养和经典之间起初总是有较大差距的，要缩短差距，亲近经典、喜爱经典，就需要老师的正确引领。老师可以用问题导航，可以用点拨启发，可以用评论交流，把通向山峰的路指示给学生，使学生借助于老师的指点，发现经典深藏的魅力。当学生在老师引导下，产生了学习的兴趣，积累了丰富的知识，掌握了初步的方法时，就可以渐渐进入自由阅读学习的阶段，能够有辨别、有判断、有见解，“指点江山，激扬文字”，把文学经典的学习和心灵的快乐成长融为一体。

（二）从宏大阐释到文本细读

目前根据语文课程标准编写的语文课外读本如雨后春笋，纷纷面世。多数版本都有助学内容，仔细阅读这些学习指导和相关链接材料，多偏重于对作品的宏大阐释。从作者生平、创作背景、作品主题、人物形象、语言风格、相关评论等方面，作面面俱到的讲解。这样可以使学习者对作品的相关背景有所了解，知人论世，把握作品的主要内容和意义。课外学习文学经典，能得到这样的指导是可喜的，但也有不过瘾之感，这毕竟只留给人一些大概的印象，对于文学的美似乎触及不深。亲近文学经典不是读故事，而是感受文学的深刻与美的魅力，这就要求学习者学会经典文本的微观细读。

微观细读的方法和思路多种多样，根本的一点就是要在作品的细微之处发现矛盾和问题，然后能够用文学或美学的理论给予深刻的剖析，从而揭示作品内在的深层的美。孙绍振先生在这一方面给我们做了很好的示范，他说："中学课堂要的是货真价实的、系统的分析，而不是玄妙的、空洞的赞美。请问美学教授，如果学生反映《背影》中父亲的形象'很不潇洒'，又'违反交通规则'，有多少人能够当场点出这是什么样的美学问题？有谁能够从理论高度上回答学生的疑问：薛宝钗、繁漪、周朴园是坏人吗？……要解决这些微观的问题，不但要有深厚的学养，而且要有具体问题具体分析的功夫，这种功夫，不是一般的，而是过硬的功夫。而这种过硬功夫的特点，就是于细微处见精神，越是细微，越是尖端，越是有学术水平。"① 虽然这里是讲语文老师应有微观分析的功夫，但作为学习者同样需要培养这种能力。龚刚博士解读《围城》（钱钟书著）的范例也给我们课外学习文学经典提供了很好的借鉴。② 该书的目录如下：

① 孙绍振：《名作细读——微观分析个案研究·自序》，上海教育出版社，2006 年，第 2-3 页。
② 龚刚：《解读围城》，京华出版社，2001 年，第 1 页。

阅读建议

其中，最有借鉴意义的地方，一是解读者在《致青少年读者》一文中提出关于中外名著阅读的几条建议：

·一本名著你要读好几遍。第一遍一般读得快，故事情节引人入胜。然后，慢慢地再读一遍。第三遍阅读时，你记住了其中的一些重要情节，有了一些观点。有些情节是不是像电影镜头一样，镶嵌在脑海中？

·你对主题、故事情节、人物等，需要特别关注。随着故事情节的发展，人物的性格、命运也会变化。谁改变了？

·文学作品中的故事并不全是从头讲到尾的。有直叙、倒叙、还有从故事中间开始。这是为什么呢？

·有第一人称，第二人称，还有用第三人称，以及其他方法。每种方法有什么好处？

·你喜欢哪个（哪些）人物，不喜欢哪个（哪些）人物？为什么？

·文字风格千差万别，为什么讲述这个故事时用这样的文字更好？你能否试着用其他文字改写一下？

·学习中外名著贵在持之以恒，你制定了一个有效计划吗？

二是采用了现今国内中学语文界正在推广的“五大阅读法”，即参读、美读、比读、议读、笔读，对作品进行了全面、细致的解剖和分析。

（三）从个体学习到对话交流

课外学习文学作品通常以个体学习为主，在静静的深夜或课余闲暇，一个人把卷心醉。但同时也要注重和他人的对话交流，以研讨会、辩论会等多种形成展开对话。自我、作品、同伴之间进行对话互动，通过围绕作品的对话，实现视野的融合，建构文本意义。特别是文学经典，具有鲜明的未完成性特点，给学习者留下了丰富的解读和创造的空间，更具有对话性。因此，亲近文学经典应把独享与共享结合起来，把独立思考与共同探究结合起来，一定会取得更好的学习成效。

三、文学经典与时文

（一）文学经典的当代处境

上世纪90年代以来，大众文化迅猛发展，进入了一个文学消费的时代，文学经典遭遇被颠覆和解构。一方面，“四大名著”的改编，大话文化、戏说文化、水煮文化的流行，使传统的文学经典以一种变异的方式被人们接受和消费，而最为主要的群体就是青少年学生。另一方面，信息时代、读图时代、网络时代的来临，使青少年读者日渐放弃了严肃的阅读，而追求“时尚”的消费。再者，外国文学经典由于文化语境的疏离，更受冷落，尽管语文教材编选了系列现代派作品，仍未激发起学习外国文学的热潮。语文界对中外文学经典的尊崇和在学生学习方面的大力引导，客观上不能抵制文学的消费潮流。中学生的“地下阅读”兴趣，所占用的时间总是超过了老师或新课标所要求的学习内容。不少学生对文学经典的了解并非来自于认真的阅读学习，而是通过做题或看影视剧，甚至是老师或他人告诉而知的，对于课标要求的必读书，并不能很好地去阅读。

在这样一个文化多元化时代，面对文学经典的当下处境，如何引导青少年学生的课外阅读是非常值得重视的问题，一是要积极吸取文学理论界最新研究成果和新颖精辟的见解，以新的观念和眼光审视看待文学经典的“重构”，不能把经典完全固化为一成不变的东西。特别是寻求文学经典的当代解读，这也符合课标要求的“学习用历史眼光和现代观念审视古代作品的内容和思想倾向，提出自己的看法”，“努力探索作品中蕴涵的民族心理和时代精神”等要求。二是寻求更适合于他们接受的方式学习文学经典，不能单纯地布置任务，而应形式多样地促进学习，如编印书评、读后感的文集、举办读书报告会、开展文学作品的改编、表演等，通过他们创造性的参与激发对经典的热爱。三是仍然需要有老师或文学界权威人士参与引导，使他们感受文学经典的永恒的美，切身体会“常读常新”的魅力。如老师可以和他们同步学习交流，邀请他们所信赖和仰慕的文学界人士举办讲座等。四是成立文学社团，通过社团活动影响多数同学，形成良好的文学氛围。总之，要用引导和吸引的办法，把青少年学生的兴趣吸引到文学经典的学习上来，培养他们文学的辨别力、判断力和选择力。

（二）时文的选择

强调文学经典的学习，并不排斥当代文学作品。当代文学作品虽然短时间内难以进入经典行列，但它由于和学习者的共时性存在，赢得了更多的青睐和好感。在语文教材和语文考试中，现当代文学作品占有很大比例，对学习者文学素养的培养具有同样重要意义。因此，在中学生的课外学习中，当代时文的比例超过了文学经典，《读者》《青年文摘》《意林》等杂志成为案头必读书。余秋雨散文、毕淑敏散文、梁衡散文等也深受广大中学生的欢迎。当然，青春小说、校园文学、几米漫画、励志作品等也畅销不衰。在有限的课外学习时间里，重要的是如何帮助他们作出选择，选择那些思想性、艺术性强的作品作为重点学习内容，将文学作品学习和一般的文学消费区别开来。

（三）正确认识和处理文学经典与时文的关系

文学经典与时文原本并没有什么矛盾，都应该是中学生课外学习中的必要内容，但现实中，普遍存在着疏远经典，趋于时文的倾向。这主要是对于文学经典的价值认识不够，经典是最有价值、最有意义的著作，是全人类的文化遗产，它在时间上可能离我们很远，但在精神上离我们很近，同时又很亲切。读经典的文学作品，是站在人类思想和文学艺术的制高点上，吸收文学经典所承载的智慧和美。当然，这需要学习者具备相当的语言文字的阅读理解力和审美鉴赏力。放弃经典的学习，是趋易避难、知难而退的表现，是放弃体验深刻与崇高的机会，是放弃发现和增长智慧的机会。在浮躁功利的今天，在工具理性消解人文精神的今天，学习文学经典显得更为迫切与重要。因此，应合理安排时间，保持对文学经典的仰望和追求，坚持与文学经典的亲近，不断地得到经典的熏陶与滋养，得到语言和精神的提升。只有这样，才能深层次上提高学习者的文学鉴赏能力，对民族文化的传承、更新，对多元文化的借鉴、整合，对文化人格的建构、优化，都能起到很好的作用。

第三节　文学作品学习伴随终生

课外学习文学作品，对于多数中学生来说是因为考试的需要，是为了增长一些文学知识，那么，考试之后呢？是不是就不要学习文学了呢？事实上，也确有不少人再也无暇读一本小说，吟诵一首诗了。这不能不说是十几年来语文学习的失败，文学教育的失败。文学作品的学习不仅应由课内延伸到课外，而且应由学校教育阶段延伸到人的一生。当代作家朱苏进说："读书是从求知开始的，但不是以得到知识为结束。如果读书的目的仅仅是增长知识，那么你即使终生读书，其知识储量也不一定比得上电脑里的一块硅片。更可怕的是，你的大脑只是他人思想的跑马场，你的心灵沦为盛满知识的容器。我们吃饭，不是为了变成饭粒。

我们喝水，不是为了变成水珠。”① 的确，文学作品学习不只是积累知识的需要，更是人生幸福快乐的需要！

一、文学作品学习——相伴一生的爱好

倡导用功读书，恐怕有多数人会赞同，因为读书可以改变人生。《战国策》记载：苏秦始将连衡游说秦惠文王失败，便发愤读书，“读书欲睡，引锥自刺其股，血流至足”，终至“受相印，革车百乘，锦绣千纯，白璧百双，黄金万溢”。其“锥刺股”的学习精神鼓舞了多少的后人为理想而奋斗。苏秦努力读书学习，未必是因为爱好，完全是受一个具体明确的目标支配。现代人的读书学习，又何尝不是这样，为了考得理想的学校而学，为了找一个理想的职业而学，为了实现自己的人生目标而学！而倡导努力学习文学作品，恐怕就有人会摇头，或没有时间，或没有用处，会找出许多不必学习的理由。文学是审美的而非功利的，学习文学作品，就是追求审美人生，它应该成为人一生不能割舍的爱好。不管从事何种职业，不管身处何时何地，欣赏一点文学作品，就会活出人生的大境界。

古人云：“腹有诗书气自华！”又说：“天地间第一人品，还是读书。”一部好的文学作品就是人世间的一盏明灯，可以照亮人的心灵。每一次的玩味品读，就是一次心灵的历程。文学，把人的心灵带到有着瑰丽风景的远方；文学，让人的心灵接受圣洁的沐浴与洗礼；文学，让人的心灵获得高度的享受和快乐；文学，让人的心灵归于宁静，超越凡俗。爱好文学，也许不会带来物质的收获，但会让人变成一个精神的富翁！李白的飘逸豪放，杜甫的沉郁苍凉，李清照的婉约忧伤，深刻而潜移默化地影响着一代又一代中国人。走进巴黎圣母院，聆听雨果的钟声；置身大观园，感悟人世的繁华悲凉……这就是文学，这就是爱好文学的价值！

二、文学作品学习——相伴一生的熏陶

文学以审美的方式表现人生。学习文学作品，是对人生美的认知体验过程，也是人生接受美的熏陶感染过程。明代学者李贽在《读书乐》里说：“读书伊何？会我者多。一与心会，自笑自歌。歌吟不已，继以呼呵。恸哭呼呵，涕泗滂沱。

---

① 朱苏进：《书与我》，《阅读的欣悦》，中国人民大学出版社，2004 年，第 202 页。

歌匪无因，书中有人。我观其人，实获我心。”读者与作者在相遇的时刻，悠然心会，产生共鸣，灵魂接受洗礼，情感达到升华。

文学作品按美的理想，展现了人生百味，传递了智慧情感，正如一位学者所说：“书籍蜿蜒伸入我们的心灵，诗人的诗句在我们的血液里舒缓地滑行。我们年轻时诵读它们，年老时仍然铭记它们。我们读到他人的遭遇，却感到身临其境。”在一次次的学习中，一次次地体会着他人，也一次次地体会着自己，升华着自己。放弃了文学作品的学习，就等于放弃了与博学智慧的师长，放弃了真诚多情的朋友。优秀的文学作品，是人类最可珍惜的财富，是我们永恒的伴侣和慰藉，永远在纯化和保护着我们的灵魂。著名作家贾平凹谈到读书的感受，说读书使他“位低而人品不微，贫困而志向不贱”，“能识天地之大，能晓人生之难，有自知之明，有预料之先，不为苦而悲，不受宠而欢，寂寞时不寂寞，孤单时不孤单，所以绝权欲，弃浮华，潇洒达观，于嚣烦尘世而自尊自重自强自立不卑不畏不俗不谄”。

三、文学作品学习——相伴一生的温暖

大众文化的浪潮滚滚而来，文学成为一种时尚的消费，“诗人”隐遁，情趣消失。而此时，荷尔德林则在苦苦吟咏：人，诗意地栖居在大地上。诗意是一种温暖，诗意是一种神圣，诗意是灵魂的家。诗意是文学所珍藏的，是文学所传递的。坚持文学作品学习，就是坚守有着诗意的精神家园，坚守温暖的人生！

我们读着文学作品里的人性。鲁迅的冷峻深刻，钱钟书的丰富幽默，金庸睿智天真……

我们读着外面的世界。春色满园关不住，一枝红杏出墙来。接天莲叶无穷碧，映日荷花别样红。荷叶已无擎雨盖，残菊犹有傲霜枝。墙角数枝梅，凌寒独自开……

我们读着自己的岁月。多少回忆、留恋、期待、憧憬，多少惆怅、迷惘、珍惜、关爱，多少忧伤、焦虑、欢愉、憧憬……

文学作品，让我们一路怀揣着、一路默诵着、一路温暖着！

参考书目

1. 王光龙:《语文学习概论》，当代中国出版社，2003 年。
2. 林文和主编《文学鉴赏导读》，人民文学出版社，2004 年。
3. 龙协涛:《文学阅读学》，北京大学出版社，2004 年。
4. 俞陛云:《诗境浅说》，北京出版社，2003 年。
5. 金元浦主编《阅读的欣悦》，中国人民大学出版社，2004 年。
6. 钱理群等:《文学名著导读》（高中版），人民文学出版社，2003 年。
7. 李镇西：《从批判走向建设——语文教育手记》，四川少年儿童出版社，1999 年。
8. 黄健、王东莉:《文学与人生》，浙江大学出版社，2004 年。
9. 皮连生主编《学与教的心理学》，华东师范大学出版社，1997 年。
10. 袁行霈:《中国诗歌艺术研究》，北京大学出版社，1996 年。
11. 孙绍振:《名作细读》，上海教育出版社，2006 年。
12. 朱立元主编《美学》，高等教育出版社，2001 年。
13. 语文课程标准研制组编写《语文课程标准解读》，湖北教育出版社，2002 年。
14. 王光龙主编《语文学习方法的理论与实践》，中国文史出版社，2002 年。
15. 方智范:《语文教育与文学素养》，广东教育出版社，2005 年。
16. 李春青:《在文本与历史之间——中国古代诗学意义生成模式探微》，北京大学出版社，2005 年。
17. 张大均主编《教育心理学》，人民教育出版社，1999 年。
18. 詹福瑞:《中古文学理论范畴》，中华书局，2005 年。
19. 王尚文:《语感论》，上海教育出版社，2000 年。

20. 傅庚生：《中国文学欣赏举隅》，北京出版社，2003 年。
21. 陈传才、王振民、杜元明编著《文艺创作 70 讲》，广西教育出版社，1990 年。
22. 余中先选编《寻找另一种声音——我读外国文学》，外国文学出版社，2003 年。
23. 卫灿金：《语文思维培育学》，语文出版社，1997 年。
24. 曾祥芹主编《阅读学新论》，语文出版社，1999 年。
25. 童庆炳主编《文学理论教程》，高等教育出版社，1998 年。
26. 李维鼎：《语文言意论》，上海教育出版社，2000 年。
27. 许建中等：《语文高效学习艺术》，中国文史出版社，2005 年。
28. 朱光潜：《诗论》，北京出版社，2005 年。
29. 朱恩彬、周波主编《中国古代文艺心理学》，山东文艺出版社，1997 年。
30. 刘占泉：《汉语文教材概论》，北京大学出版社，2004 年。
31. 靳玉乐主编《探究教学论》西南师范大学出版社，2001 年。
32. 童庆炳：《中国古代心理诗学与美学》，中华书局，1992 年。
33. 韦志成：《语文教学情境论》，广西教育出版社，1996 年。
34. 龚鹏程：《文学散步》，世界图书出版公司，2006 年。
35. 陈玉秋主编《语文课程与教学论》，广西师范大学出版社，2004 年。
36. 龚刚：《解读围城》，京华出版社，2001 年。